新訂版

一般社団法人 一般財団法人 の実務

弁護士　熊谷則一
税理士　清水謙一 ［著］

全国公益法人協会

新訂版の発刊に寄せて

　現在の公益法人制度は、平成20年12月1日から施行された制度です。そのため、数年前までは、「新しい公益法人制度」といわれていました。しかし、今日では、敢えて「新しい公益法人制度」というまでもなく、非営利法人制度である一般社団法人・一般財団法人制度と、公益認定を受けた公益法人である公益社団法人・公益財団法人制度は、着実に社会に定着してきたといえそうです。今日では、多くの一般社団法人・一般財団法人、公益社団法人・公益財団法人が、民間非営利部門の中核として様々な活動を行ってきています。

　民法に基づくかつての公益法人制度は、法人の設立が困難であったために民間非営利部門の法人制度としては利用しづらく、また、運営に関する法律上の規定が少なく監督官庁の裁量に委ねられる部分が大きくて、透明性に欠けるなどの問題点がありました。現在の公益法人制度は、これらの反省の上に立ち、さらに、多様な価値観の中での様々な課題を民間非営利部門を通じて解決していく中核的な立場に公益法人を位置付けるという観点から新たに構築されています。

　したがって、現在の公益法人制度では、一般社団法人・一般財団法人の設立は容易になり、公益法人となるための要件が法律上明確にされ、法人運営の様々なルールも法律に明記されています。

　法人運営のルールが法律上明記されるようになったからこそ、一般社団法人・一般財団法人の運営にかかわる人は、そのルールをしっかり理解し、適法に法人を運営する必要があります。

　本書は、一般社団法人・一般財団法人の実務全般を分かりやすく解説したものです。また、公益社団法人も公益財団法人も、一般社団法人・一般財団法人が公益認定を受けた法人ですから、本書の内容は、公益社団法人・公益財団法人の法人運営に関する実務全般を分かりやすく解説したものでもあります。公益認定法の改正も検討されている今日、自由で活発な民間非営利部門の活動を今後も一層活性化させるためには、運営上の規律を理解し、過度な規制がない制度を維持することが何よりも重要です。本書を通じ、一般社団法人・一般財団法人、さらには公益社団法人・公益財団法人に興味をもち、また、かかわっている方々に、現在の公益法人制度への理解を深めていただけると幸甚です。

　令和5年3月

　　　　　　　　　　　　　著者を代表して　　弁護士　熊谷則一

― 目　次 ―

////////////////////////////// chapter3　一般社団・財団法人の運営Q&A

chapter4　一般社団・財団法人と公益認定

chapter5　一般社団・財団法人の税務と新公益法人税制

epilogue　公益認定も視野に

＜執筆担当＞

chapter 1～3　熊谷則一

chapter 4・5　清水謙一

＜法令等の表記について＞

法：一般社団法人及び一般財団法人に関する法律

一般法人法：一般社団法人及び一般財団法人に関する法律

公益認定法：公益社団法人及び公益財団法人の認定等に関する法律

整備法：一般社団法人及び一般財団法人に関する法律及び公益社団法人及び公益財団法人の認定等に関する法律の施行に伴う関係法律の整備等に関する法律

一般法人法施行令：一般社団法人及び一般財団法人に関する法律施行令

一般法人法施行規則：一般社団法人及び一般財団法人に関する法律施行規則

公益認定法施行規則：公益社団法人及び公益財団法人の認定等に関する法律施行規則

整備法施行規則：一般社団法人及び一般財団法人に関する法律及び公益社団法人及び公益財団法人の認定等に関する法律の施行に伴う関係法律の整備等に関する法律施行規則

旧民法：整備法によって改正される前の民法

FAQ：新しい公益法人制度に係る質問への回答（FAQ）

内閣府モデル定款：移行認定のための「定款の変更の案」作成の案内

ガイドライン：公益認定等ガイドライン

定款変更留意事項：移行認定又は移行認可の申請に当たって定款の変更の案を作成するに際し特に留意すべき事項について

prologue
誰でも簡単に設立できる「一般社団・財団法人」

　平成20年12月1日、新たな法律が施行され、2種類の法人類型が登場しました。それが、「一般社団法人」と「一般財団法人」という法人類型です。これにより、誰でも簡単に法人格がある非営利の団体を設立することができるようになり（一般社団法人）、誰でも簡単に一定の財産に法人格を与えることができるようになりました（一般財団法人）。「簡単に法人格を取得できる」ということは、画期的なことです。

法人格があるとこんなことができる

　例えば、AさんとBさんとが、ある事業を共同で行おうと意気投合し、金銭や労力を提供しあって任意の団体を作っても、その団体に法人格がなければ、その団体が権利や義務の主体となることはできません。日本では、法律の規定に基づかなければ団体には法人格が認められません（民法33条1項）から、任意に団体を作っても、それだけでは法人格を取得することはできません。

　法人格がなく、その団体が権利や義務の主体となることができないということは、その団体が契約の一方の当事者になることができないということです。その団体の事務所を構えようとしても、その団体を賃借人とすることはできません。銀行に口座を開設しようとしても、マネーロンダリングを防ぐ

観点から本人確認が厳しい昨今、法人格がないその団体名義で口座を開設することはできません。細かいことをいえば、どんなに安価な備品であっても、その団体が所有者となることはできません。

　しかし、その団体に法人格があれば、その団体を賃借人とすることができますし、その団体名義で銀行口座を開設することができますし、備品に限らず、不動産であっても、その団体が所有することが可能になります。法人格があれば、法律関係はすっきりとしたものになります。

　新たな法人制度によって、このような法人格の取得が簡単になりました。

> **POINT**
>
> 　法人格を取得することができると、その団体が権利義務の主体となることができる。

準則主義

　「簡単に法人格を取得できる」とは、一般社団法人も、一般財団法人も、登記だけで法人格を取得することができる、準則主義がとられたということです。

　もう少し正確にいうと、一般社団法人・一般財団法人としての設立の登記をするためには、公証人が認証した定款（その団体の根本規則）が必要です。そのため、一般社団法人も一般財団法人も、定款を作成してその定款を公証人に認証してもらうことが必要になりますが、定款に法律で定められた事項が記載されていれば公証人から認証を受けることはできるのであり、難しい要件はありません。定款を作成して認証を受ければ、あとは登記をするだけで、一般社団法人も一般財団法人も法人として成立するので、「簡単に法人格を取得できる」といえるのです。法人格を取得するために、主務官庁・監督官庁に申請して許可を受けなければならない、ということはありません。

　株式会社の場合も、公証人が認証した定款があれば、あとは登記をすれば株式会社として成立し、法人格を取得することができます。一般社団法人も一般財団法人も、法人格の取得は、株式会社並みに簡単になったということができます。

> **POINT**
>
> 　一般社団法人・一般財団法人は、株式会社と同様、準則主義によって法人格を取得することができる。

「非営利」な法人

　「誰でも簡単に法人格を取得できる」といっても、どのような目的の団体を設立する場合でも法人格が取得できるというわけではありません。

　一般社団法人の場合も一般財団法人の場合も、営利を目的としない、すなわち、非営利な団体でなければ法人格を取得することができません。

　ここでの「非営利」は、「利益をあげてはいけない」ということではありません。「非営利の法人」というと、ときどき、「利益をあげてはいけない」とか、「事業はすべて無料で行わなければならない」とか、「事業はすべてボランティアが無償で行わなければならない」等と勘違いされている方がいらっしゃいます。しかし、一般社団法人が「非営利な法人である」という場合の「非営利」というのは、「余剰利益を構成員で分配しないこと」という意味です。

　事業を行い、法人を維持していくためにはそれなりのコストがかかるのであり、非営利な法人であるから事業で対価をとってはいけない、というのでは法人としての運営を行うことはできません。事業を有償で行ってもよいのです。従業員に給料を支払ってもよいのです。利益をあげてもよいのです。ただ、残った利益を、その団体の構成員で分配しないというのが、「非営利」の意味です。残った利益は、構成員で分配するのではなく、翌事業年度以降の事業のために、又は、団体運営のために使うことになります。

　株式会社は「営利法人」です。株式会社は、事業を行い、必要な費用を支払って残った利益は、株式会社の構成員である株主に対して配当という形で分配します。余剰利益を構成員に分配することが法律上可能な法人ですから、株式会社は営利法人ということになります。

　一般社団法人も、一般財団法人も、営利を目的としない（つまり、余剰利益を構成員で分配しない）のであれば、個別の事業の目的は、不特定多数の

利益を増進する目的でも、団体の構成員の利益を図る目的でも、当該団体の利益を図る目的でも構いません。

　つまり、余剰利益を構成員で分配しないのであれば、例えば、ボランティア団体のように不特定多数の利益を増進することを目的とする団体でも、趣味のサークルや同窓会のように構成員の利益を図る目的の団体でも、通常の株式会社が行っている事業を行うことを目的とする団体でも、一般社団法人や一般財団法人として法人格を取得することが可能です。

> **POINT**
>
> 　非営利とは余剰利益を構成員で分配しないことであり、一般社団法人も一般財団法人も非営利な法人である。

公益法人制度改革の結果誕生した一般社団法人・財団法人

　一般社団法人も一般財団法人も、平成20年12月1日から利用できるようになった法人類型です。一般社団法人も、一般財団法人も、いわゆる「公益法人改革」の一環で創設された制度で、平成20年12月1日から新たな公益法人制度に変わっています。

　一般社団法人・一般財団法人ではなく、「社団法人」や「財団法人」であれば、お聞き及びの方もいらっしゃるでしょう。そう、例えば、○○検定などを実施している団体が財団法人であったりします。従来は、この「社団法人」や「財団法人」のことを「公益法人」と総称していました。そして、この公益法人制度が、平成20年12月1日から変わりました。

> **POINT**
>
> 　民法に基づく公益法人制度が平成20年12月1日から変わった。

従来の公益法人制度

　従来の公益法人制度は、民法に基づいて、団体に法人格が与えられる制度でした。これが平成20年12月1日から、従来の公益法人に対する民法の規定は削除・改正され、新たな公益法人制度となりました。

　改正前の民法（以下、「旧民法」という。）の公益法人制度では、①公益に関する社団又は財団であって、②営利を目的としないものに、③主務官庁が許可をすることによって法人格を与える仕組みでした。

　①の「公益」とは、不特定かつ多数の者の利益のことです。

　②の「営利を目的としない」とは、非営利のことです。

　③の「主務官庁の許可」とは、法人の設立に主務官庁が関与し、「許可」がなされることによって法人格が与えられるということです。

　つまり、旧民法のもとでは、単に構成員に利益を分配しないというだけ（②）では法人格を取得することができず、積極的に公益目的の事業を行う（①）団体でなければ法人格の対象にならず、さらに、法人格を取得するためには登記だけでは足りず、主務官庁の許可を得なければなりませんでした（③）。つまり、旧民法のもとでは、社団法人や財団法人としての法人格を取得することは決して簡単なことではありませんでした。しかし、旧民法のもとで社団法人や財団法人として法人格を取得すれば、そのような団体は公益目的があること（①）が主務官庁から認められたことになりますから、社団法人も財団法人も「公益法人」と呼ばれました。

POINT

　旧民法の下での社団法人・財団法人は、公益性がなければ法人格が与えられなかった。

従来の公益法人制度の問題点

　従来の社団法人・財団法人は、民間の非営利部門として様々な活動を行ってきました。しかし、社会経済状況が変動する中で、様々な問題が指摘されるに至りました。

(1) 設立が困難

設立にあたって準則主義ではなく、主務官庁の許可主義がとられており、しかも、許可のための要件が主務官庁によって必ずしも統一されていないので、設立が困難でした。

(2) 主務官庁制

主務官庁制がとられていることで、例えば、主務官庁をまたがるような事業を行うことに関しては、事実上の制約がありました。また、主務官庁からの補助金の妥当性やいわゆる「天下り問題」なども指摘されるに至りました。

(3) 情報開示

公益法人は税制上の優遇措置を受けているにもかかわらず、旧民法の下では情報開示の規定が整備されていませんでした。

(4) 公益性の問題

社団法人も財団法人も公益目的がなければ法人格を取得することはできませんが、その公益性の有無の判断は、中立的な機関ではなく、主務官庁が行っていました。どのような場合に「公益性がある」といえるのかが不明確なうえに、主務官庁が「公益性がない」と判断すれば、法人格は取得できませんでした。

他方、社団法人や財団法人として法人格が与えられると、その後に公益性がなくなっても、解散されずに公益法人として存続し続けるという問題もありました。

(5) ガバナンス

旧民法には、社団法人や財団法人の運営に関して、必要最小限の規定しか設けられていませんでした。基本的には、社団法人や財団法人の運営は、その自治に委ねられていました。しかし、運営が自治に委ねられていることに乗じて、恣意的に法人を運営し、私腹を肥やす理事などが問題となりました。法人管理（ガバナンス）については、きちんと法定すべきであるという指摘がなされるようになりました。

以上のような問題意識から、公益法人制度改革が議論されるようになりました。

民間非営利部門の重視

　公益法人制度改革は、しかし、公益法人制度の問題点・弊害を除去するという観点だけで進められたわけではありません。むしろ、今日の社会経済状況の中で、民間非営利部門を重視し、積極的に社会経済システムの中に位置付けようということで進められたと考えるべきでしょう。

　平成15年6月の閣議決定「公益法人制度の抜本的改革に関する基本方針」では、公益法人制度を改革する目的が明らかにされており、そこから制度改革の背景事情を窺うことができます。

　すなわち、今日では、個人の価値観が多様化し、社会のニーズが多岐にわたってきており、これらのニーズに柔軟かつ機動的な活動を展開して対応することができる民間非営利活動の促進は、21世紀の日本の社会を活力に満ちた社会として維持していくうえで極めて重要です。

　行政部門は行政部門であるが故に画一的な対応が重視され、他方、民間営利部門は収益をあげる前提で活動を行うことになるため個人や社会の多様なニーズに応えるのが困難です。しかし、民間非営利部門は行政部門や民間営利部門では満たすことができないニーズに対応する多様なサービスを提供することができます（現に、NPO法人は様々なサービスの担い手になっています）。

　また、民間非営利部門の活動は、人々の様々な価値観を受け止めることができ、人々の活動の選択肢が広がることによって、自己実現の機会が増進することにもなります。

　そこで、民間非営利活動を日本の社会経済システムに位置付けることが重要であるとの観点から、何らかの施策が必要であると考えられるようになりました。

　他方、旧民法上の公益法人は、民間非営利部門の代表的な存在であり、民

間非営利部門の重要性を踏まえ、その活動を活性化させるために、従来の公益法人制度の問題点に対処しつつ抜本的に見直すこととし、新たな制度を創設することとなりました。これが、いわゆる公益法人制度改革です。

POINT

> 公益法人制度改革は、民間非営利活動を日本の社会経済システムに位置付け、活力ある社会を作るという観点からも進められた。

新たな公益法人制度の概要

従来は「社団法人」「財団法人」であった法人類型は、新たな公益法人制度では、「一般社団法人」「公益社団法人」と「一般財団法人」「公益財団法人」のそれぞれ２種類の法人類型となりました。

一般社団法人・一般財団法人は、「一般社団法人及び一般財団法人に関する法律」（以下、「一般法人法」という。）に基づき、非営利である社団・財団が登記をすることによって成立する法人類型です。

他方、公益社団法人・公益財団法人は、「公益社団法人及び公益財団法人の認定等に関する法律」（以下、「公益認定法」という。）に基づき、「行政庁」から公益認定を受けた一般社団法人・一般財団法人をいいます。

つまり、新たな公益法人制度では、法人格取得の問題と、公益性の判断の問題を分離したところに特徴があります（従来の制度では、公益性がなければ法人格は与えられず、法人格取得の問題と公益性の判断が一体となっていました。）。非営利でありさえすれば、法人格は一般社団法人・一般財団法人として簡単に取得することができ、他方、公益性については「行政庁」が公益認定を行うという形で判断し、公益性が認められれば公益認定がなされて公益社団法人・公益財団法人となることになりました。

公益認定は、公益認定法所定の要件を備えていることが必要であり、しかもその要件は法定されたという意味では明確ですが、かなり厳しい要件です。新たな公益法人制度は、一般社団法人・一般財団法人として法人格を取得することは簡単ですが、公益認定を受けて公益社団法人・公益財団法人となるのは、それなりに難しい制度であるといえるでしょう。公益社団法人・公益

財団法人には、大きな法人税制上のメリットが与えられたことの反面として、厳しい要件が定められたと考えられます。

> **POINT**
>
> 一般社団・財団法人を新規に設立するのは簡単であるが、公益認定を受けるためには、厳しい要件をクリアしなければならない。

特例民法法人

では、旧民法の下で既に社団法人・財団法人として運営してきた団体は、新たな公益法人制度の下ではどのようになったのでしょうか。

従来の社団法人・財団法人は、「一般社団法人及び一般財団法人に関する法律及び公益社団法人及び公益財団法人の認定等に関する法律の施行に伴う関係法律の整備等に関する法律」（以下、「整備法」という。）によって、法的には一般社団法人・一般財団法人でありながら、旧民法の規定に従った運営が可能なような数々の運営上の特例が設けられた法人に位置付けられました。このように整備法によって数々の特例が認められた従来の社団法人・財団法人を特例社団法人・特例財団法人といい、これらを併せて特例民法法人といいます。

しかし、特例民法法人は、平成20年12月1日から5年以内に、特例が認められない通常の一般社団法人・一般財団法人に移行するか、公益社団法人・公益財団法人に移行するか、いずれかの選択をしなければならないとされました。したがって、現時点では、特例民法法人は、通常の一般社団法人・一般財団法人か、公益社団法人・公益財団法人に移行しています。移行しなかった特例民法法人は、解散したものとみなされています。

> **POINT**
>
> 旧民法下の社団法人・財団法人は、新たな制度では、様々な特例が認められた一般社団法人・一般財団法人としていったん存続したものの、現時点では、通常の一般社団法人・財団法人か、公益社団法人・財団法人に移行して存続している。

法人税はどうなるのか

　一般社団法人も、一般財団法人も、法人税が課税されます。もっとも、課税の対象となる事業や、税率については、法人税法上、３種類に分類されています（2023年３月１日執筆時点）。

　まず、①公益認定法に基づく公益認定を受けている公益社団法人と公益財団法人は、法人税法上の「公益法人等」として取り扱われます。この場合、公益目的事業から生じた所得は課税対象外であり、また、公益目的事業以外の事業のうち、法人税法上の収益事業から生じた所得が課税対象です。

　次に、②公益認定を受けていない一般社団法人・一般財団法人であって、非営利性が徹底された法人や共益活動を目的とする法人の場合は、法人が行うすべての事業のうち、法人税法上の収益事業から生じた所得が課税対象となります。

　③最後に、①でも②でもない一般社団法人・一般財団法人は、株式会社同様、法人税法上の「普通法人」として取り扱われます。この場合、法人が行う全ての事業から生じた所得が課税対象となります。

　税率については、開始事業年度によっても異なることがありますので、国税庁のHP等で確認する必要があります。

非営利性が徹底された法人の要件（法人税法施行令３条１項）

① 定款に剰余金の配分を行わない旨の定めがあること

② 定款に解散時の残余財産が公益法人等の一定の公益的な団体に帰属する旨の定めがあること

③ ①又は②の要件にある定款の定めに違反した行為を行ったことがないこと

④ 各理事について理事及びその親族等である理事の合計数が理事の総数の３分の１以下であること

共益的活動を目的とする法人の要件（法人税法施行令３条２項）

① 会員に共通する利益を図る活動を行うことを主たる目的としていること

② 定款に会員が負担すべき金銭の額（会費）の定め又はこの額を社員総会の決議により定める旨の定めがあること

③ 主たる事業として収益事業を行っていないこと

④ 定款に特定の個人又は団体に剰余金の分配を受ける権利を与える旨の定めがないこと

⑤ 定款に解散時の残余財産が特定の個人又は団体（一定の公益的な団体等を除く。）に帰属する旨の定めがないこと

⑥ 特定の個人又は団体に特別の利益を与えたことがないこと

⑦ 各理事について理事及びその親族等である理事の合計数が理事の総数の３分の１以下であること

一般社団法人の設立

1 一般社団法人設立の概要

定款の作成

　一般社団法人を設立するためには、社員となろうとする者が共同して定款を作成する必要があります（法10条1項）。

　ここでの「社員」というのは、当該一般社団法人の構成員のことであり、従業員・職員のことではありません。「社員となろうとする者」を一般法人法は「設立時社員」といっています。定款は「共同して」作成しなければならないので、設立時社員は、少なくとも2名以上が必要となります。定款の作成にあたっては、後述のとおり、組織の在り方や事業についての検討が必要になります。

　定款を作成したら、設立時社員全員がこれに署名するか、又は記名押印しなければなりません。もっとも、認証手続との関係で、定款には設立時社員の実印の押印が必要になります。

定款の認証

　定款は、設立時社員が作成しただけでは、効力を生じません。定款としての効力を生じさせるためには、公証人による認証を受けなければなりません（法13条）。

役員等の選任

　設立に際して理事となる者（設立時理事）、設立に際して監事となる者（設立時監事）、又は設立に際して会計監査人となる者（設立時会計監査人）については、定款に予め定めておくことが可能です。定款に定めておけば、それぞれ、設立に際しての理事・監事・会計監査人となります。

　しかし、定款で設立時理事を定めていない場合には、設立時社員は、定款の認証後遅滞なく、設立時理事を選任しなければなりません（法15条1項）。

　また、当該一般社団法人に監事を設置する場合であって定款で設立時監事を定めていない場合には、設立時社員は、定款の認証後遅滞なく、設立時監

事を選任しなければなりません（法15条2項1号）。同様に、当該一般社団法人に会計監査人を設置する場合であって定款で設立時会計監査人を定めていない場合には、設立時社員は、定款の認証後遅滞なく、設立時会計監査人を選任しなければなりません（法15条2項2号）。

設立時社員がこれらの理事等を選任する場合、定款で別段の定めがない限り、設立時社員は各1個の議決権を有し、その議決権の過半数をもって決定します（法17条1項・2項）。

設立時理事等による調査

設立時理事（設立しようとする一般社団法人が監事設置一般社団法人である場合にあっては設立時理事及び設立時監事）は、その選任後遅滞なく、一般社団法人の設立手続が法令又は定款に違反していないことを調査しなければなりません（法20条1項）。

この調査によって、一般社団法人の設立の手続が法令若しくは定款に違反し、又は不当な事項があることを認めた設立時理事は、設立時社員に対して、その旨を通知しなければなりません（法20条2項）。

設立時代表理事の選定

設立しようとする一般社団法人が理事会を設置する一般社団法人である場合には、設立時理事は、設立時理事の中から一般社団法人の設立に際して代表理事となる者（設立時代表理事）を選定しなければなりません（法21条1項）。この選定は、設立時理事の過半数をもって決定します（法21条3項）。なお、実務では、定款で設立時代表理事を定めておくのが一般的です。

一般社団法人の成立

一般社団法人は、その主たる事務所の所在地において設立の登記をすることによって成立します（法22条）。一般社団法人は、公証人の認証により有効な定款が作成されれば、設立登記がなされることによって一般社団法人として成立するのであって、いわゆる準則主義がとられています。

設立の登記がなされて法人格を取得すれば、当該一般社団法人の名義で銀

行口座を開設したり、各種契約を締結することが可能になります。

　一般社団法人が成立しなかったときは、設立時社員は、連帯して、一般社団法人の設立に関してした行為についてその責任を負い、一般社団法人の設立に際して支出した費用を負担しなければなりません（法26条）。

定款の作成と重要性

　一般社団法人の成立には、前述のとおり準則主義がとられていますから、一般社団法人を設立する場合には、適法な定款を作成することが極めて重要です。

定款の意義

　定款には、法人の組織や計算に関する根本規則を意味する実質的意義における定款と、この根本規則を記載した書面を意味する形式的意義における定款とがあります。法10条1項は、形式的意義における定款を意味していて、形式的意義における定款を作成しなければ法人を設立することはできません。もっとも、法人の設立にとって重要なのは、法律に従った実質的意義における定款を作成することであり、定款の作成にあたっては、関係者は、法人の組織や計算に関して法律がどのように規定しているかを十分に理解しておく必要があります。なお、一般社団法人は、形式的意義における定款としては、書面だけではなく、電磁的記録をもって作成することも可能です（法10条2項）。

定款の記載事項

　定款の記載事項は、必要的記載事項、相対的記載事項及び任意的記載事項に分類することができます。

(1)　必要的記載事項

　必要的記載事項とは、定款に必ず記載しなければならず、その事項についての記載がない場合には、定款全体が無効となる記載事項です。一般社団法人の場合には法11条1項が必要的記載事項を規定しています。

　ⅰ　目的（法11条1項1号）

　　定款には、目的として、「本協会は、○○に関する事業を行い、○○

○○○ことを目的とする。」という規定を総則の章に設けるのが一般的です。一般社団法人の「目的」は、その目的を達成するために行う事業を合わせて理解することによって明確になるため、目的を達成するために行う具体的な事業についての規定も必要的記載事項として定款に規定する必要があります。

ii　名称（法11条1項2号）

名称も、総則の章に設けるのが通常です。なお、一般社団法人の場合には、名称中に、「一般社団法人」を用いなければなりません（法5条1項）。

iii　主たる事務所の所在地（法11条1項3号）

主たる事務所の所在地は、必要的記載事項であり、総則の章に設けるのが通常です。

従たる事務所の所在地を定款に記載するか否かは自由です。

iv　設立時社員の氏名又は名称及び住所（法11条1項4号）

一般社団法人の場合には、設立時社員の氏名又は名称及び住所が必要的記載事項です。

v　社員資格の得喪に関する規定（法11条1項5号）

社員資格の取得及び喪失についての規定は必要的記載事項とされています。

一般社団法人の場合、入会手続についての規定や、退社事由・退会事由についての規定は、社員資格の得喪に関する規定として、定款に規定しなければなりません。退社事由としては、法定の事由（法29条2号～4号）以外に、定款で規定することができます（法29条1号）。

vi　公告方法（法11条1項6号）

公告方法は、一般法人法の下で必要的記載事項となりました。

vii　事業年度（法11条1項7号）

事業年度は、一般法人法の下で必要的記載事項となりました。

(2) 相対的記載事項

相対的記載事項とは、定款をもって規定しておかなければその事項について効力が生じない記載事項です。一般社団法人における社員の経費負担義務

（法27条）を始め、数多くの相対的記載事項が存在します。

　相対的記載事項の場合には、必要的記載事項と異なり、定款に記載していなくても定款が無効となることはありません。しかし、効力を発生させるためには、必ず定款に記載しなければなりません。

(3)　任意的記載事項

　定款には、必要的記載事項や相対的記載事項以外に、一般法人法の規定に違反しないものを規定することができ（法12条）、これを任意的記載事項といいます。

定款に何を記載するかの選択

　一般社団法人は、必要的記載事項を定款に盛り込めば、定款として無効となることはありません。もとより、一般社団法人に監督官庁は存在しないので（但し、特例社団法人から一般社団法人に移行した場合であって、公益目的支出計画が完了するまでは、行政庁の監督を受けます。）、必要的記載事項だけを規定した最小限度の規定を有する定款を作成したとしても、第三者から干渉を受けることはありません。

　しかし、定款は当該法人の根本規則であり、当該法人の関係者にとっては、定款を一覧することで当該一般社団法人の骨格や運営の原則が明らかになるということも重要であるといえます。

　このような観点から、定款作成にあたっては、任意的記載事項を含め、どの程度の規定を当該定款に規定するのかを法人ごとに決定する必要があります。

　なお、内閣府では、特例民法法人が公益社団法人又は公益財団法人に移行認定を申請するための「移行認定のための『定款の変更の案』作成の案内」（以下、「内閣府モデル定款」という。）を作成しているので、この内閣府モデル定款の記載事項を参考にするというのも一案です。

定款の配列

　一般社団法人の定款の規定の配列について法定されたものがあるわけではありません。したがって、それぞれの法人ごとに必要な事項を順次記載していくことで特に問題ありません。

もっとも、内閣府モデル定款は、公益社団法人や公益財団法人の定款の標準となっています。一般社団法人も、定款の規定の配列は内閣府モデル定款に準ずる形としておけば、標準的な定款との異同が明らかになります。したがって、定款の規定の配列は、内閣府モデル定款に準ずる形としておくことが望ましいといえるでしょう。

機関設計

(1)　機関設計のバリエーション

　一般法人法は、法人ごとに、規模や目的に応じて柔軟に機関設計をすることができるようにしています。特に、一般社団法人の場合には、次の5通りの機関設計が可能です。

① 　社員総会＋理事　　　　　＋監事＋会計監査人
② 　社員総会＋理事＋理事会＋監事＋会計監査人
③ 　社員総会＋理事
④ 　社員総会＋理事　　　　　＋監事
⑤ 　社員総会＋理事＋理事会＋監事

（大規模一般社団法人［最終事業年度に係る貸借対照表の負債の部に計上した額の合計額が200億円以上である一般社団法人］の場合には、①か②の機関設計が必要。）

　どのような機関設計を行うかによって、当該法人の運営方法が異なることになり、したがって、定款の規定も異なってきます。

(2)　どのような機関設計とするか

　一般社団法人は、上記③のような必要最小限の機関とするものから、上記②のようなものまで様々な機関設計が可能です。一般的にいえば、小規模な一般社団法人は理事会を設置せず、大規模な一般社団法人は理事会を設置するということが選択肢となるといえるでしょう。

　理事会を設置するか否かによって、社員総会の位置付けと理事の権限に差異が生じます。理事会を設置していない一般社団法人の場合、社員総会は当該団体のいかなる事項についても決定権限が及ぶほか、理事はすべて代表権を有することになります。他方、理事会を設置している一般社団法人（以下、

「理事会設置一般社団法人」という。）の場合、社員総会の決議の対象は、一般法人法と定款で定めた事項に限定され、理事会の決定事項が多くなるほか、理事についても、代表権を有する理事（代表理事）と意思決定と理事の業務執行の監督を行うだけの理事とに分けられることになります。理事会設置一般社団法人で機能の分化が図られているのは、大規模な団体を運営するためには機動的な意思決定等が必要になるからです。

　監事は監査機能を有する機関であり、理事会設置一般社団法人では、監事を設置しなければなりません。理事会を設置しない一般社団法人でも、理事とは別の視点から監査機能を充実させるためには、監事を設置すべきでしょう。

　会計監査人は、会計監査に特化した機関です。大規模一般社団法人の場合には、会計監査人の設置が義務付けられています。

　なお、公益社団法人の場合には、理事会の設置が必須です。したがって、将来は公益認定を受けようという一般社団法人の場合には、理事会を予め設置しておくのも一案です。

2 定款作成の手引き・一般社団法人 （社員総会＋理事＋理事会＋監事＋会計監査人）

　一般社団法人の設立には定款の作成が必須となることは解説したとおりですが、その定款次第で法人の運営方法が大きく変化するため、設立したい法人の実態に則した定款を作成する必要があります。ここでは標準的な定款の規定（モデル規定Ａ）を示して、それをアレンジしたものをモデル規定Ｂ（○○の場合）、モデル規定Ｃ（△△の場合）…といったように様々な状況に対応できるよう、様々なバリエーションによる規定を紹介していきながら、解説を加えていきます。それらの規定の中から取捨選択して、それぞれに合った定款を作成してみて下さい。

・÷・÷・÷・÷・÷・÷・÷・÷・÷　**総則に関する規定**　・÷・÷・÷・÷・÷・÷・÷・÷・÷

モデル規定Ａ

一般社団法人○○協会定款

　　第１章　総　則

　（名　称）

第１条　当法人は、一般社団法人○○○○と称する。

　（事務所）

第２条　当法人は、主たる事務所を東京都○○区に置く。

(1)　**名称について**

　ⅰ　名称は、一般社団法人の必要的記載事項です（法11条１項２号）。

　　　なお、内閣府モデル定款では、「この法人」という文字を用いています。

【モデル規定Ｂ】（内閣府モデル定款に準じたもの）

　（名　称）

第○条　この法人は、一般社団法人○○○○と称する。

　ⅱ　一般社団法人は、その名称中に一般社団法人という文字を用いなけれ

ばなりません（法5条1項）。どのような名称を付するかは、一般社団
法人に委ねられていますが、一般財団法人であると誤認されるような文
字を用いることは禁止されており（法5条2項）、また、不正の目的を
もって、他の一般社団法人又は一般財団法人と誤認されるおそれのある
名称又は商号を使用することも禁止されています（法7条）。したがっ
て、例えば、一般社団法人○○財団という名称とすることはできません。

iii　一般社団法人の名称の登記については商業登記法が準用されます
（法330条）。したがって、名称にローマ字等を使用することも可能で
す（商業登記規則50条2項、平成14年7月31日付法務省告示315
号）。使用できるのは、①ローマ字（大文字及び小文字）、②アラビヤ数
字、③「＆」（アンパサンド）、「'」（アポストロフィー）、「,」（コンマ）、
「－」（ハイフン）、「.」（ピリオド）、「・」（中点）です。③については、
字句（日本文字を含む。）を区切る際の符号として使用する場合に限り
用いることができ、商号の先頭又は末尾に用いることはできません。但
し、「.」（ピリオド）については、省略を表すものとして名称の末尾に
用いることもできます。

【モデル規定C】（ローマ字を使用する場合）

　（名　称）

第○条　当法人は、一般社団法人ＡＢＣと称する。

---

iv　従来の定款と同様、名称の後に「以下、『○○協会』という。」として
も構いません。

【モデル規定D】（略称を用いる場合）

　（名　称）

第○条　当法人は、一般社団法人○○協会（以下、「○○協会」という。）
と称する。

---

(2)　主たる事務所の所在地

i　主たる事務所の所在地は、必要的記載事項です（法11条1項3号）。

ii　定款に記載する主たる事務所の所在地としては、所在地の最小行政区

画を表示すればよく所在地番まで記載する必要はないとされています（大正13年12月17日民事1194号司法次官回答）。もちろん、主たる事務所の所在地として、定款に地番まで特定して記載しても構いません。しかし、このように特定して定款に記載すると、同一の行政区画内であっても、主たる事務所の所在地を変更する場合には定款変更が必要になることに留意が必要です。

ⅲ　従たる事務所の所在地は、必要的記載事項でも相対的記載事項でもありません。旧民法の下での定款では、従たる事務所の所在地も必要的記載事項と解されていました（下井隆史、松井宏興『新版注釈民法(2)』207ページ）。しかし、新制度の下で変更されました。

　従たる事務所の所在地を定款に記載しても差し支えありません。

【モデル規定E】（従たる事務所を規定する場合）

　（事務所）

第○条　当法人は、主たる事務所を東京都○○区に置く。

　2　当法人は、理事会の決議によって従たる事務所を必要な地に置くことができる。

【モデル規定F】（所在地を明記する場合）

　（事務所）

第○条　当法人は、主たる事務所を東京都○○区に置く。

　2　当法人は、従たる事務所を東京都○○区及び○○県○○市に置く。

目的及び事業に関する規定

モデル規定A

第2章　目的及び事業

（目　的）

第3条　当法人は、○○に関する事業を行い、○○○○を目的とする。

（事　業）

第4条　当法人は、前条の目的を達成するため、次の事業を行う。

(1)　○○事業

(2)　○○事業

(3)　○○事業

     ⋮

(　)　その他当法人の目的を達成するために必要な事業

(1)　目　的

i　一般社団法人の目的についての定めは、定款の必要的記載事項です（法11条1項1号）。

ii　法人は、法令の規定に従い、定款その他の基本約款で定められた目的の範囲内において、権利を有し、義務を負います（民法34条）。すなわち、定款に記載される法人の目的は、当該法人の権利能力の範囲を画することになります。そのため、定款には、権利能力の範囲を明確にする程度に事業内容を具体的に記載すべきであるとされます（昭和28年10月15日民事甲1897号法務省民事局長通達）。事業の記載も併せて、定款の必要的記載事項たる「目的」ということになります。

iii　一般社団法人の場合には、公益社団法人と異なり、公益目的事業を行うことを主たる目的とする必要はありません。したがって、一般社団法人の場合には、不特定かつ多数の者の利益の増進に寄与することを目的として掲げる必要はありません。もちろん、一般社団法人であっても、不特定かつ多数の者の利益の増進に寄与することを目的として掲げても差し支えありません。

また、当該一般社団法人の社員の利益を図ることを主たる目的とする一般社団法人の場合には、「○○に関する事業を行い、社員相互の親睦を図ることを目的とする。」、「○○に関する事業を行い、社員の経営基盤の確立及び技術の向上を図ることを目的とする。」などと記載するのも一案です。

iv　一般社団法人のうち、非営利が徹底された法人、共益的活動を目的とする法人については、収益事業のみに課税されることとされています。共益的活動を目的とする法人については、定款の目的との関係では、会員に共通する利益を図る活動を行うことを主たる目的としていること及び主たる事業として収益事業を行っていないことが要件となっています。

v　定款の「目的」の記載は、事業と併せて当該一般社団法人の権利能力の範囲が明確になればよいので、株式会社の場合と同様に、目的と事業を併せて記載することも可能です。

【モデル規定B】（目的と事業を併記する場合）

　（目　的）

第○条　当法人は、次の事業を行うことを目的とする。

　(1)　○○事業

　(2)　○○事業

　(3)　○○事業

　　　　　⋮

　( )　その他当法人の目的を達成するために必要な事業

---

(2) **事　業**

i　法人の権利能力の範囲が明確になるよう具体的に規定します。

ii　通常の一般社団法人に移行した法人の定款では、公益目的支出計画の実施事業が定款に位置付けられている必要があります（ガイドライン、整備法117条2号関係）。

iii　内閣府モデル定款では、公益社団法人への移行認定を申請する特例社団法人の定款変更案を前提に、事業が詳細に記載されています。一般社団法人の場合も、このような記載でも差し支えありません。

【モデル規定C】（内閣府モデル定款に準じたもの）
　　（事　業）

第○条　この法人は、前条の目的を達成するため、次の事業を行う。

　(1)　○○○○の△△△△その他××××及び○○○○に関する△△△
　　　△の普及

　(2)　△△△△において××××を行う○○○○の推進
　　　　　　　⋮

　(　)　その他この法人の目的を達成するために必要な事業

・⋅・⋅・⋅・⋅・⋅・⋅・⋅・⋅・⋅・⋅・⋅　**社員に関する規定**　・⋅・⋅・⋅・⋅・⋅・⋅・⋅・⋅・⋅・⋅・⋅・⋅

モデル規定A

　　　第3章　社　員

（法人の構成員）

第5条　当法人に次の会員を置く。

　(1)　正会員　当法人の事業に賛同して入会した個人又は団体

　(2)　賛助会員　当法人の事業を賛助するため入会した個人又は団体

2　前項の会員のうち、正会員をもって一般社団法人及び一般財団法人
に関する法律上の社員とする。

（入　会）

第6条　正会員又は賛助会員として入会しようとする者は、理事会の定
めるところにより入会の申込みをし、その承認を受けなければならな
い。

2　入会の承認を受けた者に対しては、当法人から本人に通知する。

（経費の負担）

第7条　正会員及び賛助会員は、当法人の経費に充てるため、社員総会
において別に定める入会金及び会費を支払わなければならない。

（任意退会）

第8条　正会員又は賛助会員は、理事会において別に定める退会届を提出して、任意に当法人を退会することができる。

（除　名）

第9条　正会員が次の各号の一に該当する場合には、社員総会の決議によって除名することができる。この場合、当該正会員に対し、当該社員総会の日から1週間前までに除名する旨を通知し、かつ、社員総会において弁明する機会を与えなければならない。

(1)　当法人の定款、規則又は社員総会の決議に違反したとき

(2)　当法人の名誉を傷つけ、又は目的に反する行為をしたとき

(3)　その他除名すべき正当な事由があるとき

2　賛助会員が前項各号の一に該当する場合には、社員総会の決議によって、除名することができる。この場合、当該賛助会員に対し、当該社員総会の日から1週間前までに除名する旨を通知し、かつ、社員総会において弁明する機会を与えなければならない。

（会員資格の喪失）

第10条　前2条の場合の他、正会員又は賛助会員は、次の各号の一に該当するに至ったときは、その資格を喪失する。

(1)　第7条の支払い義務を〇年以上履行しなかったとき

(2)　総正会員が同意したとき

(3)　当該正会員又は賛助会員が死亡し、若しくは失踪宣告を受け、又は正会員又は賛助会員である団体が解散したとき

(1)　**法人の構成員**

ⅰ　社員とは、一般社団法人の存立の基礎をなす構成員をいいます。従業員のことではありません。

　　一般社団法人の設立にあたっては、設立時の社員は最低限2名が必要です。なお、設立後において「社員が欠けたこと（社員がゼロとなったこと）」が解散事由となっている（法148条1項4号）こととの関係で、他の社員の死亡等により社員が1名になっても一般社団法人としては存続すると解されています（ＦＡＱ問Ⅰ－1－⑦）。

社員は、社員としての資格において、一般社団法人に対して、権利を有し義務を負います。

ii　一般社団法人の社員資格の得喪に関する規定は定款の必要的記載事項であり（法11条1項5号）、当該法人が社員その他どのような者によって構成されるかを明らかにする必要があります。

iii　当該一般社団法人が一般法人法上の社員だけで構成されるのであれば、端的にその旨を規定するのも一案です。

【モデル規定B】（構成員を社員に限定する場合）

第○条　当法人は、当法人の事業に賛同して入会した個人又は団体であって、次条の規定により当法人の社員となった者をもって構成する。

---

iv　当該法人に様々な会員種別がある場合には、その旨を規定します。この場合、会員種別のうちどの種別の会員が一般法人法上の社員であるのかを明確にする必要があります（定款変更留意事項Ⅱ2）。一般法人法上の社員は、社員総会での議決権を有し、定款で定める経費支払い義務が生じることに留意して規定する必要があります。

(2)　**入　会**

i　入会の定めは、社員資格の取得に関する規定であり、定款の必要的記載事項です（法11条1項5号）。

ii　一般社団法人の場合には、公益社団法人の場合と異なり、社員資格の得喪について「不当な条件を付していないものであること」（公益認定法5条14号イ）との要件を満たす必要はないので、社員資格を取得するための条件を比較的自由に付することが可能です。特定の資格保有者であることや、一定の地域に居住していること、他の社員の推薦が必要であることなど、様々に規定することができます。

【モデル規定C】（入会を特定の資格保持者に限定する場合）

　　（入　会）

第○条　正会員として入会しようとする者は、○○○の資格を有していなければならない。

2　正会員として入会しようとする者は、理事会の定めるところにより

入会の申込みをし、その承認を受けなければならない。

【モデル規定D】（同窓会などの場合）

　（入　会）

第○条　正会員として入会しようとする者は、○○高等学校の卒業生で
なければならない。

2　正会員として入会しようとする者は、理事会の定めるところにより
入会の申込みをし、その承認を受けなければならない。

【モデル規定E】（入会に何らかの制限を設ける場合）

　（入　会）

第○条　正会員として入会しようとする者は、他の正会員2名の推薦状
とともに理事会に対して入会の申込みを行い、その承認を受けなけれ
ばならない。

(3)　経費の負担

i　社員は、「定款で定めるところにより、」経費を支払う義務を負う（法
27条）ので、社員が会費等の形で経費を支払う場合には、定款の定め
が必要とされています。社員の経費負担に関する定めは、定款の相対的
記載事項です。他方、社員以外の会員（賛助会員など）の経費負担につ
いての定めを定款に規定するかは、当該法人の任意です。

ii　共益的活動を主たる目的とする法人については、収益事業についての
み課税されるようにすることが可能です。収益事業についてのみ課税さ
れる「共益的活動を主たる目的とする法人」の要件の中には、「定款に会
員が負担すべき金銭の額（会費）の定め又はこの額を社員総会の決議に
より定める旨の定めがあること」という要件があります。したがって、収
益事業についてのみ課税される一般社団法人とする場合には、会員が負
担すべき経費の額を社員総会決議で定める旨を規定する必要があります。

iii　会費収入に対して課税されることでも差し支えないのであれば、会費
を理事会で定めることも可能です。

```
┌─【モデル規定F】（会費等を理事会で決める場合）──────────
│   （経費の負担）
│  第○条　正会員及び賛助会員は、当法人の経費に充てるため、理事会に
│   おいて別に定める入会金及び会費を支払わなければならない。
└──────────────────────────────────────
```

(4) 任意退会

ⅰ　社員は退社により社員資格を喪失するので、退社は社員資格の喪失事由の１つです。社員資格の喪失についての規定は、定款の必要的記載事項です（法11条１項５号）。

ⅱ　社員は、いつでも任意に退社できるのが原則ですが、定款に規定すれば退社に条件を付することができます（法28条１項ただし書き）。退社の条件についての規定は、定款の相対的記載事項です。退社に条件を付した場合でも、やむを得ない事由があるときは、社員はいつでも退社することができます（法28条２項）。

ⅲ　一般法人法では、「任意退社」という文言を使用していますが、社員資格の喪失事由であることが条文上明らかであれば、「任意退会」という文言でも差し支えありません。

ⅳ　退会に当たり、手続的な条件を付する場合も、退社の条件として定款に規定する必要があります。退会にあたり、「理事会において別に定める退会届を提出して」という条件が必要であれば、その旨を定款に規定する必要があります。

ⅴ　退会の条件として、例えば、一定の期日でなければ退社できないとすることも可能です。但し、この場合も、やむを得ない事由があるときは、社員はいつでも退社することができます。

```
┌─【モデル規定G】（退会の日を定める場合）──────────
│   （任意退会）
│  第○条　正会員又は賛助会員は、理事会において別に定める退会届を提
│   出して、事業年度末日をもって当法人を退会することができる。ただ
│   し、正会員又は賛助会員にやむを得ない事由がある場合には、いつで
│   も退会することができる。
└──────────────────────────────────────
```

⑸　**除　名**

ⅰ　社員は除名により社員資格を喪失するので、除名は社員資格の喪失事由の一つです。社員資格の喪失についての定めは、定款の必要的記載事項です（法11条１項５号）。

ⅱ　社員以外の会員の除名についての規定は、定款の任意的記載事項であり、定款に規定するか否かは当該一般社団法人の任意です。

ⅲ　社員の除名は、「正当な事由があるときに限り」可能です（法30条１項）。したがって、定款の除名事由を列挙する場合には、「正当な事由」を類型化したものでなければなりません。

ⅳ　社員の除名は、社員総会の専決事項です（法49条２項）。したがって、社員総会以外の機関（例えば理事会）での決議で除名することができる旨を定款で規定しても、そのような規定は無効となります（法35条４項）。

ⅴ　「当該正会員に対し、当該社員総会の日から１週間前までに除名する旨を通知し、かつ、社員総会において弁明する機会を与えなければならない」ということは法律で規定されており、定款に規定しなくてもそのような手続が必要になります。

⑹　**その他社員資格の喪失**

ⅰ　社員資格の喪失についての規定は、定款の必要的記載事項です。任意退社や除名以外に社員資格喪失事由があれば、その旨を定款に規定する必要があります。

ⅱ　総社員の同意（法29条２号）及び死亡又は解散（法29条３号）は、いずれも法定退社事由です（その他、除名（法29条４号）も法定退社事由です。）。この他に、「定款で定めた事由の発生」（法29条１号）も法定退社事由であり、総社員の同意、死亡及び解散及び除名以外の除名事由は定款の相対的記載事項です。会費の不払いや会員の失踪等を資格喪失事由とする場合には、定款にその旨を規定する必要があります。

　　条文の配列としては、「任意退社、除名、その他の社員資格の喪失」とする方法のほかに、「社員資格の喪失、任意退社、除名」とする方法もあります。

┌─ 【モデル規定H】（資格喪失事由をまとめて定める場合） ─────

　　（会員資格の喪失）

第○条　正会員又は賛助会員は、次の各号の一に該当するに至ったとき
　　は、その資格を喪失する。

　(1)　退会したとき

　(2)　第7条の支払い義務を○年以上履行しなかったとき

　(3)　総正会員が同意したとき

　(4)　当該正会員又は賛助会員が死亡し、若しくは失踪宣告を受け、又
　　は正会員又は賛助会員である団体が解散したとき

　(5)　除名されたとき

　　（任意退会）

第○条　正会員又は賛助会員は、理事会において別に定める退会届を提
　　出して、任意に当法人を退会することができる。

　　（除　名）

第○条　正会員が次の各号の一に該当する場合には、社員総会の決議に
　　よって除名することができる。この場合、当該正会員に対し、当該社
　　員総会の日から1週間前までに除名する旨を通知し、かつ、社員総会
　　において弁明する機会を与えなければならない。

　(1)　当法人の定款、規則又は社員総会の決議に違反したとき

　(2)　当法人の名誉を傷つけ、又は目的に反する行為をしたとき

　(3)　その他除名すべき正当な事由があるとき

　2　賛助会員が前項各号の一に該当する場合には、社員総会の決議に
　　よって、除名することができる。この場合、当該賛助会員に対し、当
　　該社員総会の日から1週間前までに除名する旨を通知し、かつ、社員
　　総会において弁明する機会を与えなければならない。
└──────────────────────────────────

(7)　代議員制について

　　i　一般社団法人の経費等を負担する会員の中から選挙等で代議員を選出
　　し、この代議員を社員とする代議員制をとる場合、これは社員資格の取
　　得について条件の問題となります（代議員だけが「社員」ですから、代

議員制は、社員資格の得喪に関する問題となります。）。したがって、一般社団法人が、代議員を社員と定める代議員制をとる場合には、社員資格の得喪に関する規定として、その旨を定款に規定する必要があります。

ii　公益社団法人の場合には、社員資格の得喪に関して不当な条件を付してはならないので、代議員制をとる場合にも、社員たる代議員資格の取得に関しても不当な条件を付してはならないという要件（公益認定法5条14号イ）を満たす必要があります。他方、一般社団法人の場合には、認定法5条14号イのような要件は存在しないので、自由に代議員制度を設計することが可能です。特に、新規に一般社団法人を設立する場合には、代議員のみを一般法人法上の社員とする制度に賛同できない者は、当該一般社団法人の会員として当該一般社団法人に参加しなければよいだけですから、どのような代議員制を選択するかは、基本的には当該一般社団法人の内部自治に委ねられていると考えられます。

iii　代議員制については、定款変更留意事項Ⅱ3で、代議員たる社員を定めるにあたり、理事及び理事会から独立した選挙制などを定める必要があることを記載しているほか、内閣府モデル定款にも、規定の例が示されています。公益認定を受ける予定の一般社団法人は、内閣府モデル定款に従ったものとしておくのも一案でしょう。

【モデル規定Ⅰ】（代議員制とする場合）

第3章　社　員

（法人の構成員）

第○条　当法人に次の会員を置く。

⑴　正会員　当法人の事業に賛同して入会した個人又は団体

⑵　賛助会員　当法人の事業を賛助するため入会した個人又は団体

2　当法人は、概ね正会員○○○人の中から1人の割合で代議員を選出することとし、選出された代議員をもって一般社団法人及び一般財団法人に関する法律上の社員とする。

3　代議員は、正会員による代議員選挙によって選出する。

4　代議員選挙においては、正会員は各1個の投票権を有する。

5　代議員は、正会員から選出されなければならない。正会員は、代議員選挙に立候補することができる。

6　代議員の任期は、選任後2年以内に終了する事業年度のうち最終のものに関する定時社員総会終結の時までとする。ただし、代議員が社員総会決議取消の訴え、解散の訴え、責任追及の訴え及び役員解任の訴えを提起している場合には、当該訴訟が終結するまでの間、当該代議員は社員たる地位を失わない。

7　代議員総数の3分の1が欠けた場合には、速やかに補欠の代議員選挙を行う。

8　その他代議員選挙を行うために必要な細則は理事会において定める。

（代議員資格の喪失）

第○条　代議員は、次の各号の一に該当するに至ったときは、その資格を喪失する。

⑴　退会したとき

⑵　代議員を辞任したとき

⑶　全ての代議員が同意したとき

⑷　当該代議員が死亡し、若しくは失踪宣告を受け、又は代議員である団体が解散したとき

⑸　除名されたとき

（代議員の辞任）

第○条　代議員は、理事会において別に定める辞任届を提出して、任意に当法人の代議員を辞任することができる。

【モデル規定J】（代議員制とする場合で内閣府モデル定款に従ったもの）

（法人の構成）

第○条　当法人に次の会員を置く。

⑴　正会員　当法人の事業に賛同して入会した個人又は団体

⑵　賛助会員　当法人の事業を賛助するため入会した個人又は団体

2　当法人は、概ね正会員○○○人の中から1人の割合をもって選出される代議員をもって社員とする（端数の取扱いについては理事会で定める。）。

3　代議員を選出するため、正会員による代議員選挙を行う。代議員選挙を行うために必要な細則は理事会において定める。

4　代議員は、正会員の中から選ばれることを要する。正会員は、前項の代議員選挙に立候補することができる。

5　第3項の代議員選挙において、正会員は他の正会員と等しく選挙する権利を有する。理事又は理事会は、代議員を選出することはできない。

6　第3項の代議員選挙は、2年に1度、○月に実施することとし、代議員の任期は選任の2年後に実施される代議員選挙終了の時までとする。ただし、代議員が社員総会決議取消しの訴え、解散の訴え、責任追及の訴え及び役員の解任の訴えを提起している場合には、当該訴訟が終結するまでの間、当該代議員は社員たる地位を失わない（ただし、当該代議員は、役員の選任及び解任並びに定款変更についての議決権を有しないこととする。）。

7　代議員が欠けた場合又は代議員の員数を欠くこととなるときに備えて補欠の代議員を選挙することができる。補欠の代議員の任期は、任期の満了前に退任した代議員の任期の満了する時までとする。

8　補欠の代議員を選挙する場合には、次に掲げる事項も併せて決定し

なければならない。

(1)　当該候補者が補欠の代議員である旨

(2)　当該候補者を１人又は２人以上の特定の代議員の補欠の代議員として選任するときはその旨及び当該特定の代議員の氏名

(3)　同一の代議員（２以上の代議員の補欠として選任した場合にあっては、当該２以上の代議員）につき２人以上の補欠の代議員を選任するときは、当該補欠の代議員相互の優先順位

9　第７項の補欠の代議員の選任に係る決議が効力を有する期間は、選任後最初に実施される第６項の代議員選挙終了の時までとする。

10　正会員は、一般社団法人及び一般財団法人に関する法律に規定された次に掲げる社員の権利を、代議員と同様に当法人に対して行うことができる。

(1)　法第14条第２項の権利（定款の閲覧等）

(2)　法第32条第２項の権利（社員名簿の閲覧等）

(3)　法第57条第４項の権利（社員総会の議事録の閲覧等）

(4)　法第50条第６項の権利（社員の代理権証明書面等の閲覧等）

(5)　法第51条第４項及び第52条第５項の権利（議決権行使記録の閲覧等）

(6)　法第129条第３項の権利（計算書類等の閲覧等）

(7)　法第229条第２項の権利（清算法人の貸借対照表等の閲覧等）

(8)　法第246条第３項、第250条第３項及び第256条第３項の権利（合併契約等の閲覧等）

11　理事、監事又は会計監査人は、その任務を怠ったときは、当法人に対し、これによって生じた損害を賠償する責任を負い、一般社団法人及び一般財団法人に関する法律第112条の規定にかかわらず、この責任は、すべての正会員の同意がなければ免除することができない。

モデル規定Ａ

第４章　社員総会

（構　成）

第11条　社員総会は、すべての正会員をもって構成する。

（権　限）

第12条　社員総会は、一般社団法人及び一般財団法人に関する法律に規定する事項及びこの定款で定めた事項に限り決議する。

（社員総会の開催）

第13条　当法人の定時社員総会は、毎事業年度終了後３か月以内に開催する。

2　当法人の臨時社員総会は、次の各号の一に該当する場合に開催する。

⑴　理事会が必要と判断したとき

⑵　総正会員の議決権の10分の１以上の議決権を有する正会員から、理事に対して、社員総会の目的である事項及び招集の理由を示して、社員総会の招集の請求があったとき

⑶　前号の規定による請求を行った正会員が、裁判所の許可を得て、社員総会を招集するとき

（招　集）

第14条　社員総会は、前条第２項第３号の規定により正会員が招集する場合を除き、理事会の決議に基づき理事長が招集する。

（議　長）

第15条　社員総会の議長は、理事長がこれに当たる。

（議決権の数）

第16条　正会員は、社員総会において各１個の議決権を有する。

（決　議）

第17条　社員総会の決議は、法令又はこの定款に別段の定めがある場合を除き、総正会員の議決権の過半数を有する正会員が出席し、出席した当該正会員の議決権の過半数をもって行う。

> 2　前項の規定にかかわらず、次の決議は、総正会員の半数以上であっ
> て、総正会員の議決権の３分の２以上に当たる多数をもって行う。
> 　(1)　正会員又は賛助会員の除名
> 　(2)　監事の解任
> 　(3)　定款の変更
> 　(4)　解　散
> 　(5)　その他法令で定められた事項
> **（議事録）**
> **第18条**　社員総会の議事については、法令で定めるところにより、議
> 事録を作成する。

(1)　社員総会の構成

　i　社員総会が社員から構成されることは明らかであり、社員総会の構成
についての定めは、定款の任意的記載事項です。

　ii　社員総会を単なる「総会」という名称の機関と定款で定めても差し支
えありません。ただし、この場合には、法律上の名称である「社員総
会」と定款上の名称である「総会」とが同一である旨を明確にする必要
があります（定款変更留意事項Ⅱ２）。

┌ **【モデル規定Ｂ】（社員総会を「総会」と表記する場合）** ─
　　（構　成）
　第○条　総会は、すべての正会員をもって構成する。
　2　前項の総会をもって、一般社団法人及び一般財団法人に関する法律
　　上の社員総会とする。
└

(2)　社員総会の権限

　i　理事会を設置していない一般社団法人の社員総会は、一般法人法が規
定する事項及び一般社団法人の組織、運営、管理その他一般社団法人に
関する一切の事項について決議することができます（法35条１項）。す
なわち、理事会を設置していない一般社団法人の社員総会は、当該一般
社団法人の一切の事項についての決定権限を有している最高機関である

と言うことができます。

　これに対して、理事会を設置している一般社団法人（以下、「理事会設置一般社団法人」という。）の社員総会は、一般法人法が規定する事項及び定款で定めた事項に限り、決議することができます（法35条2項）。すなわち、法人運営の専門家である理事によって構成される理事会という機関を有している理事会設置一般社団法人では、一般社団法人の存続に大きな影響がある事項であるため社員総会の専決事項として一般法人法が規定している事項と、定款で社員総会の決議事項と定めた事項は社員総会の決議事項とされているものの、それ以外の業務執行についての意思決定は、理事会が決定権限を有するとされています。このような権限分配により、理事会設置一般社団法人では、機動的な意思決定による法人運営が可能となっています。理事会設置一般社団法人の社員総会は、一般社団法人の基本的な事項に限定された意思決定機関であるということができます。

ii　一般法人法が規定する事項以外の事項を社員総会決議事項とする定めは、定款の相対的記載事項です。

iii　理事会設置一般社団法人であっても、その他の一般社団法人であっても、社員に剰余金を分配する旨の決議をすることはできません（法35条3項）。これは、一般社団法人が非営利の法人であるためです。

iv　一般法人法が社員総会の決議が必要である旨を規定している事項については、定款で定めたとしても、社員総会以外の機関が決定することはできません（法35条4項）。理事・監事・会計監査人の選解任、定款変更、事業の全部譲渡、解散、合併の承認などは、いずれも社員総会の専決事項であり、当該一般社団法人の存続の根幹にかかわる事項は、理事会設置一般社団法人であっても、社員総会のみが意思決定することができます。

(3)　社員総会の開催

i　一般社団法人の社員総会には、毎事業年度の終了後一定の時期に招集しなければならない「定時社員総会」（法36条1項）と、必要がある場合にはいつでも招集することができる総会（法36条2項）、いわゆる「臨時社員総会」とがあります。

ii 社員総会の開催時期についての定めは、定款の任意的記載事項です。

iii 定時社員総会は、毎事業年度の終了後一定の時期に招集しなければならず（法36条1項）、また、定時社員総会では計算書類に関する承認に係る議事がある（法126条2項）ので、定時社員総会の開催時期を「毎事業年度終了後3か月以内」などと定款に規定するのも一案です。

iv 定時社員総会の開催時期を「〇月」と定めても差し支えありません。

【モデル規定C】（定時社員総会の開催時期を明記する場合）

（社員総会の開催）

第〇条　当法人の定時社員総会は、毎年6月に開催する。

(4)　**招集権者**

i 社員総会は、理事が招集するのが原則です（法36条3項）。

ii しかし、社員総会を招集する必要があるにもかかわらず、理事が臨時社員総会の招集を怠るという事態が発生することも考えられます。そこで、総社員の議決権の10分の1以上の議決権を有する社員は、理事に対し、社員総会の目的である事項及び招集の理由を示して、社員総会の招集を請求することができます（法37条1項）。社員が理事に対して社員総会の招集を請求する場合、その要件を「総社員の議決権の10分の1以上の議決権を有する社員」とするのであれば、一般法人法の規定と同じであり、当該定めは定款の任意的記載事項です。しかし、この割合は5分の1以下であれば定款で要件を加重することも緩和することもできます。招集請求の割合を変更する旨の定めは、定款の相対的記載事項です。

【モデル規定D】（社員による社員総会招集請求の割合を緩和する場合）

（社員総会の開催）

第〇条　当法人の定時社員総会は、毎事業年度終了後3か月以内に開催する。

2　当法人の臨時社員総会は、次の各号の一に該当する場合に開催する。

(1)　理事会が必要と判断したとき

(2)　総正会員の議決権の20分の1以上の議決権を有する正会員から、

理事に対して、社員総会の目的である事項及び招集の理由を示して、社員総会の招集の請求があったとき

(3) 前号の規定による請求を行った正会員が、裁判所の許可を得て、社員総会を招集するとき

iii 一般法人法上の「代表理事」を、定款では「会長」・「理事長」などと規定し、当該「会長」・「理事長」が「代表理事」であることが定款上明示されているのであれば、当該「会長」・「理事長」が一般法人法上の「理事」であることも明らかです。したがって、「会長」・「理事長」が社員総会を招集する旨規定しても差し支えありません。

【モデル規定E】（会長が代表理事であることを明記している場合）
　　（招　集）
第○条　社員総会は、前条第2項第3号の規定により正会員が招集する場合を除き、理事会の決議に基づき会長が招集する。

iv 理事が社員総会を招集するのであれば一般法人法に抵触することはありません。そこで代表理事の招集に支障が生じた場合に備えて、他の理事が社員総会を招集することができる旨を規定しておくことも一案です。

【モデル規定F】（代表理事に代わる招集者を定める場合）
　　（招　集）
第○条　社員総会は、前条第2項第3号の規定により正会員が招集する場合を除き、理事会の決議に基づき代表理事が招集する。
2　代表理事に事故があるときは、あらかじめ理事会の決議により定めた順位により、他の理事がこれに代わり社員総会を招集する。

(5) 議　長

i 一般法人法は社員総会の議長について何も規定していません。議長についての定めは、定款の任意的記載事項です。

ii 議長は、社員総会の度に、社員の中から選出するとすることもできます。

【モデル規定G】（議長を社員総会の都度選出する場合）

　（議　長）

第○条　社員総会の議長は、当該社員総会において正会員の中から選出する。

---

　iii　代表理事が議長となる旨を規定している場合には、代表理事の議長就任に支障が生じた場合に備えて、他の理事が議長となる旨を規定しておくのも一案です。

【モデル規定H】（代表理事に代わる議長を定める場合）

　（議　長）

第○条　社員総会の議長は、代表理事がこれに当たる。

2　代表理事に事故があるときは、理事会の決議をもってあらかじめ定めた順序により、他の理事がこれに代わる。

---

(6)　議決権の数

　i　議決権の数は、定款に特に規定しなければ、社員は各1個の議決権を有します（法48条）。

　ii　議決権につき、「社員1名につき1個の議決権」と異なるようにするためには、定款に定めなければなりません。この異なる定めは、定款の相対的記載事項です。

【モデル規定 I 】（正会員、準会員ともに社員であり、議決権の数に差を設ける場合）

　（議決権の数）

第○条　正会員は、社員総会において各2個の議決権を有する。

2　準会員は、社員総会において各1個の議決権を有する。

【モデル規定 J 】（正会員、準会員ともに社員であり、議決事項に差を設ける場合）

　（議決権の行使）

第○条　正会員は、社員総会において、すべての議案につき各1個の議決権を有する。

2　準会員は、社員総会において、役員選任に関する議案についてのみ、

各1個の議決権を有する。

iii　定款で別段の定めをする場合であっても、社員総会において決議する事項の全部について社員が議決権を行使することができない旨の定款の定めは、無効です（法48条2項）。

iv　公益法人の場合には、社員の議決権に関して、社員が当該法人に対して提供した金銭その他の財産の価額に応じて異なる取扱いを行うことはできません（公益認定法5条14号ロ）。しかし、一般社団法人の場合には、社員が提供した金銭等の価額に応じて異なる取扱いをする旨を定款に規定しても直ちには違法にはなりません。

(7)　**決議要件**

i　社員総会の普通決議は、定款に別段の定めがなれば、総社員の議決権の過半数を有する社員が出席し（定足数）、出席した当該社員の議決権の過半数をもって行います（法49条1項）。このような要件と異なる定めは、定款の相対的記載事項です。

ii　公益社団法人の場合には、定足数の要件を撤廃することや、定足数の要件を大幅に緩和した場合には、不認定の対象となるとされています（定款変更留意事項Ⅱ7）。これに対し、一般社団法人の場合には、定足数・決議要件のいずれも、定款で規定すれば、軽減することも加重することも可能です。

【モデル規定K】（定足数を軽減する場合）
（決　議）
第○条　社員総会の決議は、法令又はこの定款に別段の定めがある場合を除き、総正会員の議決権の3分の1を有する正会員が出席し、出席した当該正会員の議決権の過半数をもって行う。

iii　社員総会の特別決議については、法は、総社員の半数以上であって、総社員の議決権の3分の2以上に当たる多数をもって行う必要があるとしています（法49条2項）。特別決議の決議要件については、定款で加重することは認められていますが、軽減することは認められていません。

特別決議要件を加重する旨の定めは、定款の相対的記載事項です。

┌─【モデル規定L】（特別決議要件を加重する場合）─────────
│ 2　前項の規定にかかわらず、次の決議は、総正会員の半数以上であっ
│　　て、総正会員の議決権の４分の３以上に当たる多数をもって行う。
└──────────────────────────────

　iv　理事・監事の選任は、社員総会の普通決議の対象とされています（法
　　　63条１項）。この場合、社員は、理事・監事１人１人の選任議案ごと
　　　に賛成又は反対の意思を表明できるので、定款に社員総会の議事の運営
　　　方法に関する定めとして、理事の選任議案の決議に際し候補者を一括し
　　　て採決することを一般的に許容する旨の定めを設けることは許されませ
　　　ん（定款変更留意事項Ⅱ）。ここでは、定款で「理事の選任議案の決議
　　　に際し候補者を一括して採決することを一般的に許容する旨の定め」を
　　　設けることが禁止されているだけであり、「理事の選任する議案を決議
　　　するに際しては、各候補者ごとに決議を行わなければならない」という
　　　規定を設けるかどうかは当該一般社団法人の任意です。もっとも、一般
　　　的には、当該選任議案についての審議を尽くした後に、議長から一括採
　　　決する旨を議場に諮り、反対意見が出ないのであれば、一括採決しても
　　　問題はないと考えられるので、「理事の選任する議案を決議するに際し
　　　ては、各候補者ごとに決議を行わなければならない」という規定をわざ
　　　わざ定款に規定する必要はないものと考えられます。

(8)　**議事録**

　i　社員総会の議事録は、一般社団・財団法人法施行規則（以下、「一般
　　　法人法施行規則」という。）に基づいて、必ず作成しなければなりませ
　　　ん（法57条１項）。

　ii　社員総会議事録には、議事録の作成に係る職務を行った者の氏名を記
　　　載する必要がある（一般法人法施行規則11条４項１号ニ）ものの、社
　　　員総会議事録に記名押印が必要であるとの規定は設けていません。その
　　　ような規定を定款に設けるかどうかは、当該一般社団法人の任意です。
　　　しかし、定款に規定した以上は、社員総会議事録に記名押印がなされな
　　　ければ、定款違反となることに留意する必要があります。

```
┌─【モデル規定M】（議事録の記名押印を明記する場合）──────────
│ （議事録）
│ 第○条　社員総会の議事については、法令で定めるところにより、議事
│　　録を作成する。
│ 2　議長及び出席した理事は、前項の議事録に記名押印する。
└──────────────────────────────────────────
```

ⅲ　議事録への記名押印を定款に規定する場合、誰に記名押印させるかは、
　　一般社団法人が任意に定めることができます。出席した理事全員の記名
　　押印を必要とするのではなく、一部の理事の記名押印を必要とする旨の
　　規定でも差し支えありません。

```
┌─【モデル規定N】（記名押印する理事を限定する場合）──────────
│ （議事録）
│ 第○条　社員総会の議事については、法令で定めるところにより、議事
│　　録を作成する。
│ 2　議長及び出席した理事のうち2名は、前項の議事録に記名押印する。
└──────────────────────────────────────────
```

⑼　電子提供措置

ⅰ　令和4年9月から、定款に電子提供措置をとる旨を定めた一般社団法
　　人は、社員総会の招集にあたり電子提供措置をとることができるように
　　なり、また、そのような定款の定めがある一般社団法人は、社員総会の
　　招集にあたり電子提供措置をとらなければならないこととなりました
　　（法47条の2）。

ⅱ　電子提供措置とは、従来は社員総会の招集通知にあたり社員に対して
　　紙の書面又は電磁的方法で提供してきた社員総会参考書類、議決権行使
　　書面及び計算書類・事業報告並びに監査報告について、webサイトに
　　掲載する方法をとることをいいます。

　　電子提供措置の対象となる電子提供措置事項は、法47条の3第1項
　　各号に記載されています。

ⅲ　電子提供措置をとるかどうかは個々の一般社団法人の判断に委ねられ
　　ていますが、電子提供措置をとる場合には、その旨を定款に規定しなけ

ればなりません。

iv　電子提供措置は法定の期間継続して行う必要があります。その旨を確
　認的に定款に規定しておくことも考えられます。

　　なお、電子提供措置をとる一般社団法人は、社員総会の招集通知は、
　書面による議決権行使や電磁的方法による議決権行使を認めない場合で
　あっても、社員総会の日の2週間前までに発しなければなりません（法
　47条の4第1項）。

v　インターネットの利用に不慣れで電子提供措置だと社員総会の資料の
　内容を適切に把握することができない社員が一定数存在することも考え
　られるので、電子提供措置がとられている一般社団法人の社員は、電子
　提供措置事項を記載した書面の交付を請求することが認められています
　（法47条の5第1項）。この書面交付請求がなされた場合には、法人は
　請求を行った社員に対し当該書面を交付しなければなりません。

　　そこで、そのような内容を確認的に定款に定めておくことも考えられ
　ます。

┌─ 【モデル規定Q】（社員の書面交付請求を明記する場合）─────
│　（電子提供措置）
│　**第○条**　当法人は、社員総会の招集に際し、社員総会参考書類等の内容
│　　である情報について、電子提供措置をとる。
│　2　電磁的方法による社員総会招集通知の承諾をしていない社員は、法
│　　人法第47条の3第1項各号に掲げる事項（以下「電子提供措置事項」
│　　という。）を記載した書面の交付を請求することができる。この場合、
│　　当該社員に対して、電子提供措置事項を記載した書面を交付しなけれ
│　　ばならない。
│　3　前項に定める書面交付請求から1年を経過したときは、当法人は、
│　　当該社員に対して書面交付を終了する旨を通知し、かつ、これに異議
│　　がある場合には催告期間内（ただし、この催告期間は1か月を下回る
│　　ことができない。）に異議を述べるべき旨を催告することができる。
│　4　前項の規定による通知及び催告を受けた社員がした書面交付請求は、
│　　催告期間を経過したときにその効力を失う。ただし、当該社員が催告
│　　期間内に異議を述べたときは、書面交付請求はなお有効に存続する。
└─────────────────────────────

⑽　**その他**

　i　一般法人法では、議決権の代理行使、書面による議決権行使、電磁的
　　方法による議決権の行使等についての規定を設けています。これらの議
　　決権行使等については、定款に定めなくても、法律に基づいた行使等が
　　認められますが、議決権行使等を分かりやすくするために、定款に規定
　　することとしても差し支えありません。

┌─ 【モデル規定R】（議決権の代理行使などについて、明記する場合）───
│　（議決権の代理行使）
│　**第○条**　正会員は、代理人によって社員総会の議決権を行使することが
│　　できる。この場合、当該正会員又は代理人は、代理権を証明する書面
│　　をあらかじめ当法人に提出する。
│　2　第1項の正会員又は代理人は、代理権を証明する書面の提出に代え
│　　て、政令で定めるところにより、当法人の承諾を得て、当該書面に記

載すべき事項を電磁的方法により提供することができる。この場合、当該正会員又は代理人は、当該書面を提出したものとみなす。

　（書面による議決権行使）

第○条　書面により議決権を行使できる場合には、正会員は、議決権行使書面に必要な事項を記載し、社員総会の日時の直前の業務時間の終了時までに当該記載をした議決権行使書面を当法人に提出する。

2　前項の規定により書面によって行使した議決権の数は、出席した正会員の議決権の数に算入する。

　（電磁的方法による議決権の行使）

第○条　電磁的方法により議決権を行使できる場合には、正会員は、政令で定めるところにより、当法人の承諾を得て、社員総会の日時の直前の業務時間の終了時までに議決権行使書面に記載すべき事項を電磁的方法により当法人に提供する。

2　前項の規定により電磁的方法によって行使した議決権の数は、出席した正会員の議決権の数に算入する。

ⅱ　一般法人法では、社員総会の決議や報告の省略等についても規定しており、これらの定めを定款に規定しても差し支えありません。

【モデル規定Ｓ】（社員総会決議の省略等について明記する場合）

　（社員総会決議の省略）

第○条　理事又は正会員が社員総会の目的事項について提案した場合において、当該提案につき正会員の全員が書面又は電磁的記録により同意の意思表示をしたときは、当該提案を可決する旨の社員総会の決議があったものとみなす。

　（社員総会への報告の省略）

第○条　代表理事が正会員の全員に対して社員総会に報告すべき事項を通知した場合において、当該事項を社員総会に報告することを要しないことにつき正会員の全員が書面又は電磁的記録により同意の意思表示をしたときは、当該事項の社員総会への報告があったものとみなす。

モデル規定A

第5章　役員及び会計監査人

（役員及び会計監査人）

第19条　当法人に、次の役員を置く。

(1)　理事　○○名以上○○名以内

(2)　監事　○○名以上

2　理事のうち、1名を理事長、○名以内を専務理事とする。

3　前項の理事長を一般社団法人及び一般財団法人に関する法律が定める代表理事とし、専務理事を同法の業務執行理事とする。

4　当法人に会計監査人を置く。

（役員及び会計監査人の選任）

第20条　理事及び監事並びに会計監査人は、社員総会の決議によって選任する。

2　理事長及び専務理事は、理事会の決議によって理事の中から選定する。

（理事の職務及び権限）

第21条　理事は、理事会を構成し、法令及びこの定款で定めるところにより、職務を執行する。

2　理事長は、法令及びこの定款で定めるところにより、当法人を代表し、その業務を執行する。

3　専務理事は、理事会において別に定めるところにより、当法人の業務を分担執行する。

4　理事長及び専務理事は、3か月に1回以上、自己の職務の執行の状況を理事会に報告しなければならない。

（監事の職務及び権限）

第22条　監事は、理事の職務の執行を監査し、法令で定めるところにより、監査報告を作成する。

2　監事は、いつでも、理事及び使用人に対して事業の報告を求め、当法人の業務及び財産の状況の調査をすることができる。

（会計監査人の職務及び権限）

第23条　会計監査人は、法令で定めるところにより、当法人の貸借対照表及び正味財産増減計算書並びにこれらの附属明細書を監査し、監査報告書を作成する。

2　会計監査人は、いつでも、次に掲げるものの閲覧及び謄写をし、又は理事及び使用人に対し、会計に関する報告を求めることができる。

(1)　会計帳簿及びこれに関する資料が書面をもって作成されているときは、当該書面

(2)　会計帳簿及びこれに関する資料が電磁的記録をもって作成されているときは、当該電磁的記録に記録された事項を法令で定める方法により表示したもの

（役員及び会計監査人の任期）

第24条　理事の任期は、選任後2年以内に終了する事業年度のうち最終のものに関する定時社員総会の終結の時までとする。但し、再任を妨げない。

2　監事の任期は、選任後2年以内に終了する事業年度のうち最終のものに関する定時社員総会の終結の時までとする。但し、再任を妨げない。

3　補欠のため選任された理事又は監事の任期は、前任者の任期の満了する時までとする。

4　この定款で定めた理事又は監事の員数が欠けた場合には、任期の満了又は辞任により退任した理事又は監事は、新たに選任された理事又は監事が就任するまで、なお理事又は監事としての権利義務を有する。

5　会計監査人の任期は、選任後1年以内に終了する事業年度のうち最終のものに関する定時社員総会の終結の時までとする。ただし、当該定時社員総会において別段の決議がなされなかったときは、当該定時社員総会において再任されたものとみなす。

（役員及び会計監査人の解任）

第25条　理事及び監事並びに会計監査人は、いつでも、社員総会の決議によって解任することができる。

2　監事は、会計監査人が次のいずれかに該当するときは、会計監査人

を解任することができる。

(1)　職務上の義務に違反し、又は職務を怠ったとき。

(2)　会計監査人としてふさわしくない非行があったとき。

(3)　心身の故障のため、職務の執行に支障があり、又はこれに堪えないとき。

3　前項の規定による解任は、監事が２人以上いる場合には、監事全員の同意によって行う。

4　第２項の規定により会計監査人を解任したときは、監事は、その旨及び解任の理由を解任後最初に招集される社員総会に報告する。

（報酬等）

第26条　当法人は、理事及び監事に対して、社員総会が定める総額の範囲内で、報酬等を支給することができる。

2　会計監査人に対する報酬等は、監事（監事が２人以上ある場合にあっては、その過半数）の同意を得て、理事会の決議によって定める。

3　理事、監事及び会計監査人に対しては、費用を弁償することができる。この場合の基準については、理事会の決議を経て、別に定める。

(1)　**役員等の員数**

i　理事会設置一般社団法人の理事は、３名以上でなければなりません（法65条３項）。理事の員数に上限を設ける場合には、定款に規定する必要があります。理事の員数に上限を設ける旨の定めは、定款の相対的記載事項です。

ii　理事会設置一般社団法人は監事を置かなければならず（法61条）、監事は定款の定めによって置くことができる機関です（法60条２項）から、理事会設置一般社団法人における監事を置く旨の規定は、定款の必要的記載事項となります。

iii　監事の員数は、一般法人法は特に規定していません。したがって、監事を置く旨を定款に規定した場合、員数を特に規定しなければ、１名以上ということになります。監事の員数に上限を設ける場合には、定款に規定する必要があります。

┌───┐
【モデル規定B】（監事の員数に上限を設ける場合）

　（役　員）

第○条　当法人に、次の役員を置く。

　(1)　理事　○○名以上

　(2)　監事　○○名以内
└───┘

⑵　代表理事等

　ⅰ　理事会設置一般社団法人の理事会は、代表理事を選定しなければなりません（法90条3項）。

　ⅱ　代表理事は、複数選定しても構いません。

　ⅲ　理事会設置一般社団法人では、代表理事以外の理事であって、理事会の決議によって理事会設置一般社団法人の業務を執行する理事（業務執行理事）を選定することができます。

　ⅳ　代表理事や業務執行理事について、一般法人法上の名称と異なる通称を定款に使用する場合には、法律上の名称と定款で使用する名称とがどのような関係であるかを明確にする必要があります（定款変更留意事項Ⅱ2）。

┌───┐
【モデル規定C】（代表理事等を一般法人法上の名称と異なる通称とする場合）

　（役員及び会計監査人）

第○条　当法人に、次の役員を置く。

　(1)　理事　○名以上○名以内

　(2)　監事　○名以内

　2　理事のうち、1名を会長、1名を副会長、4名以内を専務理事とする。

　3　前項の会長及び副会長を一般社団法人及び一般財団法人に関する法律が定める代表理事とし、専務理事を同法の業務執行理事とする。

　4　当法人に会計監査人を置く。
└───┘

　ⅴ　代表権がない者に対し、法人を代表する権限を有すると認められる名称を付した場合には、当該名称の者が行った行為について、善意の第三者に対して、当該法人がその責任を負うことになります（法82条）。例

えば、代表理事としての理事長と、業務執行理事としての専務理事がいる一般社団法人において、定款上は代表権を有しない「会長」という肩書きの者がいる場合、第三者からは当該「会長」には代表権があると考えられますから、当該「会長」が行った行為の責任を一般社団法人が負うことになる場合があります。

vi 理事会設置一般社団法人であるからといって、会計監査人設置の義務はありません。会計監査人を設置する旨の規定は、定款の相対的記載事項です。ただし、理事会設置一般社団法人が大規模一般社団法人である場合には、会計監査人設置の義務があります（法62条）。

(3) 役員の選任

i 理事、監事及び会計監査人は、社員総会決議によって選任します（法63条2項）。この場合、決議要件について特に規定しなければ、社員総会の普通決議の要件に従って選任することになります。普通決議と異なる要件の定めは、定款の相対的記載事項です。

【モデル規定D】（普通決議と異なる選任要件を定める場合）

（役員及び会計監査人の選任）

第○条　理事及び監事並びに会計監査人は、社員総会の決議によって選任する。

2　前項の選任は、総正会員の議決権の3分の1を有する正会員が出席し、出席した当該正会員の議決権の過半数をもって行う。

---

ii 代表理事及び業務執行理事は理事会決議によって選定します（法90条3項、91条1項2号）。この場合、例えば、理事会で代表理事を選定するにあたり、社員総会での投票結果や選挙等の結果を尊重する旨の規定を設けることも可能です。

【モデル規定E】（社員総会での決議の結果を尊重する場合）

（役員及び会計監査人の選任）

第○条　理事及び監事並びに会計監査人は、社員総会の決議によって選任する。

2　理事長及び専務理事は、理事会の決議によって選定する。

---

3 理事会が理事長を選定するにあたっては、社員総会に理事長の選定
について付議し、その決議の結果を参考にすることができる。

【モデル規定F】（理事長選挙の結果を尊重する場合）
（役員及び会計監査人の選任）
第○条　理事及び監事並びに会計監査人は、社員総会の決議によって選
任する。
2　理事長及び専務理事は、理事会の決議によって選定する。
3　理事会が理事長を選定するにあたっては、理事会が別に定める理事
長選挙規程に基づく選挙を行い、その結果を参考にすることができる。

ⅲ　理事会設置一般社団法人の社員総会は、一般法人法に規定する事項及
び定款で定めた事項に限り、決議をすることができます（法35条2項）。
すなわち、定款で定めれば、代表理事の選定を社員総会の決議事項とす
ることもできます（定款変更留意事項Ⅱ7参照）。

【モデル規定G】（代表理事を社員総会で選定する場合）
（役員及び会計監査人の選任）
第○条　理事及び監事並びに会計監査人は、社員総会の決議によって選
任する。
2　理事長は、理事の中から、社員総会の決議によって選定する。
3　専務理事は、理事会の決議によって選定する。

ⅳ　役員の選任にあたっては、法務省令で定めるところにより、役員が欠
けた場合に備え、補欠の理事を選任しておくことができます（法63条
2項）。これは役員が欠けることによって業務執行や監査が滞ることが
ないようにするための規定であり、同様の補欠選任については、会社法
にも規定されています。
　法務省令では、当該候補者が補欠の役員である旨、特定の役員の補欠
として選任する場合にはその旨等を議決すべきことが規定されている
（一般法人法施行規則12条2項各号）ほか、補欠の選任決議の有効期間

が、原則として、当該決議後最初に開催する定時社員総会の開始の時までであること（一般法人法施行規則12条3項）等が規定されています。また、2人以上の補欠の役員を選任するときは、補欠の役員相互間の優先順位も併せて決定しなければなりません（一般法人法施行規則12条2項5号）。補欠について定款に規定するかは、当該一般社団法人の任意です。

ⅴ　次のような者は、一般社団法人の理事及び監事となることはできません（法65条1項）。

①　法人

②　一般法人法、会社法その他一般法人法65条3号所定の規定に違反し、刑に処せられ、その執行を終わり、又はその執行を受けることがなくなった日から2年を経過しない者

③　②以外の法令の規定に違反し、禁錮以上の刑に処せられ、その執行を終わるまで又はその執行を受けることがなくなるまでの者（刑の執行猶予中の者を除く。）

これらの欠格事由を定款に規定するかは、当該一般社団法人の任意です。

なお、令和3年3月1日以降、成年被後見人や被保佐人が理事や監事に就任することができるような法改正がなされています。

ⅵ　監事には、理事の職務の執行を監査する職責があります（法99条）。したがって、監事は、一般社団法人の理事又は使用人を兼ねることはできません（法65条2項）。

また、一般法人法は、一般社団法人が議決権の過半数を有している法人は、一般社団法人がその経営を支配している法人であるとして、このような法人を子法人と定義しています（法2条4号、一般法人法施行規則3条）。子法人の理事や使用人は、支配関係を通じて一般社団法人の理事の指示に従う可能性があるため、子法人の理事や使用人が一般社団法人の監事となった場合には、適切に監査が行われない可能性があります。そこで、監事は、一般社団法人の子法人の理事又は使用人を兼ねることもできないとされています（法65条2項）。兼職禁止について定款に規定するかは、当該一般社団法人の任意です。

(4) 理事の職務及び権限

i 理事の職務及び権限も代表理事の職務及び権限も、いずれも一般法人法に規定されており、これらについて定款に規定するかは、当該一般社団法人の任意です。

ii 業務執行理事の職務及び権限についても同様です。

iii 「代表理事に事故がある場合は、代表理事が予め定める順番で理事が代表理事の職務を代行する」旨の定款の定めは、将来の代表理事の選定を現在の代表理事が行うことを許容する旨の規定とも解釈できます。しかし、一般法人法上、現在の代表理事に将来の代表理事を選定する権限はないため、このような定款の規定は無効となると解されます（定款変更留意事項Ⅱ7）。

　もっとも、一般法人法上の代表理事が複数存在している一般社団法人が、定款で代表者と定めている代表理事に事故がある場合に、他の代表理事が代表者を代行する旨を定款で定めることは差し支えありません。

【モデル規定H】（理事長も副理事長も、一般法人法上の代表理事である場合）

（理事の職務及び権限）

第○条 理事は、理事会を構成し、法令及びこの定款で定めるところにより、職務を執行する。

2 理事長は、法令及びこの定款で定めるところにより、当法人を代表し、その業務を総理する。

3 副理事長は、理事長を補佐し、理事長に事故があるとき又は理事長が欠けたときは、その職務を代行する。

4 専務理事は、理事会において別に定めるところにより、当法人の業務を分担執行する。

---

iv 一般法人法上の代表理事及び業務執行理事は、3か月に1回以上、自己の職務の執行の状況を理事会に報告しなければなりません（法91条2項）。ただし、定款で毎事業年度に4か月を超える間隔で2回以上その報告をしなければならない旨を定めた場合には、当該間隔で職務の執行状況を報告することとできます。当該定めは、定款の相対的記載事項です。

┌─ 【モデル規定Ⅰ】（職務執行の報告を毎事業年度に4か月を超える間隔で2回以上とする場合）─

（理事の職務及び権限）

第○条　理事は、理事会を構成し、法令及びこの定款で定めるところにより、職務を執行する。

2　理事長は、法令及びこの定款で定めるところにより、当法人を代表し、その業務を執行する。

3　専務理事は、理事会において別に定めるところにより、当法人の業務を分担執行する。

4　理事長及び専務理事は、毎事業年度に4か月を超える間隔で2回以上、自己の職務の執行の状況を理事会に報告する。

(5)　監事の職務及び権限

ⅰ　監事の職務及び権限は一般法人法の規定のとおりであり、当該定めは、定款の任意的記載事項です。

ⅱ　監事の職務を詳細に規定するのも一案です。

┌─ 【モデル規定J】（監事の職務を詳細に明記する場合）─

（監事の職務及び権限）

第○条　監事は、次に掲げる職務を行う。

(1)　理事の職務の執行を監査し、監査報告を作成する。

(2)　当法人及びその子法人の業務及び財産の状況を監査することができる。

(3)　理事が不正の行為をし、若しくは不正の行為をするおそれがあると認めるとき、又は法令若しくは定款に違反する事実若しくは著しく不当な事実があると認めるときは、遅滞なく、その旨を理事会に報告する。

(4)　理事会に出席し、必要があると認めるときは、意見を述べる。

(5)　3号に規定する場合において、必要があると認めるときは、会長に対し、理事会の招集を請求することができる。

(6)　前号に基づく請求があった日から5日以内に、その請求があった日から2週間以内の日を理事会の日とする理事会の招集通知が発せ

られない場合に、理事会を招集することができる。

(7)　理事が社員総会に提出しようとする議案、書類その他法務省令で定めるものを調査する。この場合において、法令若しくは定款に違反し、又は著しく不当な事項があると認めるときは、その調査の結果を社員総会に報告する。

(8)　理事が当法人の目的の範囲外の行為その他法令若しくは定款に違反する行為をし、又はこれらの行為をするおそれがある場合において、当該行為によって当法人に著しい損害が生ずるおそれがあるときに、当該理事に対し、当該行為をやめることを請求する。

(9)　当法人が理事との間の訴えを遂行するときに、当法人を代表する。

(10)　計算書類及び事業報告並びにこれらの附属明細書につき監査し、監査報告を作成する。

(11)　その他法令に定められた業務を行う。

(6)　会計監査人の職務及び権限

i　会計監査人の職務及び権限は一般法人法に規定されています。会計監査人の職務及び権限に関する定めは、定款の任意的記載事項です。

ii　会計監査人の職務を詳細に規定するのも一案です。

【モデル規定K】（会計監査人の職務を詳細に明記する場合）
　　（会計監査人の職務及び権限）
第○条　会計監査人は、次に掲げる職務を行う。

(1)　計算書類及びその附属明細書を監査し、会計監査報告を作成する。

(2)　会計帳簿又はこれに関する資料の閲覧及び謄写を行い、又は理事及び使用人に対し、会計に関する報告を求めることができる。

(3)　その職務を行うに際して理事の職務の執行に関し不正の行為又は法令若しくは定款に違反する重大な事実があることを発見したときは、遅滞なく、これを監事に報告する。

(4)　定時社員総会において出席を求める決議があったときに、出席して意見を述べる。

(5)　その他法令に定められた業務を行う。

(7)　役員及び会計監査人の任期

i　一般法人法によれば、理事の任期は、選任後2年以内に終了する事業年度のうち最終のものに関する定時社員総会の終結の時まで、というのが原則です（法66条）。

ii　理事の任期は、定款又は社員総会決議によって短縮することが認められています（法66条ただし書）。理事の任期を短縮する旨の定めは、定款の相対的記載事項です。

┌─ 【モデル規定L】（理事の任期を短縮する場合）──────────
│　（理事の任期）
│　第○条　理事の任期は、選任後1年以内に終了する事業年度のうち最終のものに関する定時社員総会の終結の時までとする。
└────────────────────────────────

iii　理事の任期を伸長することは認められていません。したがって、「理事の任期は2年とする」という規定は無効となります。

なぜなら、例えば、3月末日を事業年度末とする一般社団法人において3月1日に選任された理事の任期は、「選任後2年以内に終了する事業年度のうち最終のものに関する定時社員総会の終結の時まで」だとすると、翌事業年度のものに関する定時社員総会終結の時までであるのに、「任期は2年」だとすると、翌事業年度のものに関する定時社員総会終結の時を超え、さらに翌年の3月1日までが任期となり、一般法人法上の規定よりも任期が伸長されることになるからです。

iv　監事の任期は、選任後4年以内に終了する事業年度のうち最終のものに関する定時社員総会の終結の時まで、というのが原則です（法67条1項）。

v　しかし、監事の任期は、定款によって、選任後2年以内に終了する事業年度のうち最終のものに関する定時社員総会の終結の時までを限度として短縮することができます（法67条1項ただし書）。監事の任期を短縮する旨の定めは、定款の相対的記載事項です。

vi　さらに、任期の満了前に退任した監事の補欠として選任された監事の任期については、定款に規定すれば、退任した監事の任期の満了する時

まで短縮することができます（法67条2項）。補欠監事の任期短縮の定めは、定款の相対的記載事項です。監事の任期を揃えるようにするためには、当該規定が必要です。

vii　会計監査人の任期は、選任後1年以内に終了する事業年度のうち最終のものに関する定時社員総会の終結の時までであるところ、当該定時社員総会において別段の決議がなされなかったときは、会計監査人は当該定時社員総会において再任されたものとみなされることとなっています（法69条1項）。

(8)　役員及び会計監査人の解任

i　理事、監事及び会計監査人は、いつでも、社員総会の決議によって解任することができます（法70条）。なお、会計監査人を解任する旨の議案の内容は、監事が（監事が2人以上ある場合は過半数をもって）決定します（法73条）。

ii　監事の解任は、社員総会の特別決議事項です（法49条2項）。この場合、定款に規定すれば、特別決議の要件を法定のものよりも加重することができます。要件を加重する旨の定めは、定款の相対的記載事項です。

【モデル規定M】（監事の解任要件を加重する場合）

　（役員及び会計監査人の解任）

第○条　理事及び監事並びに会計監査人は、いつでも、社員総会の決議によって解任することができる。

2　前項の監事の解任に関する社員総会の決議は、総正会員の半数以上であって、総正会員の議決権の4分の3以上に当たる多数をもって行わなければならない。

---

iii　監事は、会計監査人が法71条1項各号に該当する場合には、その会計監査人を解任することができます。この解任は、監事が2人以上の場合には、監事全員の同意によって行わなければなりません（法71条2項）。

(9)　報酬等

i　理事又は監事の報酬等については、定款で定めることも可能です（法89条、105条1項）。

【モデル規定N】（報酬を定款に定める場合）

　　（報酬等）

第○条　当法人は、理事に対する報酬総額として月額200万円以内、監事に対する報酬総額として月額60万円以内で、理事報酬については理事会が定める支給の基準、監事報酬については監事の協議により定める支給の基準に従って算定した報酬等を支給することができる。

ⅱ　理事及び監事が無報酬である旨を定款で定めることも可能です。

【モデル規定O】（報酬を無報酬とする場合）

　　（報酬等）

第○条　理事及び監事は無報酬とする。

ⅲ　定款で報酬等を定めない場合には、理事又は監事の報酬等は、社員総会の決議によって定めなければなりません（法89条、105条１項）。

ⅳ　理事又は監事の報酬等は、定款に特に定めない限り、社員総会の普通決議事項です。

ⅴ　定款での記載又は社員総会の決議の対象となる「報酬等」とは、報酬、賞与その他の職務の執行の対価として一般社団法人から支払われる財産上の利益をいいます（法89条）。したがって、理事が理事会に出席するに当たり、日当や実費を超える交通費が支給される場合には、当該日当や実費を超える交通費は報酬となり（ＦＡＱ問Ⅴ－６－③）、定款で定められているか、社員総会で決議されている必要があります。

ⅵ　報酬等について定款で規定すると、報酬等を変更する度に定款変更が必要になり、機動的に対応することが難しくなります。そのため、報酬等については、社員総会で定める旨の規定を置くのが一般的であると考えられます。

ⅶ　会計監査人の報酬は、社員総会の決議事項ではありません。理事会設置一般社団法人では、理事会で決定するのが一般的でしょう（法90条２項１号）。もっとも、会計監査人の報酬については、理事会から特定の理事に意思決定を委任しても構いません（法90条４項の反対解釈）。

この場合でも、監事の同意は得なければなりません（法110条）。

【モデル規定Ｐ】（会計監査人の報酬決定権限を特定の理事に委任する場合）

　（会計監査人の報酬等）

第○条　会計監査人に対する報酬等は、監事（監事が２人以上ある場合にあっては、その過半数）の同意を得て、理事長が定める。

　ⅷ　理事、監事及び会計監査人と一般社団法人との間の関係は委任に関する規定に従います（法64条）。したがって、理事、監事及び会計監査人は、一般社団法人に対して費用等の償還を請求することができます（民法650条）。

⑽　**競業取引・利益相反取引**

　ⅰ　理事には、競業取引や利益相反取引について制限があり、これらの取引にあたっては、理事会に取引についての重要な事実を開示して、承認を得なければなりません（法92条１項、法84条１項）。ガバナンスの観点から、これらの規定を定款に規定するのも一案です。

【モデル規定Ｑ】（競業取引等について定める場合）

　（競業及び利益相反取引）

第○条　理事は、次に掲げる場合には、理事会において、当該取引について重要な事実を開示し、その承諾を受ける。

　⑴　理事が自己又は第三者のために当法人の事業の部類に属する取引をしようとするとき。

　⑵　理事が自己又は第三者のために当法人と取引をしようとするとき。

　⑶　当法人が理事の債務を保証することその他理事以外の者との間において当法人と当該理事との利益が相反する取引をしようとするとき。

　２　前項の取引をした理事は、当該取引後、遅滞なく、当該取引についての重要な事実を理事会に報告する。

⑾　**損害賠償責任の軽減**

　ⅰ　理事、監事又は会計監査人は、その任務を怠ったときは、一般社団法人に対し、これによって生じた損害を賠償する責任を負います（法

111条1項)。これらの損害賠償責任については、総社員の同意がある場合には免除され(法112条)、また、その任務懈怠が善意で重過失がない場合には、社員総会決議によって法定の限度額まで損害賠償額が免除されることとなっています(法113条)。さらに、定款に定めがあれば、理事会決議によって法定の限度額まで損害賠償額が免除されるようにすること(法114条)や、非業務執行理事等(理事〔代表理事、業務執行理事、業務を執行したことがある理事、使用人兼務である理事のいずれでもない理事〕、監事又は会計監査人)の損害賠償額に上限を設ける旨の契約を締結すること(法115条)が認められています。

ii　理事、監事又は会計監査人の活動が萎縮しないようにするためには、このような規定を設けておくことが望ましいといえるでしょう。

【モデル規定R】(損害賠償責任の軽減措置を定める場合)

　(役員等の責任軽減)

第○条　当法人は、一般法人法第113条第1項の規定により、社員総会において総正会員の半数以上であって、総正会員の議決権の3分の2以上の多数による決議をもって、理事、監事又は会計監査人の同法第111条第1項の損害賠償責任について、賠償責任額から同法第113条第1項第2号所定の金額(以下、「最低責任限度額」という。)を控除した額を限度として免除することができる。

2　当法人は、一般法人法第114条第1項の規定により、理事会の決議によって、理事、監事又は会計監査人の同法第111条第1項の損害賠償責任について、賠償責任額から最低責任限度額を控除した額を限度として免除することができる。

3　当法人は、一般法人法第115条第1項の規定により、非業務執行理事等との間に、同法第111条第1項による損害賠償責任を限定する契約を締結することができる。但し、当該契約に基づく賠償責任の限度額は、○○○万円以上であらかじめ定めた額又は最低責任限度額のいずれか高い額とする。

⑿　**役員等賠償責任保険契約の締結**

　ｉ　一般法人法118条の3は、「役員等のために締結される保険契約」と
　　　して、役員等賠償責任保険契約について定めています。これは、理事、
　　　監事又は会計監査人が、その職務の執行に関し責任を負うこと又は当該
　　　責任の追及に係る請求を受けることによって生ずる損害を保険会社が補
　　　填することを約するものであって、これらの役員等を被保険者とする契
　　　約、いわゆるD&O保険についての規律です。このような役員等賠償責
　　　任保険契約を締結するには、理事会設置一般社団法人の場合には役員等
　　　賠償責任保険契約の内容について理事会決議を受けなければなりません
　　　（法118条の3第1項）。

　ｉｉ　役員等賠償責任保険契約を締結することを定款に定めなくても、その
　　　内容を理事会で決議した場合には、役員等賠償責任保険契約を締結する
　　　ことは可能です。しかし、手続きを確認的に定款に規定しておくことも
　　　一案です。

┌─**【モデル規定Ｓ】（役員等賠償責任保険契約の締結について規定する場合）**─┐
　　　（役員等賠償責任保険契約の締結）
　第○条　当法人が一般法人法第118条の3第1項に定める役員等賠償責
　　　任保険契約を締結する場合には、理事会決議によってその内容を定め
　　　なければならない。

⒀　**会計監査人を設置しない場合**

　　会計監査人を設置しない場合の記載例は、次のとおりとなります。

┌─**【モデル規定Ｔ】（会計監査人を設置しない場合）**─────────┐
　　　　　　第5章　役　員

　　　（役　員）
　第○条　当法人に、次の役員を置く。
　　(1)　理事　○○名以上○○名以内
　　(2)　監事　○○名以上
　　2　理事のうち、1名を理事長、○名以内を専務理事とする。
　　3　前項の理事長を一般社団法人及び一般財団法人に関する法律が定め

る代表理事とし、専務理事を同法の業務執行理事とする。

（役員の選任）

第○条　理事及び監事は、社員総会の決議によって選任する。

2　理事長及び専務理事は、理事会の決議によって選定する。

（理事の職務及び権限）

第○条　理事は、理事会を構成し、法令及びこの定款で定めるところにより、職務を執行する。

2　理事長は、法令及びこの定款で定めるところにより、当法人を代表し、その業務を執行する。

3　専務理事は、理事会において別に定めるところにより、当法人の業務を分担執行する。

4　理事長及び専務理事は、3か月に1回以上、自己の職務の執行の状況を理事会に報告しなければならない。

（監事の職務及び権限）

第○条　監事は、理事の職務の執行を監査し、法令で定めるところにより、監査報告を作成する。

2　監事は、いつでも、理事及び使用人に対して事業の報告を求め、当法人の業務及び財産の状況の調査をすることができる。

（役員の任期）

第○条　理事の任期は、選任後2年以内に終了する事業年度のうち最終のものに関する定時社員総会の終結の時までとする。但し、再任を妨げない。

2　監事の任期は、選任後2年以内に終了する事業年度のうち最終のものに関する定時社員総会の終結の時までとする。但し、再任を妨げない。

3　補欠のため選任された理事又は監事の任期は、前任者の任期の満了する時までとする。

4　この定款で定めた理事又は監事の員数が欠けた場合には、任期の満了又は辞任により退任した理事又は監事は、新たに選任された理事又は監事が就任するまで、なお理事又は監事としての権利義務を有する。

（役員及び会計監査人の解任）

第○条　理事及び監事は、いつでも、社員総会の決議によって解任することができる。

（報酬等）

第○条　当法人は、理事及び監事に対して、社員総会の決議によって、報酬等を支給することができる。

2　理事及び監事に対しては、費用を弁償することができる。この場合の基準については、理事会の決議を経て、別に定める。

モデル規定Ａ

第6章　理事会

（構　成）

第27条　当法人に、理事会を設置する。

2　理事会は、すべての理事で構成する。

（権　限）

第28条　理事会は、次に掲げる職務を行う。

⑴　当法人の業務執行の決定

⑵　理事の職務の執行の監督

⑶　理事長及び専務理事の選定及び解職

⑷　その他法令又は定款に規定する職務

（招　集）

第29条　理事会は、理事長が招集する。

2　理事長が欠けたとき又は理事長に事故があるときは、あらかじめ理事会の決議により定めた順位により、他の理事が理事会を招集する。

（決　議）

第30条　理事会の決議は、この定款に別段の定めがある場合を除き、議決に加わることができる理事の過半数が出席し、その過半数をもって行う。

2　理事会の決議について特別の利害関係を有する理事は、その議決に加わることができない。

3　理事が理事会の決議の目的事項について提案した場合において、当該提案につき理事（当該事項について議決に加わることができるものに限る。）の全員が書面又は電磁的記録により同意の意思表示をしたとき（但し、監事が当該提案について異議を述べたときを除く。）は、当該提案を可決する旨の理事会の決議があったものとみなす。

（議事録）

第31条　理事会の議事については、法務省令で定めるところにより、

書面又は電磁的記録をもって議事録を作成する。

2　議事録が書面で作成されている場合には、理事会に出席した理事長及び監事は、議事録に署名又は記名押印する。

3　議事録が電磁的記録をもって作成されている場合には、法務省令で定める署名又は記名押印に代わる措置をとる。

⑴　理事会の設置及び構成

i　理事会は、一般社団法人の必須の機関ではありません。理事会を設置する一般社団法人は定款にその旨を規定しなければならない（法60条2項）とされています。理事会を設置する旨の規定は、定款の相対的記載事項です。

ii　理事会は、すべての理事で組織されます（法90条1項）。定款に特に規定するまでもありませんが、その旨を規定するのが一般的です。

iii　監事には理事会に出席し、必要があると認めるときは意見を述べる義務があります（法101条1項）。ガバナンスの観点から、その旨を規定するのも一案です。

【モデル規定B】（監事の理事会出席義務を明記する場合）

（構　成）

第○条　当法人に、理事会を設置する。

2　理事会は、すべての理事で構成する。

3　監事は、理事会に出席し、必要があると認めるときは、意見を述べる。

⑵　理事会の権限

i　理事会は、理事会設置一般社団法人の業務執行の決定、理事の職務執行の監督、代表理事の選定及び解職を行います（法90条2項）。

ii　定款に規定しても、一般法人法が社員総会の決議の対象としている事項を理事会の決議事項とすることはできません（法35条4項）。

⑶　理事会の招集

i　理事会は、定款や理事会で招集する理事を特に定めない限り、各理事

が招集することができます（法93条１項）。招集権を有する理事を定款で定めた場合には、当該理事が理事会の招集権者となります。代表理事を理事会の招集権者とする場合には、その旨を定款又は理事会で定める必要があります（法93条１項ただし書）。

ii　代表理事を理事会の招集権者とした場合に、当該代表理事に事故等がある場合に備えて、他の理事が理事会を招集できるように定めておくと、理事会の招集についての混乱を避けることができます。

iii　定款によって代表理事を理事会の招集権者と定めた場合であっても、他の理事は、代表理事に理事会の招集を請求することができ、この請求に代表理事が応じない場合には、当該理事が理事会を招集することができます（法93条２項・３項）。また、監事も必要がある場合には理事会の招集権者に対して理事会の招集を請求することができ、この請求に招集権者が応じない場合には、監事が理事会を招集することができます（法101条２項・３項）。ガバナンスの観点から、このような手続を定款に記載するのも一案でしょう。

┌───
【モデル規定Ｃ】（理事及び監事の理事会招集権限を明記する場合）
　　（招　集）
第○条　理事会は、理事長が招集する。
　２　理事長が欠けたとき又は理事長に事故があるときは、あらかじめ理事会の決議により定めた順位により、他の理事が理事会を招集する。
　３　理事長以外の理事は、理事長に対して理事会の目的事項を示して理事会の招集を請求したにもかかわらず、請求をした日から５日以内に、その請求をした日から２週間以内の日を理事会の日とする理事会招集通知が発せられない場合には、自ら理事会を招集することができる。
　４　監事は、理事会で意見を述べる必要があると認めて理事長に対して理事会の招集を請求したにもかかわらず、請求をした日から５日以内に、その請求をした日から２週間以内の日を理事会の日とする理事会招集通知が発せられない場合には、自ら理事会を招集することができる。

iv　理事会招集通知は、理事会の日の１週間前までに、各理事及び各監事に対して発しなければなりません。ただし、定款に定めれば、「１週間」を下回る期間とすること（例えば３日前など）ができます（法94条１項）。１週間を下回る期間の定めは、定款の相対的記載事項です。なお、理事及び監事の全員の同意があるときは、招集手続を行わずに理事会を開催することができます（法94条２項）。

```
┌─ 【モデル規定D】（理事会招集期間を短縮する場合）──────
│　　（招集通知）
│　第○条　理事会を招集する者は、理事会の日の３日前までに、各理事及
│　　び各監事に対してその通知を発しなければならない。
│　２　前項の規定にかかわらず、理事及び監事の全員の同意があるときは、
│　　招集の手続を経ることなく、理事会を開催することができる。
│
└─────────────────────────────────
```

(4)　理事会の決議

i　理事会の決議について特別の利害関係を有する理事は、議決に参加することができません（法95条２項）。

ii　理事会の決議は、議決に加わることができる理事の過半数の出席が定足数であり、その過半数が決議要件とされています（法95条１項）。ただし、定足数も決議要件も、これを上回る割合を定款で定めた場合には、その割合以上となります。定足数と決議要件を加重する割合の定めは、定款の相対的記載事項です。

```
┌─ 【モデル規定E】（定足数は原則通り、決議要件を加重）──────
│　　（決　議）
│　第○条　理事会の決議は、この定款に別段の定めがある場合を除き、議
│　　決に加わることができる理事の過半数が出席し、その３分の２以上の
│　　割合の賛成をもって行う。
│　２　理事会の決議について特別の利害関係を有する理事は、その議決に
│　　加わることができない。
│
└─────────────────────────────────
```

【モデル規定Ｆ】（定足数、決議要件とも加重）

（決　議）

第○条　理事会の決議は、この定款に別段の定めがある場合を除き、議決に加わることができる理事の３分の２以上が出席し、その３分の２以上の賛成をもって行う。

2　理事会の決議について特別の利害関係を有する理事は、その議決に加わることができない。

ⅲ　理事が理事会の決議の目的事項について提案した場合において、当該提案につき理事（当該事項について議決に加わることができるものに限る。）の全員が書面又は電磁的記録により同意の意思表示をしたとき（但し、監事が当該提案について異議を述べたときを除く。）は、当該提案を可決する旨の理事会の決議があったものとみなす旨を定款で定めることができます（法96条）。このような規定は、定款の相対的記載事項です。

ⅳ　上記ⅲのような場合を除き、理事が書面によって理事会の議決権を行使することは認められていません。法96条の要件を満たさない限り、いわゆる持ち回り決議も認められません。

ⅴ　代理人によって理事会の議決権を行使することも認められていません。

(5)　**理事会議事録**

ⅰ　理事会の議事については、法令で定めるところにより、書面又は電磁的記録をもって議事録を作成しなければなりません（法95条３項）。

ⅱ　議事録が書面で作成されているときは、出席した理事及び監事は、これに署名又は記名押印しなければなりません（法95条３項）。ただし、理事の署名等については、出席した代表理事が署名等を行う者と定款で定めることができます。出席した代表理事が署名又は記名押印するとの定めは、定款の相対的記載事項です。原則どおり、出席した理事及び監事が署名又は記名押印すると定めても差し支えありません。

ⅲ　議事録が電磁的記録をもって作成されている場合には、法務省令で定める署名又は記名押印に変わる措置をとらなければなりません（法95条４項）。

┌───┐
【モデル規定G】（出席した理事全員が署名又は記名押印する場合）

（議事録）

第○条　理事会の議事については、法務省令で定めるところにより、書面又は電磁的記録をもって議事録を作成する。

2　議事録が書面で作成されている場合には、理事会に出席した理事及び監事は、議事録に署名又は記名押印する。

3　議事録が電磁的記録をもって作成されている場合には、法務省令で定める署名又は記名押印に代わる措置をとる。
└───┘

(6)　理事会への報告の省略

ⅰ　理事、監事又は会計監査人は、理事会に報告すべき事項がある場合にはそれぞれ理事会に報告しなければなりません。しかし、理事、監事又は会計監査人が理事及び監事の全員に対して理事会に報告すべき事項を通知したときは、当該事項を理事会へ報告することを要しないとされています（法98条1項）。ただし、一般法人法91条2項規定の業務執行状況報告については、報告を省略することはできません（法98条2項）。ガバナンスの観点から、理事会への報告の省略についての定めを定款に規定するのも一案です。

┌───┐
【モデル規定H】（理事会への報告の省略を明記する場合）

（理事会への報告の省略）

第○条　理事、監事又は会計監査人が理事及び監事の全員に対して理事会に報告すべき事項を通知したときは、当該事項を理事会へ報告することを要しない。但し、一般法人法第91条第2項の規定による理事の業務執行状況報告については、理事会への報告を省略することはできない。
└───┘

(7)　委員会等

ⅰ　一般社団法人は、社員総会や理事会以外に、種々の委員会等の会議体を設けて各種の意思決定を行うことがあります。一般法人法に規定がない、このような会議体を設けることには、何ら法的な支障はありません。

ただし、このような会議体が、一般法人法上の機関である社員総会や理事会等の権限に抵触することができないことはいうまでもありません。

ⅱ　一般法人法に規定されていない会議体を設置する場合であっても、当該会議体の設置に関する定めは定款の必要的記載事項でも相対的記載事項でもないので、定款に規定しなくても問題はありません。

ⅲ　一般法人法に規定されていない会議体を設置する場合には、当該機関の名称、構成又は権限を明確にし、一般法人法上の機関である社員総会又は理事会等の権限を奪うことのないようにする必要があり、定款に規定するのであればその旨を留意する必要があります（定款変更留意事項Ⅱ２）。公益認定の際の定款変更でこのような考え方と異なる運用を選択する場合には、その理由の説明が求められ、不適切であれば不認定の対象となります。

　なお、名称が不確定な会議体であっても、定款に規定することは可能です。

┌─【モデル規定Ⅰ】（名称等が確定していない委員会を設置する場合）─────

　（委員会）

第○条　理事長は、当法人の事業の円滑な運営を図るため必要があると認めるときは、理事会決議を経て、委員会を置くことができる。

2　委員会の委員は、理事会の同意を経て、理事長が委嘱する。

3　委員会は、第○条記載の社員総会決議事項及び第○条記載の理事会決議事項についての意思決定を行うことはできない。

4　委員会に関し必要な事項は、理事会の決議を経て、理事長が別に定める。
└─────────────────────────────────────

┌─【モデル規定Ｊ】（名称、構成又は権限を明確にしたもの）─────────

　（コンプライアンス委員会）

第○条　当法人に、コンプライアンス委員会を設置する。

2　前項の委員会は、理事長、専務理事１名及び理事１名で構成する。

3　コンプライアンス委員会は、次に掲げる事項を行う。

　(1)　当法人内のコンプライアンス研修に関する計画を策定すること。

⑵　当法人の公益通報の窓口を設置・運用し、管理すること。

4　コンプライアンス委員会の委員は、理事会において選任及び解任する。

5　コンプライアンス委員会に関し必要な事項は、理事会において定める。

❖・❖・❖・❖・❖・❖・❖・❖・❖・❖　**資産及び会計に関する規定**　❖・❖・❖・❖・❖・❖・❖・❖・❖・❖

モデル規定A

第7章　資産及び会計

（事業年度）

第32条　当法人の事業年度は、毎年4月1日に始まり翌年3月31日に終わる。

（事業計画及び収支予算）

第33条　当法人の事業計画及びこれに伴う予算は、毎事業年度の開始の日の前日までに理事長が作成し、理事会の承認を受けなければならない。事業計画及びこれに伴う予算を変更する場合も、同様とする。

2　やむを得ない理由により予算が成立しないときは、理事長は、予算成立の日まで前年度の予算に準じ収入支出することができる。ただし、重要な財産の処分及び譲受け並びに多額の借財を行うことはできない。

（事業報告及び決算）

第34条　当法人の事業報告及び決算については、毎事業年度終了後、理事長が次の書類を作成し、監事の監査を受け、かつ第3号から第5号までの書類について会計監査人の監査を受けた上で、理事会の承認を経て、第1号、第3号及び第4号の書類については定時社員総会に報告しなければならない。

⑴　事業報告

⑵　事業報告の附属明細書

(3) 貸借対照表

(4) 正味財産増減計算書

(5) 貸借対照表及び正味財産増減計算書の附属明細書

2　前項第３号及び第４号の書類については、一般法人法施行規則第48条に定める要件に該当しない場合には、前項中、定時社員総会への報告に代えて、定時社員総会の承認を受けなければならない。

3　第１項各号の書類、監査報告及び会計監査報告については、定時社員総会の日の２週間前の日から５年間、主たる事務所に備え置く。

(1)　事業年度

i　事業年度は、定款の必要的記載事項です（法11条１項７号）。

ii　事業年度は、計算書類及びその附属明細書の作成期間にかかわります。この期間は、１年を超えることはできません。ただし、事業年度の末日を変更する場合における変更後の最初の事業年度については、１年６か月までの期間とすることができます（一般法人法施行規則29条１項）。

(2)　事業計画及び収支予算

i　一般法人法には、事業計画及び収支予算を社員総会決議事項とする旨の規定はありません。したがって、定款で特に定めない限りは、事業計画も収支予算も理事会決議事項であると考えられます。これらを社員総会の決議事項とする旨を定款で定めても差し支えありません（法35条２項）。

【モデル規定Ｂ】（事業計画及び収支予算を社員総会決議事項とする場合）

（事業計画及び収支予算）

第○条　当法人の事業計画及びこれに伴う予算は、毎事業年度の開始の日の前日までに理事長が作成し、理事会の決議を経て、社員総会の承認を受けなければならない。事業計画及びこれに伴う予算を変更する場合も、同様とする。

ii　事業計画書や収支予算書については、公益社団法人の場合には事務所に備え置かなければならず、また何人に対しても閲覧させなければなら

ない（公益認定法21条）のに対し、一般社団法人の場合にはそのような義務はありません。もちろん、将来の公益認定に備えることを目的として、備え置きや閲覧について規定しておくのも一案です。

【モデル規定C】（閲覧について明記する場合）

（事業計画及び収支予算）

第○条 当法人の事業計画及びこれに伴う予算は、毎事業年度の開始の日の前日までに理事長が作成し、理事会の承認を受けなければならない。事業計画及びこれに伴う予算を変更する場合も、同様とする。

2 事業計画書及び収支予算書は、主たる事務所に、当該事業年度が終了するまで備え置き、一般の閲覧に供するものとする。

---

iii 事業計画や収支予算が理事会決議事項である場合には、事業年度開始の前日までに理事会の承認を受けることができないということは考えにくいといえるでしょう。しかし、事業年度が開始しても事業計画や収支予算の承認がなされていない、という事態も発生する可能性があります。このような事態に備え、暫定予算について定款に定めておくのも一案です。

(3) **事業報告及び決算**

i 一般社団法人は、各事業年度に係る貸借対照表及び損益計算書（これらを併せて「計算書類」という。）及び事業報告並びにこれらの附属明細書を作成しなければなりません（法123条2項）。一般社団法人の計算に関する用語の解釈及び規定の適用に関しては、一般に公正妥当と認められる会計基準その他の会計の慣行を斟酌しなければならない（一般法人法施行規則21条）とされています。会計の慣行を斟酌すると、損益計算書とは、正味財産増減計算書と解釈することができます。

ii 会計監査人が設置されている理事会設置一般社団法人における計算書類の承認までの流れは次のとおりです。

① 事業報告、事業報告の附属明細書、貸借対照表、正味財産増減計算書、貸借対照表の附属明細書及び正味財産増減計算書の附属明細書を作成する（法123条2項）。

② 事業報告及び事業報告の附属明細書につき監事の監査を受け（法

124条2項2号)、貸借対照表、正味財産増減計算書、貸借対照表の附属明細書及び正味財産増減計算書の附属明細書につき監事及び会計監査人の監査を受ける（法124条2項1号）。

③　②の監査を受けた計算書類及び事業報告並びにこれらの附属明細書につき、理事会の承認を受ける（法124条3項）。

④　③の承認を受けた計算書類及び事業報告並びに会計監査報告及び監査報告を社員総会招集通知と共に社員に提供し、③の承認を受けた計算書類及び事業報告を定時社員総会に提出する（法125条、126条1項）。

⑤　③の承認を受けた計算書類が一般法人法施行規則48条の要件を満たしている場合には、理事は定時社員総会で当該計算書類の内容を報告すれば足りる。③の承認を受けた計算書類が一般法人法施行規則48条の要件を満たしていない場合には、計算書類を定時社員総会で承認してもらわなければならない。事業報告については、③の承認を受けた事業報告を定時社員総会に報告すれば足りる。

iii　会計監査人が設置されていない理事会設置一般社団法人における計算書類の承認までの流れは次のとおりです。

①　事業報告、事業報告の附属明細書、貸借対照表、正味財産増減計算書、貸借対照表の附属明細書及び正味財産増減計算書の附属明細書を作成する（法123条2項）。

②　事業報告、事業報告の附属明細書、貸借対照表、正味財産増減計算書、貸借対照表の附属明細書及び正味財産増減計算書の附属明細書につき、監事の監査を受ける（法124条1項）。

③　②の監査を受けた計算書類及び事業報告並びにこれらの附属明細書につき、理事会の承認を受ける（法124条3項）。

④　③の承認を受けた計算書類及び事業報告並びに監査報告を社員総会招集通知と共に社員に提供し、③の承認を受けた計算書類及び事業報告を定時社員総会に提出する（法125条、126条1項）。

⑤　④により提出された計算書類につき、定時社員総会の承認を受ける。事業報告については、理事から定時社員総会に報告する。

【モデル規定D】（会計監査人が設置されていない理事会設置一般社団法人の場合）

（事業報告及び決算）

第○条　当法人の事業報告及び決算については、毎事業年度終了後、理事長が次の書類を作成し、監事の監査を受けた上で、理事会の承認を経て、第1号については定時社員総会に報告し、第3号及び第4号の書類については定時社員総会の承認を受けなければならない。

　(1)　事業報告

　(2)　事業報告の附属明細書

　(3)　貸借対照表

　(4)　正味財産増減計算書

　(5)　貸借対照表及び正味財産増減計算書の附属明細書

iv　計算書類及び事業報告並びにこれらの附属明細書（「計算書類等」という。）については、理事会設置一般社団法人の場合には、定時社員総会の日の2週間前の日から5年間、主たる事務所に備え置かなければなりません（法129条1項）。従たる事務所には、計算書類等の写しを定時社員総会の日の2週間前の日から3年間備え置かなければなりません（法129条2項）。社員及び債権者は、一般社団法人の業務時間内は、いつでも、計算書類等又はその写しの閲覧を請求することや、謄本又は抄本の交付の請求をすることができます（法129条3項）。この閲覧請求については、定款での規定の有無を問わず認められるものですが、ガバナンスの観点から、定款に定めるのも一案です。

【モデル規定E】（計算書類等の閲覧謄写につき明記する場合）

（計算書類等の閲覧・謄写）

第○条　社員及び債権者は、当法人の業務時間内は、いつでも、計算書類及び事業報告並びにこれらの附属明細書又はこれらの写しの閲覧を請求すること及びその謄本又は抄本の交付を請求することができる。ただし、謄本又は抄本の交付請求については、理事会が別に定める費用を支払う必要がある。

(4) **帳簿の閲覧請求**

ⅰ　総社員の議決権の10分の１以上の議決権を有する社員は、一般社団法人の業務時間内はいつでも、会計帳簿又はこれに関する資料の閲覧又は謄写の請求等を行うことができます。ここでの「10分の１以上の議決権」という要件は、定款に定めることによって軽減させることができます（法121条）。要件を軽減するための定めは、定款の相対的記載事項です。

┌─**【モデル規定Ｆ】（会計帳簿の閲覧請求の要件を軽減する場合）**─────

　（会計帳簿の閲覧等の請求）

第○条　総正会員の議決権の15分の１以上の議決権を有する正会員は、当法人の業務時間内はいつでも、当該請求の理由を明らかにして、会計帳簿又はこれに関する資料の閲覧又は謄写の請求をすることができる。
└──────────────────────────────

(5) **基　金**

ⅰ　「一般社団法人に拠出された金銭その他の財産であって、当該一般社団法人が拠出者に対してこの法律及び当該一般社団法人と当該拠出者との間の合意の定めるところに従い返還義務（金銭以外の財産については、拠出時の当該財産の価額に相当する金銭の返還義務）を負うもの」を基金といいます（法131条）。

ⅱ　一般社団法人が基金制度を採用する場合には、定款に基金の拠出者の権利に関する規定と基金の返還の手続を定めなければなりません。これらの定めは、定款の相対的記載事項です。

ⅲ　基金制度を採用する場合、定款に「第○章　基金」という章を立てて規定しても、「資産及び会計」の章の中に規定しても差し支えありません。

┌─**【モデル規定Ｇ】（基金制度を採用する場合）**─────

　　　　　第○章　基　金

　（基金を引き受ける者の募集）

第○条　当法人は、基金を引き受ける者を募集することができる。

　（基金の拠出者の権利）

第○条　基金は、令和○○年○月○日までは返還しない。

　（基金の返還手続）

第○条　基金の返還は、基金の拠出者が当法人に対して基金の返還を申し入れた後、定時社員総会決議を経て、理事長が行う。

（代替基金）

第○条　基金の返還をする場合には、返還をする基金に相当する金額を代替基金として計上しなければならない。

2　前項の代替基金は、取り崩すことができない。

❖・❖・❖・❖・❖・❖　**定款変更、事業譲渡、解散に関する規定**　❖・❖・❖・❖・❖・❖・❖

モデル規定A

第8章　定款変更、事業譲渡及び解散

（定款の変更）

第35条　この定款は、社員総会の決議によって変更することができる。

（事業の全部譲渡）

第36条　当法人が事業の全部を譲渡する場合には、社員総会の決議によらなければならない。

（解　散）

第37条　当法人は、次に掲げる事由によって解散する。

(1)　社員総会の決議

(2)　正会員の欠亡

(3)　合併により当法人が消滅する場合

(4)　破産手続開始の決定

(5)　裁判所による解散命令の確定

（清算法人の機関）

第38条　当法人が解散した場合（前条第1項第3号による解散及び同第4号による解散であって当該破産手続が終了していない場合を除く）には、当法人は清算法人となる。この場合、機関として、社員総会及び清算人の他、清算人会及び監事を設置する。

> **（残余財産の帰属）**
> 第39条　当法人が清算する場合に有する残余財産は、社員総会の決議を経て、公益社団法人及び公益財団法人の認定等に関する法律第5条第17号に掲げる法人又は国若しくは地方公共団体に贈与するものとする。

(1)　定款変更

ⅰ　定款変更は、社員総会の特別決議事項です。この特別決議要件を加重する場合には、定款に定めなければなりません（法49条2項）。特別決議要件を加重する旨の定めは、定款の相対的記載事項です。もっとも、定款変更は当該一般社団法人の根本規則の変更であり、一般社団法人の運営に大きな影響を及ぼすので、要件を加重するかどうかとは関係なく、定款変更についての定めは定款に規定するのが一般的です。

> **【モデル規定B】（決議要件を加重する場合）**
> **（定款の変更）**
> 第○条　この定款は、社員総会において、総正会員の半数以上であって、総正会員の議決権の4分の3以上の多数による決議により変更することができる。

(2)　事業の全部譲渡

ⅰ　旧民法の下では、事業の全部譲渡に関する規定は存在しませんでした。一般法人法は、一般社団法人は社員総会決議で事業の全部譲渡を行うことができること（法147条）、及びこの社員総会決議は特別決議であること（法49条2項5号）を規定しています。事業の全部譲渡も、当該一般社団法人の運営に重大な影響を及ぼすものであるため、定款変更同様、事業の全部譲渡についての規定も、ガバナンスの観点から、定款に設けるのも一案です。なお、定款変更同様、特別決議要件を加重する旨の定めは、定款の相対的記載事項です。

(3)　解　散

ⅰ　一般社団法人は、一般法人法148条に定める事由によって解散しま

す。この解散事由の中に、社員総会決議による解散が規定されています（法148条3号）。解散も当該一般社団法人の運営に重大な影響を及ぼすので、定款に規定するのが一般的です。なお、社員総会による解散の決議は、特別決議事項となっています（法49条2項6号）。定款変更同様、特別決議要件を加重する旨の定めは、定款の相対的記載事項です。

ii　一般社団法人が解散した場合には、清算しなければなりません。清算する一般社団法人に清算人会又は監事を設置する場合には、その旨を定款に規定しなければなりません（法208条2項）。清算法人に清算人会又は監事を設置する旨の定めは、定款の相対的記載事項です。

iii　解散前の理事は、清算する一般社団法人の清算人に就任するのが原則です。しかし、定款に特に規定した場合又は社員総会の決議によって清算する一般社団法人の清算人を選任した場合には、解散前の理事は清算する一般社団法人の清算人にはなりません（法209条1項）。したがって、解散前の理事以外の者を清算する一般社団法人の清算人として定める旨の定めは、定款の相対的記載事項です。

(4)　残余財産の帰属

i　清算による残余財産は、定款に帰属先が定めてある場合には、定款の定めに従います（法239条1項）。残余財産の帰属先についての定めは、定款の相対的記載事項です。ただし、社員に残余財産が帰属する旨の定めは、無効です（法11条2項）。

【モデル規定C】（特定の一般社団法人を帰属先に定める場合）

（残余財産の帰属）

第○条　当法人が清算する場合に有する残余財産は、一般社団法人○○○○に帰属させる。

---

ii　定款に残余財産の帰属先の定めがなされていない場合には、清算法人の社員総会の決議によって定めます。社員総会決議で定めることができない残余財産は、国庫に帰属します（法239条2項・3項）。

iii　一般社団法人のうち、非営利性が徹底した法人、共益的活動を目的とする法人については、収益事業のみ課税されることとなります。このう

ち、非営利性が徹底した法人の要件は、①定款に剰余金の分配を行わない旨の定めがあること、②定款に解散時の残余財産が公益法人等の一定の公益的な団体に帰属する旨の定めがあること、③①又は②の要件にある定款の定めに違反した行為を行ったことがないこと、④理事及びその親族等である理事の合計数が理事の総数の3分の1以下であること、です。したがって、非営利性を徹底させて収益事業のみを課税対象とするようにするためには、記載例第39条（要件②）の他に、「当法人は、剰余金の分配をすることができない」という規定を定款に設ける（要件①）必要があります。

❖・❖・❖・❖・❖・❖・❖・❖・❖・❖・❖ **事務局に関する規定** ❖・❖・❖・❖・❖・❖・❖・❖・❖・❖・❖

モデル規定A

　　　第9章　事務局

（設置等）

第40条　本協会の事務を処理するため、事務局を設置する。

2　事務局には、事務局長及び所定の職員を置く。

3　事務局長及び職員は、理事長が任免する。ただし、事務局長の任免には理事会の承認が必要である。

4　事務局の組織及び運営に関する必要な事項は、理事会の決議を経て、理事長が別に定める。

(1) **事務局**

ⅰ　旧民法下での社団法人の定款では、多くの定款に事務局についての規定が設けられていました。一般法人法の下でも、事務局について定款に規定しておくのも一案です。もちろん、定款に規定しなくても構いません。

ⅱ　一般法人法上の社員総会や理事会との権限分配の関係では、事務局が意思決定機関ではないことは明確にしておくべきでしょう（定款変更留意事項Ⅱ2「法律に根拠がない任意の機関を設ける場合の取扱い」参照）。

iii　重要な使用人の選任及び解任の決定は理事会が行わなければなりません（法90条4項3号）。したがって、事務局長の任免には、理事会決議が必要です。

・+・+・+・+・+・+・+・+・+ **公告の方法に関する規定** ・+・+・+・+・+・+・+・+・+・+

モデル規定A

　　　第10章　公告の方法
　（公告の方法）
第41条　当法人の公告は、○○県において発行する○○新聞に掲載する方法により行う。

(1)　公告の方法

i　公告方法の定めは、定款の必要的記載事項です（法11条1項6号）。

ii　公告の方法は、①官報に掲載する方法、②時事に関する事項を掲載する日刊新聞紙に掲載する方法、③電子公告、④主たる事務所の公衆の見えやすい場所に掲示する方法のいずれかでなければなりません（法331条1項、一般法人法施行規則88条1項）。

iii　貸借対照表を公告する場合、上記①又は②の方法で公告する場合には、貸借対照表の要旨を公告すれば足ります（法128条2項）。

iv　上記③の方法を公告方法とした場合には、事故その他やむを得ない事由によって電子公告による公告をすることができない場合の公告方法として、上記①又は②の方法のいずれかを定めることができます（法321条2項）。

v　公告方法が電子公告（③）である場合でも、決算公告については、電子公告調査機関による調査は不要です（法333条、会社法941条）。

vi　貸借対照表の公告の場合、①～④いずれの方法を公告方法としていても、社員総会終結の日から5年間継続してホームページに掲載しておけば、①～④の公告をする必要はありません（法128条3項）。

> **【モデル規定B】（官報に掲載する方法）**
>
> （公告の方法）
>
> 第○条　当法人の公告は、官報に掲載する方法により行う。

> **【モデル規定C】（主たる事務所に掲示する場合）**
>
> （公告の方法）
>
> 第○条　当法人の公告は、主たる事務所の公衆の見やすい場所に掲示する方法により行う。

> **【モデル規定D】（電子公告をすることができない場合の規定を設ける場合）**
>
> （公告の方法）
>
> 第○条　当法人の公告は、電子公告により行う。
>
> 2　事故その他やむを得ない事由によって前項の電子公告をすることができない場合には、官報に掲載する方法による。

・+・・+・・+・・+・・+・・+・・+・・ その他に関する規定 ・+・・+・・+・・+・・+・・+・・+・・+・

モデル規定A

> 　　第11章　補　則
>
> （細　則）
>
> 第42条　この定款に定めるもののほか、当法人の運営に関する必要な事項は、理事会の決議を経て、理事長が別に定める。

⑴　規則等の根拠

　一般社団法人の運営には、定款以外にも様々な定めが必要です。そこで、運営に関する必要な事項を定款の下位の規則に委ねる旨の規定を設けるのも一案です。もちろん、当該規定がなくとも、適法な手続によって定められた規則は有効です。

モデル規定Ａ （新規設立の一般社団法人）

> 　　附　則
>
> 1　この定款は、当法人の成立の日から施行する。
>
> 2　当法人の設立時社員は次のとおりである。
>
> 　　氏　　名　　　　　　住　　所
>
> 　　○○○○　　　　　　○○市○○町○丁目○番○号
>
> 　　○○○○　　　　　　○○市○○町○丁目○番○号
>
> 　　○○○○　　　　　　○○市○○町○丁目○番○号
>
> 　　○○○○　　　　　　○○市○○町○丁目○番○号
>
> 3　当法人の設立当初の事業年度は、第32条にかかわらず、この法人
> の成立の日から○年３月31日までとする。

(1)　定款の施行日

　新たに設立した一般社団法人は、設立の登記によって成立します（法22
条）。そこで、新たに設立した一般社団法人の定款は、成立の日から施行さ
れることとなります。

(2)　設立時社員

　設立時社員の氏名又は名称及び住所は、定款の必要的記載事項です（法
11条１項４号）。したがって、新規に一般社団法人を設立する場合には、
設立時社員についての定めを定款に規定する必要があります。

(3)　事業年度

　新規に設立する一般社団法人は、設立登記の日に成立することになるので、
設立初年度の事業年度についても、成立の日から始まることになります。

(4)　設立時役員

　新規に一般社団法人を設立する場合、定款で理事、監事、会計監査人を定
めることができます。これらの定めは、定款の相対的記載事項です。

(5)　改　正

　附則に新たな事項を定める場合や、附則に定めた事項を改正するには、定

款変更の手続きが必要です。

【モデル規定Ｂ】（新規設立の一般社団法人の役員を規定する場合）

　　　　附　　則

○　当法人の設立時の役員は、次のとおりとする。

　　理　　　　事　　△△△△

　　理　　　　事　　○○○○

　　理　　　　事　　○○○○

　　代 表 理 事　　△△△△

　　監　　　　事　　○○○○

　　会計監査人　　○○○○

3 定款作成の手引き・一般社団法人 （社員総会＋理事＋監事）

✛·✛·✛·✛·✛·✛·✛·✛·✛·✛·✛ **総則に関する規定** ✛·✛·✛·✛·✛·✛·✛·✛·✛·✛·✛

モデル規定A

一般社団法人○○協会定款

第1章　総　則

（名　称）

第1条　当法人は、一般社団法人○○○○と称する。

（事務所）

第2条　当法人は、主たる事務所を東京都○○区に置く。

⑴　**理事会設置一般社団法人との相違点**

　総則については、会計監査人を設置した理事会設置一般社団法人の場合と異なるところはありません。詳細は21ページを参照して下さい。

✛·✛·✛·✛·✛·✛·✛·✛·✛·✛ **目的及び事業に関する規定** ✛·✛·✛·✛·✛·✛·✛·✛·✛·✛

モデル規定A

第2章　目的及び事業

（目　的）

第3条　当法人は、○○に関する事業を行い、○○○○を目的とする。

（事　業）

第4条　当法人は、前条の目的を達成するため、次の事業を行う。

⑴　○○事業

⑵　○○事業

⑶　○○事業

　　　　　　　︙

（　）　その他当法人の目的を達成するために必要な事業

⑴　理事会設置一般社団法人との相違点

以上については、会計監査人を設置した理事会設置一般社団法人の場合と異なるところはありません。詳細は24ページを参照して下さい。

❖❖❖❖❖❖❖❖❖❖❖❖❖❖❖ **社員に関する規定** ❖❖❖❖❖❖❖❖❖❖❖❖❖❖❖

モデル規定A

　　　第3章　社　員

（法人の構成員）

第5条　当法人に次の会員を置く。

⑴　正会員　当法人の事業に賛同して入会した個人又は団体

⑵　賛助会員　当法人の事業を賛助するため入会した個人又は団体

2　前項の会員のうち、正会員をもって一般社団法人及び一般財団法人に関する法律上の社員とする。

（入　会）

第6条　正会員又は賛助会員として入会しようとする者は、理事の定めるところにより入会の申込みをし、その承認を受けなければならない。

2　入会の承認を受けた者に対しては、当法人から本人に通知する。

（経費の負担）

第7条　正会員及び賛助会員は、当法人の経費に充てるため、社員総会において別に定める入会金及び会費を支払わなければならない。

（任意退会）

第8条　正会員又は賛助会員は、理事が別に定める退会届を提出して、任意に当法人を退会することができる。

（除　名）

第9条　正会員が次の各号の一に該当する場合には、社員総会の決議によって除名することができる。この場合、当該正会員に対し、当該社員総会の日から1週間前までに除名する旨を通知し、かつ、社員総会において弁明する機会を与えなければならない。

(1) 当法人の定款、規則又は社員総会の決議に違反したとき

(2) 当法人の名誉を傷つけ、又は目的に反する行為をしたとき

(3) その他除名すべき正当な事由があるとき

2 賛助会員が前項各号の一に該当する場合には、社員総会の決議によって、除名することができる。この場合、当該賛助会員に対し、当該社員総会の日から1週間前までに除名する旨を通知し、かつ、社員総会において弁明する機会を与えなければならない。

（会員資格の喪失）

第10条 前2条の場合の他、正会員又は賛助会員は、次の各号の一に該当するに至ったときは、その資格を喪失する。

(1) 第7条の支払い義務を○年以上履行しなかったとき

(2) 総正会員が同意したとき

(3) 当該正会員又は賛助会員が死亡し、若しくは失踪宣告を受け、又は正会員又は賛助会員である団体が解散したとき

(1) 理事会設置一般社団法人との相違点

i 社員に関する規定については、【モデル規定】6条1項及び8条の規定が、会計監査人が設置されている理事会設置一般社団法人の場合と異なっています。理事会が設置されていない場合、理事の意思決定は、定款に特別な定めがない限り、理事の過半数の同意によります（法76条2項）。

ii その他の詳細については、27ページを参照して下さい。

1-3
定款作成の手引き・一般社団法人
（社員総会＋理事＋監事）

モデル規定Ａ

（構　成）

第11条　社員総会は、すべての正会員をもって構成する。

（権　限）

第12条　社員総会は、一般社団法人及び一般財団法人に関する法律に規定する事項及び当法人の組織、運営、管理その他当法人に関する一切の事項について決議する。

（社員総会の開催）

第13条　当法人の定時社員総会は、毎事業年度終了後３か月以内に開催する。

２　当法人の臨時社員総会は、次の各号の一に該当する場合に開催する。

⑴　理事が開催する旨決定したとき

⑵　総正会員の議決権の10分の１以上の議決権を有する正会員から、理事に対して、社員総会の目的である事項及び招集の理由を示して、社員総会の招集の請求があったとき

⑶　前号の規定による請求を行った正会員が、裁判所の許可を得て、社員総会を招集するとき

（招　集）

第14条　社員総会は、前条第２項第３号の規定により正会員が招集する場合を除き、理事の決定に基づき代表理事が招集する。

（議　長）

第15条　社員総会の議長は、理事長がこれに当たる。

（議決権の数）

第16条　正会員は、社員総会において各１個の議決権を有する。

（決　議）

第17条　社員総会の決議は、法令又はこの定款に別段の定めがある場合を除き、総正会員の議決権の過半数を有する正会員が出席し、出席した当該正会員の議決権の過半数をもって行う。

2　前項の規定にかかわらず、次の決議は、総正会員の半数以上であっ
て、総正会員の議決権の３分の２以上に当たる多数をもって行う。

(1)　正会員又は賛助会員の除名

(2)　監事の解任

(3)　定款の変更

(4)　解散

(5)　その他法令で定められた事項

（議事録）

第18条　社員総会の議事については、法令で定めるところにより、議
事録を作成する。

(1)　**理事会設置一般社団法人との相違点**

　会計監査人が設置されている理事会設置一般社団法人とは、【モデル規定】
12条、13条２項及び14条が異なっています。これら以外の詳細について
は、38ページを参照して下さい。

　なお、電子提供措置をとる場合については、45ページを参照して下さい。

(2)　**社員総会の権限**

　理事会を設置していない一般社団法人の社員総会は、一般法人法に規定す
る事項及び一般社団法人の組織、運営、管理その他一般社団法人に関する一
切の事項について決議することができます（法35条１項）。定款に規定す
るか否かにかかわらず、理事会を設置していない一般社団法人の社員総会は、
当該一般社団法人の最高意思決定機関として位置付けられます。

(3)　**社員総会の開催**

　理事会を設置していない一般社団法人の社員総会を招集する旨の決定は、
理事の過半数の同意によって行います（法38条１項、76条２項）。

モデル規定A

第5章　役　員

（役　員）

第19条　当法人に、次の役員を置く。

 (1)　理事　○○名以上○○名以内

 (2)　監事　○○名以上

2　理事のうち、1名を理事長、○名以内を専務理事とする。

3　前項の理事長を一般社団法人及び一般財団法人に関する法律が定める代表理事とし、専務理事を同法の業務執行理事とする。

（役員の選任）

第20条　理事及び監事は、社員総会の決議によって選任する。

2　理事長及び専務理事は、理事の互選によって選任する。

（理事の職務及び権限）

第21条　理事は、当法人の業務の執行に関する意思を決定する。

2　当法人の業務は、この定款に別に定める場合を除き、理事の過半数をもって決定する。

3　理事長は、法令及びこの定款で定めるところにより、当法人を代表し、その業務を執行する。

4　専務理事は、理事が別に定めるところにより、当法人の業務を分担執行する。

（監事の職務及び権限）

第22条　監事は、理事の職務の執行を監査し、法令で定めるところにより、監査報告を作成する。

2　監事は、いつでも、理事及び使用人に対して事業の報告を求め、当法人の業務及び財産の状況の調査をすることができる。

（役員の任期）

第23条　理事の任期は、選任後2年以内に終了する事業年度のうち最終のものに関する定時社員総会の終結の時までとする。但し、再任を

妨げない。

2　監事の任期は、選任後2年以内に終了する事業年度のうち最終のものに関する定時社員総会の終結の時までとする。但し、再任を妨げない。

3　補欠のため選任された理事又は監事の任期は、前任者の任期の満了する時までとする。

4　この定款で定めた理事又は監事の員数が欠けた場合には、任期の満了又は辞任により退任した理事又は監事は、新たに選任された理事又は監事が就任するまで、なお理事又は監事としての権利義務を有する。

（役員の解任）

第24条　理事及び監事は、いつでも、社員総会の決議によって解任することができる。

（報酬等）

第25条　当法人は、理事及び監事に対して、社員総会の決議によって、報酬等を支給することができる。

2　理事及び監事に対しては、費用を弁償することができる。この場合の基準については、理事の決定に基づき、別に定める。

(1)　理事会設置一般社団法人との相違点

　会計監査人が設置されている理事会設置一般社団法人とは、代表理事の選定に関する【モデル規定】20条2項、21条2項が異なっています。その他の詳細については、51ページを参照して下さい。

(2)　理事の職務

i　理事会を設置していない一般社団法人のすべての理事は、定款に別段の定めがない限り、一般社団法人の業務を執行する権限を有しています（法76条1項）。定款に定めれば、業務を執行する理事を定め、他の理事は業務を執行することができないようにすることができます。業務執行理事に関する定めは、定款の相対的記載事項です。

ii　理事会を設置していない一般社団法人の理事が2人以上いる場合には、定款に定めがある場合を除き、理事の過半数をもって意思決定を行いま

す（法76条2項）。理事の議決要件を変更する定めは、定款の相対的記載事項です。

┌─【モデル規定B】（議決要件を加重する場合）──────
│　　（理事の職務及び権限）
│　第○条　理事は、当法人の業務の執行に関する意思を決定する。
│　2　　当法人の業務は、この定款に別に定める場合を除き、理事の3分の
│　　　2の多数をもって決定する。
└─────────────────────────────

(3) 代表理事

i　理事会を設置していない一般社団法人の場合、各理事が一般社団法人を代表するのが原則です。しかし、他に代表理事その他一般社団法人を代表する者を定めた場合には、当該代表者が一般社団法人を代表します（法77条1項）。

ii　理事会を設置しない一般社団法人は、定款、定款の定めに基づく理事の互選又は社員総会の決議によって、理事の中から代表理事を定めることができます。代表理事に関する定款の定め、理事の互選によって代表理事を定めることができる旨の定款の定めは、いずれも定款の相対的記載事項です。

iii　専務理事という役職を設けた場合には、この専務理事が一般法人法上の代表理事その他代表権を有する者に該当するのかどうかを明確にする必要があります（定款変更留意事項Ⅱ1）。

(4) 競業取引・利益相反取引

i　理事には、競業取引や利益相反取引について制限があります。理事会を設置しない一般社団法人の理事がこれらの取引を行うにあたっては、社員総会に取引についての重要な事実を開示して、承認を得なければなりません（法84条1項）。ガバナンスの観点から、これらの規定を定款に記載するのも一案です。

┌─【モデル規定C】（競業取引等について明記する場合）──────
│　　（競業及び利益相反取引）
│　第○条　理事は、次に掲げる場合には、社員総会において、当該取引に

ついて重要な事実を開示し、その承諾を受ける。

⑴　理事が自己又は第三者のために当法人の事業の部類に属する取引をしようとするとき。

⑵　理事が自己又は第三者のために当法人と取引をしようとするとき。

⑶　当法人が理事の債務を保証することその他理事以外の者との間において当法人と当該理事との利益が相反する取引をしようとするとき。

⑸　損害賠償責任の軽減

ⅰ　理事又は監事は、その任務を怠ったときは、一般社団法人に対し、これによって生じた損害を賠償する責任を負います（法111条1項）。これらの損害賠償責任については、総社員の同意がある場合には免除され（法112条）また、その任務懈怠が善意で重過失がない場合には、社員総会決議によって法定の限度額まで損害賠償額が免除されることとなっています（法113条）。さらに、定款に定めがあれば、監事設置一般社団法人であって理事が2人以上いる一般社団法人において理事の過半数の同意によって法定の限度額まで損害賠償額が免除されるようにすること（法114条）や、損害賠償額に上限を設ける旨の契約を締結すること（法115条）が認められています。これらはいずれも定款の相対的記載事項です。

ⅱ　理事や監事の活動が萎縮しないようにするためには、このような規定を設けておくことが望ましいといえるでしょう。

【モデル規定D】（損害賠償責任の軽減措置を定める場合）

（役員等の責任軽減）

第○条　当法人は、一般法人法第113条第1項の規定により、社員総会において総正会員の半数以上であって、総正会員の議決権の3分の2以上の多数による決議をもって、理事、監事又は会計監査人の同法第111条第1項の損害賠償責任について、賠償責任額から同法第113条第1項第2号所定の金額（以下、「最低責任限度額」という。）を控除した額を限度として免除することができる。

2　当法人は、一般法人法第114条第１項の規定により、理事の過半数の同意によって、理事又は監事の同法第111条第１項の損害賠償責任について、賠償責任額から最低責任限度額を控除した額を限度として免除することができる。

3　当法人は、一般法人法第115条第１項の規定により、非業務執行理事等との間に、同法第111条第１項による損害賠償責任を限定する契約を締結することができる。但し、当該契約に基づく賠償責任の限度額は、○○○万円以上であらかじめ定めた額又は最低責任限度額のいずれか高い額とする。

❖・❖・❖・❖・❖・❖・❖・❖・❖・❖・❖・❖・❖　委員会等　❖・❖・❖・❖・❖・❖・❖・❖・❖・❖・❖・❖・❖

モデル規定A（名称等が確定していない委員会を設置する場合）

（委員会）

第○条　理事長は、当法人の事業の円滑な運営を図るため必要があると認めるときは、理事の過半数の同意を得て、委員会を置くことができる。

2　委員会の委員は、理事の過半数の同意を得て、理事長が委嘱する。

3　委員会は、第○条記載の社員総会決議事項及び第○条記載の理事の決議事項についての意思決定を行うことはできない。

4　委員会に関し必要な事項は、理事の過半数の同意を得て、理事長が別に定める。

【モデル規定B】（名称、構成又は権限を明確にしたもの）

（コンプライアンス委員会）

第○条　当法人に、コンプライアンス委員会を設置する。

2　前項の委員会は、理事長、専務理事１名及び理事１名で構成する。

3　コンプライアンス委員会は、次に掲げる事項を行う。

(1)　当法人内のコンプライアンス研修に関する計画を策定すること。

　　(2)　当法人の公益通報の窓口を設置・運用し、管理すること。

　4　コンプライアンス委員会の委員は、理事の過半数の同意を得て選任
　　及び解任する。

　5　コンプライアンス委員会に関し必要な事項は、理事の過半数の同意
　　により定める。

(1)　理事会設置一般社団法人との相違点

ⅰ　理事会を設置しない一般社団法人も、理事会設置一般社団法人と同様、
社員総会や理事以外に、種々の委員会等の会議体を設けて各種の意思決
定を行うことがあります。このように一般法人法に規定がない会議体を
設けることには、何ら法的な支障はありません。ただし、このような会
議体は、一般法人法上の機関である社員総会や理事等の権限に抵触する
ことはできません。

ⅱ　理事会を設置しない一般社団法人は、理事会ではなく、理事の過半数
の同意で意思決定を行います。委員会等の設置についても同様です。そ
の他詳細は72ページを参照して下さい。

> **モデル規定Ａ**
>
> 　　　第７章　資産及び会計
>
> 　**（事業年度）**
>
> **第26条**　当法人の事業年度は、毎年４月１日に始まり翌年３月31日に終わる。
>
> 　**（事業計画及び収支予算）**
>
> **第27条**　当法人の事業計画及びこれに伴う予算は、毎事業年度の開始の日の前日までに理事長が作成し、理事の承認を受けなければならない。事業計画及びこれに伴う予算を変更する場合も、同様とする。
>
> ２　やむを得ない理由により予算が成立しないときは、理事長は、予算成立の日まで前年度の予算に準じ収入支出することができる。ただし、重要な財産の処分及び譲受け並びに多額の借財を行うことはできない。
>
> 　**（事業報告及び決算）**
>
> **第28条**　当法人の事業報告及び決算については、毎事業年度終了後、理事長が次の書類を作成し、監事の監査を受けた上で、第１号については定時社員総会に報告し、第３号及び第４号の書類については定時社員総会の承認を受けなければならない。
>
> ⑴　事業報告
>
> ⑵　事業報告の附属明細書
>
> ⑶　貸借対照表
>
> ⑷　正味財産増減計算書
>
> ⑸　貸借対照表及び正味財産増減計算書の附属明細書
>
> ２　第１項各号の書類及び監査報告については、定時社員総会の日の１週間前の日から５年間、主たる事務所に備え置く。

⑴　**理事会設置一般社団法人との相違点**

　ⅰ　事業年度については、理事会を設置しない一般社団法人と理事会設置一般社団法人とで大きな相違点はありません。詳細は74ページを参照

して下さい。

ii　事業計画及び収支予算については、理事会を設置しない一般社団法人と理事会設置一般社団法人とで承認機関が理事か理事会かという点を除き、大きな相違点はありません。詳細は75ページを参照して下さい。

iii　決算については、相違点があります。

iv　帳簿の閲覧、基金については、理事会を設置しない一般社団法人と理事会設置一般社団法人とで大きな相違点はありません。詳細は79ページを参照して下さい。

(2)　**決　算**

i　理事会が設置されていない監事設置一般社団法人における計算書類の承認までの流れは次のとおりです。

①　事業報告、事業報告の附属明細書、貸借対照表、正味財産増減計算書、貸借対照表の附属明細書及び正味財産増減計算書の附属明細書を作成する（法123条2項）。

②　事業報告、事業報告の附属明細書、貸借対照表、正味財産増減計算書、貸借対照表の附属明細書及び正味財産増減計算書の附属明細書につき、監事の監査を受ける（法124条1項）。

③　②の監査を受けた書類のうち、計算書類及び事業報告を定時社員総会に提出する。

④　③により提出された計算書類につき、定時社員総会の承認を受ける。事業報告については、理事から定時社員総会に報告する。

ii　計算書類及び事業報告並びにこれらの附属明細書（「計算書類等」という。）については、理事会を設置しない一般社団法人の場合には、定時社員総会の日の1週間前の日から5年間、主たる事務所に備え置かなければなりません（法129条1項）。従たる事務所には、計算書類等の写しを定時社員総会の日の1週間前の日から3年間備え置かなければなりません（法129条2項）。

モデル規定A

第8章　定款変更、事業譲渡及び解散

（定款の変更）

第29条　この定款は、社員総会の決議によって変更することができる。

（事業の全部譲渡）

第30条　当法人が事業の全部を譲渡する場合には、社員総会の決議によらなければならない。

（解　散）

第31条　当法人は、次に掲げる事由によって解散する。

(1)　社員総会の決議

(2)　正会員の欠亡

(3)　合併により本協会が消滅する場合

(4)　破産手続開始の決定

(5)　裁判所による解散命令の確定

（清算法人の機関）

第32条　当法人が解散した場合（前条第1項第3号による解散及び同第4号による解散であって当該破産手続が終了していない場合を除く）には、当法人は清算法人となる。この場合、機関として、社員総会及び清算人の他、監事を設置する。

（残余財産の帰属）

第33条　当法人が清算する場合に有する残余財産は、社員総会の決議を経て、公益社団法人及び公益財団法人の認定等に関する法律第5条第17号に掲げる法人又は国若しくは地方公共団体に贈与するものとする。

(1)　理事会設置一般社団法人との相違点

ⅰ　定款変更、事業の全部譲渡、解散のいずれも、理事会設置一般社団法人と理事会を設置しない一般社団法人とで大きな相違点はありません。

詳細は、81ページを参照して下さい。

ii 理事会を設置しない一般社団法人は、清算法人となっても清算人会を設置しないのが通常でしょう。清算法人に清算人会や監事を設置する旨の定めは、定款の相対的記載事項であり、定款に特に規定しない場合には、清算法人に清算人会が設置されることはありません。清算法人に監事を設置する場合には、その旨を定款に定める必要があります（法208条2項）。

❖❖❖❖❖❖❖❖❖❖❖❖❖❖ 事 務 局 ❖❖❖❖❖❖❖❖❖❖❖❖❖❖❖❖❖

モデル規定Ａ

第9章　事務局

（設置等）

第34条　当法人の事務を処理するため、事務局を設置する。

2　事務局には、事務局長及び所定の職員を置く。

3　事務局長及び職員は、理事長が任免する。

4　事務局の組織及び運営に関する必要な事項は、理事の過半数の同意を得て、理事長が別に定める。

(1)　理事会設置一般社団法人との相違点

　事務局の定めについて、理事会設置一般社団法人と理事会を設置しない一般社団法人とで大きな相違点はありません。詳細は、83ページを参照して下さい。

✛•✛•✛•✛•✛•✛•✛•✛•✛•✛•✛•✛ **公告の方法** ✛•✛•✛•✛•✛•✛•✛•✛•✛•✛•✛•✛

モデル規定A

第10章　公告の方法

（公告の方法）

第35条　当法人の公告は、○○県において発行する○○新聞に掲載する方法により行う。

(1)　理事会設置一般社団法人との相違点

　公告の方法の定めについて、理事会設置一般社団法人と理事会を設置しない一般社団法人とで大きな相違点はありません。詳細は、84ページを参照して下さい。

✛•✛•✛•✛•✛•✛•✛•✛•✛•✛•✛•✛ **補　　　則** ✛•✛•✛•✛•✛•✛•✛•✛•✛•✛•✛•✛

モデル規定A

第11章　補　則

（細　則）

第36条　この定款に定めるもののほか、当法人の運営に関する必要な事項は、理事の過半数の同意を得て、理事長が別に定める。

(1)　理事会設置一般社団法人との相違点

　運営の細則を定款とは別に定めることについては、理事会を設置しない一般社団法人では、理事会決議ではなく理事の過半数の同意が必要になります。その他詳細は、85ページを参照して下さい。

1-3

定款作成の手引き・一般社団法人（社員総会＋理事＋監事）

103

❖•❖•❖•❖•❖•❖•❖•❖•❖•❖• **附　　則** ❖•❖•❖ページ❖•❖•❖•❖•❖•❖•❖•❖•

モデル規定A　（新規設立の一般社団法人）

　　附　則

1　この定款は、当法人の成立の日から施行する。

2　当法人の設立時社員は次のとおりである。

氏　　　名	住　　　　　所
○○○○	○○市○○町○丁目○番○号
○○○○	○○市○○町○丁目○番○号
○○○○	○○市○○町○丁目○番○号
○○○○	○○市○○町○丁目○番○号

3　当法人の設立当初の事業年度は、第32条にかかわらず、この法人
　の成立の日から○年３月31日までとする。

(1)　理事会設置一般社団法人との相違点

　　附則記載事項については、理事会設置一般社団法人と理事会を設置しない
一般社団法人とで大きな相違点はありません（86ページ参照）。

一般財団法人の
設立

1 一般財団法人設立の概要

一般財団法人の設立

　一般財団法人を設立するには、2つの方法があります。

　第1に、設立者が定款を作成するという方法です（法152条1項）。

　この場合、設立者は1名でも複数名でも構いません。定款の作成にあたっては、組織の在り方や事業についての検討が必要になります。

　定款を作成したら、設立者（設立者が2名以上あるときは、その全員）がこれに署名し、又は記名押印しなければなりません。

　第2に、設立者が遺言で一般財団法人を設立する意思を表示するという方法です（法152条2項）。この場合、設立者は、遺言に定款記載事項を定める必要があります。複数で遺言することは認められていないので、遺言による設立の場合には、一般財団法人の設立者は1名ということになります。

　遺言執行者は、当該遺言の効力が生じた後、遅滞なく、当該遺言で定めた事項を記載した定款を作成し、これに署名し、又は記名押印しなければなりません。

定款の認証

　定款は、設立者や遺言執行者が作成しただけでは、効力を生じません。定款としての効力を生じさせるためには、公証人による認証を受けなければなりません（法155条）。

財産の拠出の履行

　一般財団法人というのは、財産に法人格が与えられているものなので、一般財団法人の設立にあたっては、一定の財産の拠出が履行されることが必要になります。

　設立者（遺言による設立の場合には遺言執行者）は、定款について公証人の認証を受けた後遅滞なく、設立者が拠出すると定款に定めた金銭の全額を払い込み、又は金銭以外の財産の全部を給付しなければなりません（法

157条１項本文）。ただし、設立者・遺言執行者が定めたときは、権利の設定又は移転を第三者に対抗するために必要な行為は、一般財団法人の成立後にしてもよいとされています（法157条１項ただし書き）。

評議員・役員等の選任

設立に際して評議員となる者（設立時評議員）、設立に際して理事となる者（設立時理事）、設立に際して監事となる者（設立時監事）、又は設立に際して会計監査人となる者（設立時会計監査人）については、定款にあらかじめ定めておくことが可能です。定款に定めておけば、それぞれ、設立に際しての評議員・理事・監事・会計監査人となります。

しかし、定款で設立時評議員、設立時理事又は設立時監事を定めていない場合には、財産の拠出の履行が完了した後、遅滞なく、定款で定めるところにより、これらの者を選任しなければなりません（法159条１項）。

また、当該一般財団法人に会計監査人を設置する場合であって定款で設立時会計監査人を定めていない場合には、財産の拠出の履行が完了した後、遅滞なく、定款で定めるところにより、設立時会計監査人を選任しなければなりません（法159条２項）。

なお、設立時評議員及び設立時理事は、それぞれ３人以上でなければなりません（法160条１項）。

設立時理事等による調査

設立時理事及び設立時監事は、その選任後遅滞なく、①財産の拠出が完了していること、②一般財団法人の設立の手続が法令又は定款に違反していないことを調査しなければなりません（法161条１項）。

この調査によって、一般財団法人の設立の手続が法令若しくは定款に違反し、又は不当な事項があることを認めた設立時理事及び設立時監事は、設立者・遺言執行者に対して、その旨を通知しなければなりません（法161条２項）。

設立時代表理事の選定

　設立時理事は、設立時理事の中から一般財団法人の設立に際して代表理事となる者（設立時代表理事）を選定しなければなりません（法162条１項）。この選定は、設立時理事の過半数をもって決定します（法162条３項）。なお、実務では、定款で設立時代表理事を定めておくのが一般的です。

一般財団法人の成立

　一般財団法人は、その主たる事務所の所在地において設立の登記をすることによって成立します（法163条）。一般財団法人は、公証人の認証により有効な定款が作成された後に、設立登記がなされることによって一般財団法人として成立するのであって、いわゆる準則主義がとられています。

　設立の登記がなされて法人格を取得すれば、当該一般財団法人の名義で銀行口座を開設することや、各種契約を締結することが可能になります。

　一般財団法人が成立しなかったときは、設立者は、連帯して、一般財団法人の設立に関してした行為についてその責任を負い、一般財団法人の設立に際して支出した費用を負担しなければなりません（法169条）。遺言執行者については、このような規定は定められていません。

定款の作成と重要性

　一般財団法人の成立には、前述のとおり準則主義がとられていますから、一般財団法人を設立する場合には、適法な定款を作成することが極めて重要です。

定款の意義

　一般財団法人の場合にも、一般社団法人の場合同様、定款には、法人の組織や計算に関する根本規則を意味する実質的意義における定款と、この根本規則を記載した書面を意味する形式的意義における定款とがあります。法152条１項・２項は、形式的意義における定款を意味していて、形式的意義における定款を作成しなければ法人を設立することはできません。もっとも、法人の設立にとって重要なのは、法律に従った実質的意義における定款

を作成することであり、定款の作成にあたっては、関係者は、法人の組織や計算に関して法律がどのように規定しているかを十分に理解しておく必要があります。なお、一般財団法人は、形式的意義における定款としては、書面だけではなく、電磁的記録をもって作成することも可能です（法152条3項、10条2項）。

　旧民法では、財団法人の根本規則及び根本規則を記載した書面を「寄附行為」と表現していましたが、一般法人法の下では、一般財団法人の根本規則及び根本規則を記載した書面は、一般社団法人と同じ「定款」という文言で表現しています。

定款の記載事項

　定款の記載事項は、必要的記載事項、相対的記載事項及び任意的記載事項に分類することができます。

(1) 必要的記載事項

　必要的記載事項とは、定款に必ず記載しなければならず、その事項についての記載がない場合には、定款全体が無効となる記載事項です。一般財団法人の場合には法153条1項が必要的記載事項を規定しています。

　i　目的（法153条1項1号）

　　定款には、目的として、「本協会は、○○に関する事業を行い、○○○○○ことを目的とする。」という規定を総則の章に設けるのが一般的です。一般財団法人の「目的」は、その目的を達成するために行う事業を合わせて理解することによって明確になるため、目的を達成するために行う具体的な事業についての規定も必要的記載事項として定款に規定する必要があります。

　ii　名称（法153条1項2号）

　　名称も、総則の章に設けるのが通常です。なお、一般財団法人の場合には、名称中に、「一般財団法人」を用いなければなりません（法5条1項）。

　iii　主たる事務所の所在地（法153条1項3号）

　　主たる事務所の所在地は、必要的記載事項であり、総則の章に設ける

のが通常です。

　従たる事務所の所在地は定款の必要的記載事項ではないので、必ずしも定款に記載する必要はありません。

iv　設立者の氏名又は名称及び住所（法153条1項4号）

　一般財団法人の場合には、設立者の氏名又は名称及び住所が必要的記載事項です。

v　設立に際して設立者（設立者が2人以上あるときは、各設立者）が拠出する財産及びその価額（法153条1項5号）

　一般財団法人制度は「財産」に法人格を与える制度です。したがって、設立には財産が不可欠であり、設立者が拠出する財産及びその価額が定款の必要的記載事項となっています。

vi　設立時の評議員、理事及び監事の選任に関する事項（法153条1項6号）

　設立時の評議員、理事及び監事の選任に関する事項が必要的記載事項となっています。

vii　設立しようとする一般財団法人に会計監査人を置かなければならない場合や設立に際して会計監査人を置く場合には、その会計監査人の選任に関する事項（法153条1項7号）

　設立時に会計監査人を設置する場合には、その会計監査人の選任に関する事項が必要的記載事項となっています。

viii　評議員の選任及び解任の方法（法153条1項8号）

　一般財団法人の場合には、評議員の選任及び解任方法は必要的記載事項とされています。しかし、理事又は理事会が評議員を選任し、又は解任する旨の定款の定めは、無効となります（法153条3項1号）。

ix　公告方法（法153条1項9号）

　公告方法は、一般法人法の下で必要的記載事項となりました。

x　事業年度（法153条1項10号）

　事業年度は、一般法人法の下で必要的記載事項になりました。

(2)　**相対的記載事項**

　相対的記載事項とは、定款をもって規定しておかなければその事項につい

て効力が生じない記載事項です。一般財団法人における基本財産の定め（法172条）を始め、数多くの相対的記載事項が存在します。

　相対的記載事項の場合には、必要的記載事項と異なり、定款に記載していなくても定款が無効となることはありません。しかし、効力を発生させるためには、必ず定款に記載しなければなりません。

(3)　任意的記載事項

　一般財団法人の定款には、必要的記載事項や相対的記載事項以外に、一般法人法の規定に違反しないものを規定することができ（法154条）、これを任意的記載事項といいます。

記載事項の選択

　一般財団法人の定款に、必要的記載事項を盛り込めば、定款として無効となることはありません。もとより、一般財団法人に監督官庁は存在しないので（ただし、特例財団法人から一般財団法人に移行した場合であって、公益目的支出計画が完了する前は、行政庁の監督を受けます。後述。）、必要的記載事項だけを規定した最小限度の規定を有する定款を作成したとしても、第三者から干渉を受けることはありません。

　しかし、定款は当該法人の根本規則であり、当該法人の関係者にとっては、定款を一覧することで当該一般財団法人の骨格や運営の原則が明らかになるということも重要であるといえます。

　このような観点から、定款作成にあたっては、任意的記載事項を含め、どの程度の規定を当該定款に規定するのかを法人ごとに決定する必要があります。

　なお、内閣府では、特例民法法人が公益社団法人又は公益財団法人に移行認定を申請するための「移行認定のための『定款の変更の案』作成の案内」（以下、「内閣府モデル定款」という。）を作成しているので、この内閣府モデル定款の記載事項を参考にするというのも一案です。

定款の配列

　一般財団法人の定款の規定の配列について法定されたものがあるわけでは

ありません。したがって、それぞれの法人ごとに必要な事項を順次記載していくことで特に問題ありません。

　もっとも、内閣府モデル定款は、公益社団法人や公益財団法人の定款の標準となっています。一般財団法人も、定款の規定の配列は内閣府モデル定款に準ずる形としておけば、標準的な定款との異同が明らかになります。したがって、定款の規定の配列は、内閣府モデル定款に準ずる形としておくことが望ましいといえるでしょう。

機関設計

(1) 機関設計のバリエーション

　一般財団法人は、次のような組合せの機関設計をすることができます。

① 評議員＋評議員会＋理事＋理事会＋監事＋会計監査人

② 評議員＋評議員会＋理事＋理事会＋監事

（大規模一般財団法人の場合には、①の機関設計が必要。）

(2) どのような機関設計とするか

　一般社団法人の機関設計と比べると、一般財団法人の機関設計の場合には、機関設計の自由度が小さいということができます。これは、財団法人の場合には、財産そのものに法人格を与えており、当該財産を厳格に管理する必要性が高いために、しっかりとしたガバナンスが求められているからだと考えることができるでしょう。

2 定款作成の手引き・一般財団法人 （評議員＋評議員会＋理事＋理事会＋監事＋会計監査人）

　一般財団法人の設立には定款の作成が必須となることは解説したとおりですが、その定款次第で法人の運営方法が大きく変化するため、設立したい法人の実態に則した定款を作成する必要があります。ここでは標準的な定款の規定（モデル規定Ａ）を示して、それをアレンジしたものをモデル規定Ｂ（○○の場合）、モデル規定Ｃ（△△の場合）…といったように様々な状況に対応できるよう、様々なバリエーションによる規定を紹介していきながら、解説を加えていきます。それらの規定の中から取捨選択して、それぞれに合った定款を作成してみて下さい。

総則に関する規定

```
モデル規定Ａ
                  一般財団法人○○協会定款
      第１章　総　則
    （名　称）
  第１条　当法人は、一般財団法人○○○○と称する。
    （事務所）
  第２条　当法人は、主たる事務所を東京都○○区に置く。
```

(1)　**名称について**

　i　名称は、一般財団法人の必要的記載事項です（法153条１項２号）。

　　なお、内閣府モデル定款では、「この法人」という文字を用いています。

【モデル規定Ｂ】（内閣府モデル定款に準じたもの）

```
    （名　称）
  第○条　この法人は、一般財団法人○○○○と称する。
```

　ii　一般財団法人は、その名称中に一般財団法人という文字を用いなけれ

ばなりません（法5条1項）。どのような名称を付するかは、一般財団
法人に委ねられていますが、一般社団法人であると誤認されるような文
字を用いることは禁止されており（法5条3項）、また、不正の目的を
もって、他の一般社団法人又は一般財団法人と誤認されるおそれのある
名称又は商号を使用することも禁止されています（法7条）。したがっ
て、例えば、一般財団法人○○社団という名称とすることはできません。

iii　一般財団法人の名称の登記については商業登記法が準用されます（法
330条）。したがって、名称にローマ字等を使用することも可能です
（商業登記規則50条2項、平成14年7月31日付法務省告示315号）。
使用できる文字については、22ページをご参照下さい。

【モデル規定C】（ローマ字を使用する場合）

　（名　称）

第○条　当法人は、一般財団法人ＡＢＣと称する。

---

iv　従来の定款と同様、名称の後に「以下、『○○協会』という。」として
も構いません。

【モデル規定D】（略称を用いる場合）

　（名　称）

第○条　当法人は、一般財団法人○○協会（以下、「○○協会」という。）
と称する。

---

(2)　主たる事務所の所在地

i　主たる事務所の所在地は、必要的記載事項です（法153条1項3号）。

ii　定款に記載する主たる事務所の所在地としては、所在地の最小行政区
画を表示すればよく所在地番まで記載する必要はないとされています
（大正13年12月17日民事1194号司法次官回答）。もちろん、主たる
事務所の所在地として、定款に地番まで特定して記載しても構いません。
しかし、このように特定して定款に記載すると、同一の行政区画内で
あっても、主たる事務所の所在地を変更する場合には定款変更が必要に
なることに留意が必要です。

iii　従たる事務所の所在地は、必要的記載事項でも相対的記載事項でもあ
　　りません。旧民法の下での定款では、従たる事務所の所在地も必要的
　　記載事項と解されていました（下井隆史、松井宏興『新版注釈民法(2)』
　　207ページ）。しかし、新制度の下で変更されました。
　　　従たる事務所の所在地を定款に記載しても差し支えありません。

【モデル規定Ｅ】（従たる事務所を規定する場合）
　（事務所）
第○条　当法人は、主たる事務所を東京都○○区に置く。
　2　当法人は、理事会の決議によって従たる事務所を必要な地に置くこ
　とができる。

【モデル規定Ｆ】（所在地を明記する場合）
　（事務所）
第○条　当法人は、主たる事務所を東京都○○区に置く。
　2　当法人は、従たる事務所を東京都○○区及び○○県○○市に置く。

定款作成の手引き・一般財団法人（評議員＋評議員会＋理事＋理事会＋監事＋会計監査人）

115

モデル規定A

第2章　目的及び事業

（目　的）

第3条　当法人は、○○に関する事業を行い、○○○○を目的とする。

（事　業）

第4条　当法人は、前条の目的を達成するため、次の事業を行う。

(1)　○○事業

(2)　○○事業

(3)　○○事業

　　　　　⋮

(　)　その他当法人の目的を達成するために必要な事業

---

(1)　**目　的**

ⅰ　一般財団法人の目的についての定めは、定款の必要的記載事項です（法153条1項1号）。

ⅱ　法人は、法令の規定に従い、定款その他の基本約款で定められた目的の範囲内において、権利を有し、義務を負います（民法34条）。すなわち、定款に記載される法人の目的は、当該法人の権利能力の範囲を画することになります。そのため、定款には、権利能力の範囲を明確にする程度に事業内容を具体的に記載すべきであるとされます（昭和28年10月15日民事甲1897号法務省民事局長通達）。事業の記載も併せて、定款の必要的記載事項たる「目的」ということになります。

ⅲ　一般財団法人の場合には、公益財団法人と異なり、公益目的事業を行うことを主たる目的とする必要はありません。したがって、一般財団法人の場合には、不特定かつ多数の者の利益の増進に寄与することを目的として掲げる必要はありません。もちろん、一般財団法人であっても、不特定かつ多数の者の利益の増進に寄与することを目的として掲げても差し支えありません。

iv　一般財団法人のうち、非営利性が徹底された法人、共益活動を目的とする法人については、収益事業のみに課税されることとされています。

v　定款の「目的」の記載は、事業と併せて当該一般財団法人の権利能力の範囲が明確になればよいので、株式会社の場合と同様に、目的と事業を併せて記載することも可能です。

┌─**【モデル規定B】（目的と事業を併記する場合）**──────────
│　　（目　的）
│　第○条　当法人は、次の事業を行うことを目的とする。
│　　(1)　○○事業
│　　(2)　○○事業
│　　　　　：
│　　(　)　その他当法人の目的を達成するために必要な事業
└──────────────────────────────

(2)　**事　業**

i　法人の権利能力の範囲が明確になるよう具体的に規定します。

ii　通常の一般財団法人に移行した法人の定款では、公益目的支出計画の実施事業が定款に位置付けられている必要があります（ガイドライン、整備法117条2号関係）。

iii　内閣府モデル定款では、公益財団法人への移行認定を申請する特例財団法人の定款変更等を前提に、事業が詳細に記載されています。一般財団法人の場合も、このような記載でも差し支えありません。

┌─**【モデル規定C】（内閣府モデル定款に準じたもの）**──────
│　　（事　業）
│　第○条　この法人は、前条の目的を達成するため、次の事業を行う。
│　　(1)　○○○○の△△△△△その他××××及び○○○○に関する△△△
│　　　　△の普及
│　　(2)　△△△△△において××××を行う○○○○の推進
│　　　　　：
│　　(　)　その他この法人の目的を達成するために必要な事業
└──────────────────────────────

モデル規定A

　　　第3章　資産及び会計

（基本財産）

第5条　別表記載の財産は、当法人の目的である事業を行うために不可欠な基本財産とする。

2　理事は、基本財産を善良な管理者の注意をもって維持管理しなければならず、当法人の目的である事業を行うことを妨げる処分をしてはならない。

（事業年度）

第6条　当法人の事業年度は、毎年4月1日に始まり翌年3月31日に終わる。

（事業計画及び収支予算）

第7条　当法人の事業計画及びこれに伴う予算は、毎事業年度の開始の日の前日までに理事長が作成し、理事会の承認を受けなければならない。事業計画及びこれに伴う予算を変更する場合も、同様とする。

2　やむを得ない理由により予算が成立しないときは、理事長は、予算成立の日まで前年度の予算に準じ収入支出することができる。ただし、重要な財産の処分及び譲受け並びに多額の借財を行うことはできない。

（事業報告及び決算）

第8条　当法人の事業報告及び決算については、毎事業年度終了後、理事長が次の書類を作成し、監事の監査を受け、かつ第3号から第5号までの書類について会計監査人の監査を受けた上で、理事会の承認を経て、第1号、第3号及び第4号の書類については定時評議員会に報告しなければならない。

(1)　事業報告

(2)　事業報告の附属明細書

(3)　貸借対照表

(4)　正味財産増減計算書

> (5) 貸借対照表及び正味財産増減計算書の附属明細書
> 2　前項第３号及び第４号の書類については、一般法人法施行規則第
> 48条に定める要件に該当しない場合には、前項中、定時評議員会へ
> の報告に代えて、定時評議員会の承認を受けなければならない。
> 3　第１項各号の書類、監査報告及び会計監査報告については、定時評
> 議員会の日の２週間前の日から５年間、主たる事務所に備え置く。

(1)　基本財産

i　一般財団法人は、設立に当たり300万円以上の財産の拠出が必要
であり（法153条２項）、また、貸借対照表の純資産額が２期続けて
300万円未満となった場合には、解散となります（法202条２項）。
したがって、一般財団法人は、300万円以上の純資産を有していなけ
ればならないということになります。しかし、この金額と、一般法人法
上の基本財産（法172条２項）とは、直接的な関係はありません。

ii　基本財産とは、一般財団法人の目的である事業を行うために不可欠な
ものとして定款で定めたものです。定款で定めなければ、一般法人法上
の基本財産とはなりません。基本財産を定める旨の定めは、定款の相対
的記載事項です。

iii　定款で基本財産を定めなくても、一般財団法人の設立・運営には何ら
支障はありません。定款に基本財産を定めない、というのも一案です。

iv　理事は、定款で定めるところにより、基本財産を維持しなければなら
ず、かつ、基本財産について一般財団法人の目的である事業を行うこ
とを妨げることとなる処分をしてはなりません（法172条２項）。また、
基本財産が滅失して一般財団法人の目的である事業ができなくなった場
合には、一般財団法人の解散事由となります（法202条１項３号）。

(2)　事業年度

i　事業年度は、定款の必要的記載事項です（法153条１項10号）。

ii　事業年度は、計算書類及びその附属明細書の作成期間にかかわります。
この期間は、１年を超えることはできません。ただし、事業年度の末日
を変更する場合における変更後の最初の事業年度については、１年６か

月までの期間とすることができます（一般法人法施行規則29条1項）。

(3) 事業計画及び収支予算

　i　一般法人法には、事業計画及び収支予算を評議員会決議事項とする旨の規定はありません。したがって、特に定款で定めない限りは、事業計画も収支予算も理事会決議事項であると考えられます。これらを評議員会の決議事項とする旨を定款で定めても差し支えありません（法178条2項）。

【モデル規定B】（事業計画及び収支予算を評議員会の決議事項とする場合）

　（事業計画及び収支予算）

第○条　当法人の事業計画及びこれに伴う予算は、毎事業年度の開始の日の前日までに理事長が作成し、理事会の決議を経て、評議員会の承認を受けなければならない。事業計画及びこれに伴う予算を変更する場合も、同様とする。

---

　ii　事業計画書や収支予算書については、公益財団法人の場合には事務所に備え置かなければならず、また何人に対しても閲覧させなければならない（公益認定法21条）のに対し、一般財団法人の場合にはそのような義務はありません。もちろん、将来の公益認定に備えることを目的として、備え置きや閲覧について規定しておくのも一案です。

【モデル規定C】（閲覧について明記する場合）

　（事業計画及び収支予算）

第○条　当法人の事業計画及びこれに伴う予算は、毎事業年度の開始の日の前日までに理事長が作成し、理事会の承認を受けなければならない。事業計画及びこれに伴う予算を変更する場合も、同様とする。

　2　事業計画書及び収支予算書は、主たる事務所に、当該事業年度が終了するまで備え置き、一般の閲覧に供するものとする。

---

　iii　事業計画や収支予算が理事会決議事項である場合には、事業年度開始の前日までに理事会の承認を受けることができないということは考えにくいといえるでしょう。しかし、事業年度が開始しても事業計画や収支

予算の承認がなされていない、という事態も発生する可能性があります。このような事態に備え、暫定予算について定款に定めておくのも一案です。

(4) 事業報告及び決算

i 一般財団法人は、各事業年度に係る貸借対照表及び損益計算書（これらを併せて「計算書類」という。）及び事業報告並びにこれらの附属明細書を作成しなければなりません（法199条、123条2項）。一般財団法人の計算に関する用語の解釈及び規定の適用に関しては、一般に公正妥当と認められる会計基準その他の会計の慣行を斟酌しなければならない（法199条、法119条、一般法人法施行規則21条）とされています。会計の慣行を斟酌すると、損益計算書とは、正味財産増減計算書と解釈することができます。

ii 会計監査人が設置されている一般財団法人における計算書類の承認までの流れは次のとおりです。

① 事業報告、事業報告の附属明細書、貸借対照表、正味財産増減計算書、貸借対照表の附属明細書及び正味財産増減計算書の附属明細書を作成する（法199条、法123条2項）。

② 事業報告及び事業報告の附属明細書につき監事の監査を受け（法199条、法124条2項2号）、貸借対照表、正味財産増減計算書、貸借対照表の附属明細書及び正味財産増減計算書の附属明細書につき監事及び会計監査人の監査を受ける（法199条、法124条2項1号）。

③ ②の監査を受けた計算書類及び事業報告並びにこれらの附属明細書につき、理事会の承認を受ける（法199条、法124条3項）。

④ ③の承認を受けた計算書類及び事業報告並びに会計監査報告及び監査報告を評議員会招集通知と共に評議員に提供し、③の承認を受けた計算書類及び事業報告を定時評議員会に提出する（法199条、125条、126条1項）。

⑤ ③の承認を受けた計算書類が一般法人法施行規則48条の要件を満たしている場合には、理事は定時評議員会で当該計算書類の内容を報告すれば足りる。③の承認を受けた計算書類が一般法人法施行規則48条の要件を満たしていない場合には、計算書類を定時評議員会で

承認してもらわなければならない。事業報告については、③の承認を受けた事業報告を定時評議員会に報告する。

iii　会計監査人が設置されていない一般財団法人における計算書類の承認までの流れは次のとおりです。

①　事業報告、事業報告の附属明細書、貸借対照表、正味財産増減計算書、貸借対照表の附属明細書及び正味財産増減計算書の附属明細書を作成する（法199条、法123条2項）。

②　事業報告、事業報告の附属明細書、貸借対照表、正味財産増減計算書、貸借対照表の附属明細書及び正味財産増減計算書の附属明細書につき、監事の監査を受ける（法199条、法124条1項）。

③　②の監査を受けた計算書類及び事業報告並びにこれらの附属明細書につき、理事会の承認を受ける（法199条、法124条3項）。

④　③の承認を受けた計算書類及び事業報告並びに監査報告を評議員会招集通知と共に評議員に提供し、③の承認を受けた計算書類及び事業報告を定時評議員会に提出する（法199条、125条、126条1項）。

⑤　④により提出された計算書類につき、定時評議員会の承認を受ける。事業報告については、理事から定時評議員会に報告する（法199条、法126条2項、3項）。

【モデル規定D】（会計監査人が設置されていない一般財団法人の場合）
（事業報告及び決算）

第○条　当法人の事業報告及び決算については、毎事業年度終了後、理事長が次の書類を作成し、監事の監査を受けた上で、理事会の承認を経て、第1号については定時評議員会に報告し、第3号及び第4号の書類については定時評議員会の承認を受けなければならない。

(1)　事業報告

(2)　事業報告の附属明細書

(3)　貸借対照表

(4)　正味財産増減計算書

(5)　貸借対照表及び正味財産増減計算書の附属明細書

iv　計算書類及び事業報告並びにこれらの附属明細書（「計算書類等」という。）については、一般財団法人の場合には、定時評議員会の日の2週間前の日から5年間、主たる事務所に備え置かなければなりません（法199条、法129条1項）。従たる事務所には、計算書類等の写しを定時評議員会の日の2週間前の日から3年間備え置かなければなりません（法199条、法129条2項）。評議員及び債権者は、一般財団法人の業務時間内は、いつでも、計算書類等又はその写しの閲覧を請求することや、謄本又は抄本の交付の請求をすることができます（法199条、法129条3項）。この閲覧請求については、定款での規定の有無を問わず認められるものですが、ガバナンスの観点から、定款に定めるのも一案です。

┌─ 【モデル規定E】（計算書類等の閲覧・謄写につき明記する場合）─────
│　　（計算書類等の閲覧・謄写）
│　第○条　評議員及び債権者は、当法人の業務時間内は、いつでも、計算
│　　書類及び事業報告並びにこれらの附属明細書又はこれらの写しの閲覧
│　　を請求すること及びその謄本又は抄本の交付を請求することができる。
│　　ただし、謄本又は抄本の交付請求については、理事会が別に定める費
│　　用を支払う必要がある。
└────────────────────────────────────

(5)　帳簿の閲覧請求

i　評議員は、一般財団法人の業務時間内はいつでも、会計帳簿又はこれに関する資料の閲覧又は謄写の請求等を行うことができます。一般社団法人の社員による帳簿閲覧請求と異なり、帳簿閲覧請求に「請求の理由を明らかにすること」は求められません。ガバナンスの観点から、評議員の帳簿閲覧請求権について定款に定めておくのも一案です。

┌─ 【モデル規定F】（会計帳簿の閲覧請求の要件を軽減する場合）─────
│　　（会計帳簿の閲覧等の請求）
│　第○条　評議員は、当法人の業務時間内はいつでも、会計帳簿又はこれ
│　　に関する資料の閲覧又は謄写の請求をすることができる。
└────────────────────────────────────

モデル規定A

第4章　評議員

（評議員）

第9条　当法人に、評議員○名以上○名以内を置く。

（評議員の選任及び解任）

第10条　評議員は、評議員会の決議によって選任する。

2　評議員は、当法人又はその子法人の理事、監事又は使用人を兼ねることができない。

3　評議員が次のいずれかに該当するときは、評議員会において、議決に加わることができる評議員の3分の2以上の決議によって解任することができる。

(1)　職務上の義務に違反し、又は職務を怠ったとき。

(2)　評議員としてふさわしくない非行があったとき。

(3)　心身の故障のため、職務の執行に支障があり、又はこれに堪えないとき。

（任　期）

第11条　評議員の任期は、選任後4年以内に終了する事業年度のうち最終のものに関する定時評議員会の終結の時までとする。

2　任期の満了前に退任した評議員の補欠として選任された評議員の任期は、退任した評議員の任期の満了する時までとする。

3　評議員は、この定款に定めた定数に足りなくなるときには、任期の満了又は辞任により退任した後も、新たに選任された者が就任するまで、なお評議員としての権利義務を有する。

（評議員の報酬等）

第12条　評議員は、無報酬とする。

2　評議員に対しては、費用を弁償することができる。この場合の基準については、理事会の決議を経て別に定める。

(1)　評議員の設置

i　一般財団法人には評議員を設置しなければなりません（法170条1項）。一般財団法人において、評議員を置く旨の規定は、定款の必要的記載事項となります。

ii　評議員は3名以上必要です（法173条3項）。評議員の員数に上限を設ける場合には、定款に規定する必要があります。評議員の員数に上限を設けなくても差し支えありません。

┌─────────────────────────────────────
│【モデル規定B】（評議員数に上限を設けない場合）
│
│　　（評議員）
│
│第○条　当法人に、3名以上の評議員を置く。
└─────────────────────────────────────

(2)　評議員の選任

i　評議員の選任方法は、定款の必要的記載事項です（法153条1項8号）。

ii　評議員の選任方法について、一般法人法は、理事又は理事会が評議員を選任する旨の定款の定めは無効とするものの、他に特段の定めは規定していません。したがって、評議員の選任方法は、理事又は理事会が評議員を選任するのでなければ、例えば、評議員会で選任するものとしても、中立的な第三者機関で選任するとしても問題ありません。なお、公益財団法人の場合には、当該法人と相互に密接な関係にある者ばかりが評議員に選任されることのないようにする必要があるとの考え方がとられており、これを確実に担保する方法として、①「評議員の構成を認定法5条10号及び11号に準じたものとする」旨を定める方法、又は、②評議員の選任及び解任をするための任意の機関として、中立的な立場にある者が参加する機関を設置し、この機関の決定に従って評議員を選任及び解任する方法が望ましい、とされています（定款変更留意事項Ⅱ6）。

┌─────────────────────────────────────
│【モデル規定C】（中立的な機関を設置する場合）
│
│　　（評議員の選任及び解任）
│
│第○条　評議員の選任及び解任は、評議員選定委員会において行う。
│
│　2　評議員選定委員会は、評議員1名、監事1名、事務局1名、次項の
└─────────────────────────────────────

定めに基づいて選任された外部委員２名の合計５名で構成する。

3　評議員選定委員会の外部委員は、次のいずれにも該当しない者を理事会において選任する。

(1)　当法人又は関連団体（主要な取引先及び重要な利害関係を有する団体を含む。以下同じ。）の業務を執行する者又は使用人

(2)　過去に前号に規定する者となったことがある者

(3)　第１号又は第２号に該当する者の配偶者、３親等内の親族、使用人（過去に使用人となった者も含む。）

4　評議員選定委員会に提出する評議員候補者は、理事会又は評議員会がそれぞれ推薦することができる。評議員選定委員会の運営についての細則は、理事会において定める。

5　評議員選定委員会の決議は、委員の過半数が出席し、その過半数をもって行う。ただし、外部委員の１名以上が出席し、かつ、外部委員の１名以上が賛成することを要する。

iii　当該一般財団法人又はその子法人の理事、監事又は使用人は、評議員を兼任することはできません（法173条2項）。もっとも、これは法定の欠格事由なので、定款に記載しなくても差し支えありません。

【モデル規定D】（評議員の兼職禁止について明記しない場合）
　（評議員の選任及び解任）
第○条　評議員は、評議員会の決議によって選任する。

2　評議員が次のいずれかに該当するときは、評議員会において、決議に加わることができる評議員の３分の２以上の決議によって解任することができる。

(1)　職務上の義務に違反し、又は職務を怠ったとき。

(2)　評議員としてふさわしくない非行があったとき。

(3)　心身の故障のため、職務の執行に支障があり、又はこれに堪えないとき。

(3) 評議員の解任

i 評議員の解任方法は、定款の必要的記載事項です（法153条1項8号）。

ii 評議員の解任方法について、一般法人法は、理事又は理事会が評議員を解任する旨の定款の定めは無効とするものの、他に特段の定めは規定していません。したがって、評議員の解任方法は、理事又は理事会が評議員を解任するのでなければ、例えば、評議員会で解任するものとしても、中立的な第三者機関で解任するとしても問題ありません。

iii 評議員の解任を評議員会が行うとする場合、定款に特に規定しなければ、評議員会の普通決議によって解任することとなります。普通決議よりも要件を厳しくするのであれば、その要件を定款に規定する必要があります。

【モデル規定E】（解任決議の要件を普通決議とする場合）

（評議員の選任及び解任）

第○条 評議員は、評議員会の決議によって選任する。

2 評議員が次のいずれかに該当するときは、評議員会の決議によって解任することができる。

(1) 職務上の義務に違反し、又は職務を怠ったとき。

(2) 評議員としてふさわしくない非行があったとき。

(3) 心身の故障のため、職務の執行に支障があり、又はこれに堪えないとき。

---

(4) 評議員の任期

i 評議員の任期は、選任後4年以内に終了する事業年度のうち最終のものに関する定時評議員会の終結の時までとするのが原則です。定款で定めれば、その任期を選任後6年以内に終了する事業年度のうち最終のものに関する定時評議員会の終結の時まで伸長することができます（法174条1項）。評議員の任期を伸長する旨の定めは、定款の相対的記載事項です。

【モデル規定Ｆ】（評議員の任期を伸長する場合）

（任　期）

第○条　評議員の任期は、選任後６年以内に終了する事業年度のうち最終のものに関する定時評議員会の終結の時までとする。

2　任期の満了前に退任した評議員の補欠として選任された評議員の任期は、退任した評議員の任期の満了する時までとする。

3　評議員は、この定款に定めた定数に足りなくなるときには、任期の満了又は辞任により退任した後も、新たに選任された者が就任するまで、なお評議員としての権利義務を有する。

ii　任期満了前に退任した評議員の補欠として選任された評議員であっても、定款に特段の定めがなければ、その任期は、定款で定めた評議員の任期の期間（例えば「選任後６年以内に終了する事業年度のうち最終のものに関する定時評議員会の終結の時まで」）となります。しかし、定款で定めれば、補欠として選任された評議員の任期を退任した評議員の任期の満了する時までとすることができます（法174条2項）。このような定めは、定款の相対的記載事項です。

iii　定款で定めた評議員の員数が欠けた場合には、任期の満了又は辞任により退任した評議員は、新たに選任された評議員が就任するまで、なお評議員としての権利義務を有します（法175条1項）。これは一般法人法で定められた評議員の権利義務なので、定款に規定しなくても差し支えありませんが、ガバナンスの観点から定款に規定するのも一案です。

【モデル規定Ｇ】（評議員退任後の権利義務を明記しない場合）

（任　期）

第○条　評議員の任期は、選任後４年以内に終了する事業年度のうち最終のものに関する定時評議員会の終結の時までとする。

2　任期の満了前に退任した評議員の補欠として選任された評議員の任期は、退任した評議員の任期の満了する時までとする。

(5) 評議員の報酬

i 評議員の報酬等は、定款で定めなければなりません（法196条）。無報酬であれば、無報酬である旨を定款で定める必要があります。

ii 評議員に報酬等がある場合には、お手盛り防止という趣旨に鑑み、定款には少なくとも報酬の上限額を規定する必要があると考えられます。

【モデル規定H】（評議員に報酬を支給する場合）

（評議員の報酬等）

第○条　評議員に対して、各年度の総額が○○万円を超えない範囲で、評議員会で別に定める報酬等の基準に従って算定した額を、報酬として支給する。

---

iii 評議員と一般財団法人との間の関係は委任に関する規定に従います（法172条）。したがって、評議員は、一般財団法人に対して費用等の償還を請求することができます（民法650条）。この費用は報酬等に該当しないので、定款に規定しなくても差し支えありません。

iv 実費相当額を超える交通費や、日当は報酬等に該当する（ＦＡＱ問Ｖ－6－②）ので、このような支給を評議員に対して行う場合には、報酬等として定款に規定しておく必要があります。

【モデル規定I】（報酬を日当の形で支給する場合）

（評議員の報酬等）

第○条　評議員に対しては、報酬として別に評議員会で定める日当を支給する。

2　前項の日当の各年度の総額は、○○○万円以下とする。

129

モデル規定A

　　　第5章　評議員会

　（構　成）

第13条　評議員会は、すべての評議員をもって構成する。

　（権　限）

第14条　評議員会は、次の事項について決議する。

　⑴　理事及び監事並びに会計監査人の選任及び解任

　⑵　理事及び監事の報酬等の額

　⑶　貸借対照表及び損益計算書（正味財産増減計算書）の承認

　⑷　定款の変更

　⑸　残余財産の処分

　⑹　基本財産の処分又は除外の承認

　⑺　その他評議員会で決議するものとして法令又はこの定款で定めら
　　れた事項

　（開　催）

第15条　評議員会は、定時評議員会として毎年○月に開催するほか、
　必要がある場合に開催する。

　（招　集）

第16条　評議員会は、法令に別段の定めがある場合を除き、理事会の
　決議に基づき理事長が招集する。

２　評議員は、理事長に対し、評議員会の目的である事項及び招集の理
　由を示して、評議員会の招集を請求することができる。

　（決　議）

第17条　評議員会の決議は、決議について特別の利害関係を有する評
　議員を除く評議員の過半数が出席し、その過半数をもって行う。

２　前項の規定にかかわらず、次の決議は、決議について特別の利害関
　係を有する評議員を除く評議員の３分の２以上に当たる多数をもって
　行わなければならない。

　⑴　監事の解任

(2) 定款の変更

(3) 基本財産の処分又は除外の承認

(4) その他法令で定められた事項

（議事録）

第18条 評議員会の議事については、法令で定めるところにより、議事録を作成する。

(1) 評議員会の構成

定款に規定するか否かにかかわらず、評議員会は、すべての評議員で組織します（法178条1項）。定款に規定しなくても差し支えありませんが、確認的に規定するのが通例です。

(2) 評議員会の権限

i 評議員会は、一般法人法に規定する事項及び定款で定めた事項に限り、決議することができます（法178条2項）。一般法人法が評議員会の権限と定めた事項については、これと異なる定めを定款に設けても無効となります（法178条3項）。したがって、一般法人法で評議員会の権限とされている事項については、個別に列挙して定款に規定しなくても差し支えありません。

┌─【モデル規定B】（法定の評議員会決議事項について明記しない場合）─

（権　限）

第○条 評議員会は、一般法人法に規定する事項及びこの定款で定めた事項に限り決議することができる。

└─

ii 一般法人法で評議員会の権限とされている事項以外の事項を評議員会の権限とするためには、定款に規定しなければなりません。当該権限の定めは、定款の相対的記載事項です。

(3) 評議員会の開催・招集

i 定時評議員会は、毎事業年度の終了後の一定の時期に招集しなければなりません（法179条1項）。「毎年○月に開催する」と規定してもよいですし、条文どおりに規定しても差し支えありません。定時評議員会

の開催時期についての定めは、定款の任意的記載事項です。

【モデル規定C】（定時評議員会の開催を一定の期間内とする場合）

　（開　催）

第○条　評議員会は、定時評議員会を毎事業年度の終了後3か月以内に
　　　　開催する。

ⅱ　評議員会は、定時評議員会以外に、必要に応じていつでも招集することができます（法179条2項）。定時評議員会以外の評議員会は、すべて臨時評議員会です。

ⅲ　評議員会を開催するかどうかは理事会が判断するのが原則ですが、評議員が裁判所の許可を得て評議員会を招集することも可能です（法180条2項）。

ⅳ　理事会が評議員会の招集を決定した場合には、評議員に対して理事が書面で通知を発しなければなりません（法182条1項）。招集通知を発する者についての定めは、定款の任意的記載事項であり、定款によって理事長が招集通知を発すると定めても差し支えありません。招集通知は、理事が発すればよいので、理事長が招集通知を発すると定款に定めた場合であっても、理事長に事故がある場合には、理事長が予め定めた理事が招集通知を発する旨を定めても差し支えありません。

ⅴ　評議員会の招集通知は、評議員の承諾があれば書面ではなく電磁的方法により発することができる（法182条2項）ほか、評議員全員の同意があれば招集手続を経ることなく評議員会を開催することができます。これらについての定めは定款の任意的記載事項ですが、ガバナンスの観点から、評議員会の招集手続を定款に規定するのも一案です。

【モデル規定D】（評議員会の招集手続を明記する場合）

　（開　催）

第○条　定時評議員会は、毎年○月に開催する。

2　臨時評議員会は、次の各号の一に該当する場合に開催する。

　⑴　理事会が必要と判断したとき。

　⑵　評議員が、評議員会招集の許可を裁判所から得たとき。

（招　集）

第○条　評議員会は、前条第2項第2号の規定により評議員が招集する
　　場合を除き、理事会決議に基づき、理事長が招集する。

2　評議員は、理事長に対し、評議員会の目的である事項及び招集の理
　　由を示して、評議員会の招集を請求することができる。

3　理事長は、前項の規定による請求があったときは、その日から6週
　　間以内の日を評議員会の日とする招集通知を発する。

4　理事長に事故があるときは、あらかじめ理事会の決議により定めた
　　順位により、他の理事がこれに代わり評議員会を招集する。

5　理事長（前条第2項第2号の規定により評議員が招集する場合には、
　　当該評議員）は、評議員会の日の1週間前までに、書面をもって、評
　　議員に対して評議員会を招集する旨の通知を発する。

6　理事長（前条第2項第2号の規定により評議員が招集する場合には、
　　当該評議員）は、前項の書面による通知の発出に代えて、評議員の承
　　諾を得て、電磁的方法により通知を発することができる。

7　前6項の規定にかかわらず、評議員全員の同意があるときは、招集
　　の手続を経ることなく、評議員会を開催することができる。

⑷　評議員会の決議

ⅰ　評議員会の普通決議は、定款に別段の定めがなれば、決議に加わるこ
とができる評議員の過半数が出席し（定定数）、その過半数をもって行
います（法189条1項）。定定数又は議決割合については定款で加重す
ることができ、評議員会の議決要件を加重する旨の定めは、定款の相対
的記載事項です。なお、評議員は、決議について特別の利害関係を有し
ている場合には、議決に加わることができません（法189条3項）。

┌─【モデル規定E】（定定数を加重する場合）─────────────

　　（決　議）

第○条　評議員会の決議は、決議について特別の利害関係を有する評議
　　員を除く評議員の3分の2が出席し、その過半数の賛成をもって行う。

└──────────────────────────────────

ⅱ 評議員会の特別決議について法は、議決に加わることができる評議員の3分の2以上に当たる多数をもって行う必要があります（法189条2項）。特別決議の決議要件については、定款で加重することは認められていますが、軽減することは認められていません。特別決議要件を加重する旨の定めは、定款の相対的記載事項です。

【モデル規定F】（特別決議要件を加重する場合）

2 前項の規定にかかわらず、次の決議は、決議に加わることができる評議員の4分の3以上に当たる多数をもって行う。

ⅲ 理事・監事の選任は、評議員会の普通決議の対象とされています（法177条、63条1項、189条1項）。この場合、評議員は、理事・監事1人1人の選任議案ごとに賛成又は反対の意思を表明できるので、定款に評議員会の議事の運営方法に関する定めとして、理事の選任議案の決議に際し候補者を一括して採決することを一般的に許容する旨の定めを設けることは許されません（定款変更留意事項Ⅱ）。ここでは、定款で「理事の選任議案の決議に際し候補者を一括して採決することを一般的に許容する旨の定め」を設けることが禁止されているだけであり、「理事の選任する議案を決議するに際しては、各候補者ごとに決議を行わなければならない」という規定を設けるかどうかは当該一般財団法人の任意です。一般的には、当該選任議案についての審議を尽くした後に、議長から一括採決する旨を議場に諮り、反対意見が出ないのであれば、一括採決しても問題はないと考えられるので、「理事の選任する議案を決議するに際しては、各候補者ごとに決議を行わなければならない」という規定をわざわざ定款に規定する必要はないものと考えられます。

ⅳ 評議員は、代理人によって議決権を行使することも、書面によって議決権を行使することも認められていません。したがって、代理人による議決権行使や書面による議決権行使を定款に規定しても、無効な規定となります。ただし、理事が評議員会の目的である事項について提案をした場合において、当該提案につき、議決に加わることができる評議員の全員が書面又は電磁的記録により同意の意思表示をした場合には、当該

提案を可決する旨の評議員会の決議があったものとみなされます（法194条１項）。したがって、評議員全員の書面による同意の意思表示によって、評議員会の決議を省略することができます。評議員会の決議の省略についての定めを、ガバナンスの観点から定款に規定しておくのも一案です。

┌─ **【モデル規定Ｇ】（評議員会決議の省略について明記する場合）** ─────
│　　**（評議員会決議の省略）**
│　**第○条**　理事が評議員会の目的事項について提案した場合において、当
│　　該提案につき評議員（当該提案について議決に加わることができるも
│　　のに限る）の全員が書面又は電磁的記録により同意の意思表示をした
│　　ときは、当該提案を可決する旨の評議員会の決議があったものとみな
│　　す。
└────────────────────────────────────

(5)　**議事録**

　ⅰ　評議員会の議事録は、一般法人法施行規則に基づいて、必ず作成しなければなりません（法193条１項）。

　ⅱ　評議員会議事録には、評議員会に出席した評議員や理事の氏名を記載する必要があります（一般法人法施行規則60条３項５号）ものの、これらの者が評議員会議事録に記名押印しなければならないとされているわけではありません。議事録への記名押印についての規定を定款に設けるかどうかは、当該一般財団法人の任意です。しかし、定款に規定した以上は、評議員会議事録に、出席した評議員や理事の記名押印がなされなければ、定款違反となることに留意する必要があります。

┌─ **【モデル規定Ｈ】（議事録署名者を定める場合）** ─────────
│　　**（議事録）**
│　**第○条**　評議員会の議事については、法令で定めるところにより、議事
│　　録を作成する。
│　２　出席した評議員及び理事は、前項の議事録に記名押印する。
└────────────────────────────────────

　ⅲ　議事録への記名押印を定款に規定する場合、誰に記名押印させるかは、

一般財団法人が任意に定めることができます。出席した評議員全員の記名押印を必要とするのではなく、一部の評議員の記名押印を必要とする旨の規定でも差し支えありません。

> ### 【モデル規定Ⅰ】（議事録署名者を限定的に定める場合）
>
> （議事録）
>
> **第○条** 評議員会の議事については、法令で定めるところにより、議事録を作成する。
>
> 2 議長及び出席した評議員のうち2名は、前項の議事録に記名押印する。

(6) その他

ⅰ 一般法人法には、評議員会の議長についての規定はありません。しかし、ガバナンスの観点から、評議員会の議長についての定めを定款に規定しても差し支えありません。

> ### 【モデル規定J】（評議員会の議長を定める場合）
>
> （議　長）
>
> **第○条** 評議員会の議長は、理事長がこれに当たる。
>
> 2 理事長に事故があるときは、理事会の決議をもってあらかじめ定めた順序により、他の理事がこれに代わる。

ⅱ 一般法人法では、評議員会への報告の省略についても規定されています（法195条）。法人内部でのルールを明確にするために、評議員会への報告の省略についての定めを定款に規定しても差し支えありません。

> ### 【モデル規定K】（報告の省略について明記する場合）
>
> （評議員会への報告の省略）
>
> **第○条** 理事長が評議員の全員に対して評議員会に報告すべき事項を通知した場合において、当該事項を評議員会に報告することを要しないことにつき評議員の全員が書面又は電磁的記録により同意の意思表示をしたときは、当該事項の評議員会への報告があったものとみなす。

⋅∗⋅∗⋅∗⋅∗⋅∗⋅∗⋅∗⋅∗ **役員及び会計監査人に関する規定** ∗⋅∗⋅∗⋅∗⋅∗⋅∗⋅∗⋅∗⋅∗

モデル規定A

第6章　役　員

（役員及び会計監査人）

第19条　当法人に、次の役員を置く。

⑴　理事　○○名以上○○名以内

⑵　監事　○○名以上

2　理事のうち、1名を理事長、○名以内を専務理事とする。

3　前項の理事長を一般社団法人及び一般財団法人に関する法律が定める代表理事とし、専務理事を同法の業務執行理事とする。

4　当法人に会計監査人を置く。

（役員及び会計監査人の選任）

第20条　理事及び監事並びに会計監査人は、評議員会の決議によって選任する。

2　理事長及び専務理事は、理事会の決議によって理事の中から選定する。

（理事の職務及び権限）

第21条　理事は、理事会を構成し、法令及びこの定款で定めるところにより、職務を執行する。

2　理事長は、法令及びこの定款で定めるところにより、当法人を代表し、その業務を執行する。

3　専務理事は、理事会において別に定めるところにより、当法人の業務を分担執行する。

4　理事長及び専務理事は、3か月に1回以上、自己の職務の執行の状況を理事会に報告しなければならない。

（監事の職務及び権限）

第22条　監事は、理事の職務の執行を監査し、法令で定めるところにより、監査報告を作成する。

2　監事は、いつでも、理事及び使用人に対して事業の報告を求め、当

法人の業務及び財産の状況の調査をすることができる。

（会計監査人の職務及び権限）

第23条 会計監査人は、法令で定めるところにより、当法人の貸借対照表及び正味財産増減計算書並びにこれらの附属明細書を監査し、監査報告書を作成する。

2 会計監査人は、いつでも、次に掲げるものの閲覧及び謄写をし、又は理事及び使用人に対し、会計に関する報告を求めることができる。

(1) 会計帳簿及びこれに関する資料が書面をもって作成されているときは、当該書面

(2) 会計帳簿及びこれに関する資料が電磁的記録をもって作成されているときは、当該電磁的記録に記録された事項を法令で定める方法により表示したもの

（役員及び会計監査人の任期）

第24条 理事の任期は、選任後2年以内に終了する事業年度のうち最終のものに関する定時評議員会の終結の時までとする。但し、再任を妨げない。

2 監事の任期は、選任後2年以内に終了する事業年度のうち最終のものに関する定時評議員会の終結の時までとする。但し、再任を妨げない。

3 補欠のため選任された理事又は監事の任期は、前任者の任期の満了する時までとする。

4 この定款で定めた理事又は監事の員数が欠けた場合には、任期の満了又は辞任により退任した理事又は監事は、新たに選任された理事又は監事が就任するまで、なお理事又は監事としての権利義務を有する。

5 会計監査人の任期は、選任後1年以内に終了する事業年度のうち最終のものに関する定時評議員会の終結の時までとする。ただし、当該定時評議員会において別段の決議がなされなかったときは、当該定時評議員会において再任されたものとみなす。

（役員及び会計監査人の解任）

第25条 理事又は監事が次のいずれかに該当するときは、評議員会の決議によって解任することができる。

(1) 職務上の義務に違反し、又は職務を怠ったとき。

(2) 心身の故障のため、職務の執行に支障があり、又はこれに堪えないとき。

2 会計監査人が次のいずれかに該当するときは、評議員会の決議によって解任することができる。

(1) 職務上の義務に違反し、又は職務を怠ったとき。

(2) 会計監査人としてふさわしくない非行があったとき。

(3) 心身の故障のため、職務の執行に支障があり、又はこれに堪えないとき。

3 監事は、会計監査人が前項各号のいずれかに該当するときは、その会計監査人を解任することができる。

4 前項の規定による解任は、監事が2人以上いる場合には、監事全員の同意によって行う。

5 第2項の規定により会計監査人を解任したときは、監事は、その旨及び解任の理由を解任後最初に招集される評議員会に報告する。

（報酬等）

第26条 当法人は、理事及び監事に対して、評議員会の決議によって、報酬等を支給することができる。

2 会計監査人に対する報酬等は、監事（監事が2人以上ある場合にあっては、その過半数）の同意を得て、理事会の決議によって定める。

3 理事、監事及び会計監査人に対しては、費用を弁償することができる。この場合の基準については、理事会の決議を経て、別に定める。

(1) 役員等の員数

i 一般財団法人の理事は、3名以上でなければなりません（法177条、65条3項）。理事の員数に上限を設ける場合には、定款に規定する必要があります。理事の員数に上限を設ける旨の定めは、定款の相対的記載事項です。

ii 一般財団法人は監事を置かなければなりません（法170条）。

iii 監事の員数は、一般法人法は特に規定していません。したがって、定

款に監事の員数を特に規定しなければ、当該一般財団法人の監事の員数は１名以上ということになります。監事の員数に上限を設ける場合には、定款に規定する必要があります。

┌─ 【モデル規定Ｂ】（監事の員数に上限を設ける場合）─────────
│ **第○条**　当法人に、次の役員を置く。
│ 　(1)　理事　○○名以上
│ 　(2)　監事　○○名以内
└──────────────────────────────────────

(2)　**代表理事等**

ⅰ　一般財団法人の理事会は、理事の中から代表理事を選定しなければなりません（法197条、90条３項）。

ⅱ　代表理事は、複数選定しても構いません。

ⅲ　一般財団法人では、代表理事以外の理事であって、理事会の決議によって一般財団法人の業務を執行する理事（業務執行理事）を選定することができます（法197条、91条１項２号）。

ⅳ　代表理事や業務執行理事について、一般法人法上の名称と異なる通称を定款に使用する場合には、法律上の名称と定款で使用する名称とがどのような関係であるかを明確にする必要があります（定款変更留意事項Ⅱ２）。

┌─ 【モデル規定Ｃ】（代表理事等を一般法人法上の名称と異なる通称とする場合）─
│ 　（役員及び会計監査人）
│ **第○条**　当法人に、次の役員を置く。
│ 　(1)　理事　○名以上○名以内
│ 　(2)　監事　○名以内
│ ２　理事のうち、１名を会長、１名を副会長、４名以内を専務理事とする。
│ ３　前項の会長及び副会長を一般社団法人及び一般財団法人に関する法律が定める代表理事とし、専務理事を同法の業務執行理事とする。
│ ４　当法人に会計監査人を置く。
└──────────────────────────────────────

v 代表権のない者に対し、法人を代表する権限を有すると認められる名称を付した場合には、当該名称の者が行った行為について、当該法人が善意の第三者に対してその責任を負うことになります（法197条、82条）。例えば、代表理事としての理事長と、業務執行理事としての専務理事がいる一般財団法人において、定款上は代表権を有しない「会長」という肩書きの者がいる場合、当該「会長」が行った行為の責任を一般財団法人が負うことになる場合があります。

vi 一般財団法人には、会計監査人設置の義務はありません。会計監査人を設置する旨の規定は、定款の相対的記載事項です（法170条2項）。ただし、一般財団法人が大規模一般財団法人である場合には、会計監査人設置の義務があります（法171条）。

(3) 役員の選任

i 理事、監事及び会計監査人は、評議員会決議によって選任します（法177条、63条2項）。この場合、決議要件について特に規定しなければ、評議員会の普通決議の要件に従って選任することになります（189条1項）。普通決議と異なる要件の定めは、定款の相対的記載事項です。

【モデル規定D】（普通決議と異なる選任要件を定める場合）

（役員及び会計監査人の選任）

第○条　理事及び監事並びに会計監査人は、評議員会の決議によって選任する。

2　前項の選任は、議決に加わることができる評議員の3分の1以上が出席し、その過半数に当たる多数をもって行う。

---

ii 代表理事及び業務執行理事は理事会決議によって選定します（法197条、90条3項、91条1項2号）。この場合、例えば、理事会で代表理事を選定するにあたり、評議員会での投票結果や選挙等の結果を尊重する旨の規定を設けることも可能です。

【モデル規定E】（評議員会での決議の結果を尊重する場合）

（役員及び会計監査人の選任）

第○条　理事及び監事並びに会計監査人は、評議員会の決議によって選

任する。

2　理事長及び専務理事は、理事会の決議によって選定する。

3　理事会が理事長を選定するにあたっては、評議員会に理事長の選定について付議し、その決議の結果を参考にすることができる。

【モデル規定Ｆ】（理事長選挙の結果を尊重する場合）

（役員及び会計監査人の選任）

第○条　理事及び監事並びに会計監査人は、評議員会の決議によって選任する。

2　理事長及び専務理事は、理事会の決議によって選定する。

3　理事会が理事長を選定するにあたっては、理事会が別に定める理事長選挙規程に基づく選挙を行い、その結果を参考にすることができる。

ⅲ　評議員会は、一般法人法に規定する事項及び定款で定めた事項に限り、決議をすることができます（法178条2項）。すなわち、定款で定めれば、理事長の選任を評議員会の決議事項とすることもできます。

【モデル規定Ｇ】（代表理事を評議員会で選定する場合）

（役員及び会計監査人の選任）

第○条　理事及び監事並びに会計監査人は、評議員会の決議によって選任する。

2　理事長は、理事の中から、評議員会の決議によって選定する。

3　専務理事は、理事会の決議によって選定する。

ⅳ　役員の選任についての補欠の規定及び役員の欠格事由については、55ページを参照して下さい。

(4)　**理事の職務及び権限**

ⅰ　理事の職務及び権限も代表理事の職務及び権限も、いずれも一般法人法に規定されており、これらについて定款に規定するかは、当該一般財団法人の任意です。

ⅱ　業務執行理事の職務及び権限についても同様です。

iii 「代表理事に事故がある場合は、代表理事があらかじめ定める順番で理事が代表理事の職務を代行する」旨の定款の定めは、将来の代表理事の選定を現在の代表理事が行うことを許容する旨の規定とも解釈できます。しかし、一般法人法上、現在の代表理事に将来の代表理事を選定する権限はないため、このような定款の規定は無効となると解されます（定款変更留意事項Ⅱ7）。

もっとも、一般法人法上の代表理事が複数存在している一般財団法人が、定款で代表者と定めている代表理事に事故がある場合に、他の代表理事が代表者を代行する旨を定款で定めることは差し支えありません。

2-2 定款作成の手引き・一般財団法人（評議員＋評議員会＋理事＋理事会＋監事＋会計監査人）

【モデル規定H】（理事長も副理事長も、一般法人法上の代表理事である場合）
（理事の職務及び権限）
第○条　理事は、理事会を構成し、法令及びこの定款で定めるところにより、職務を執行する。
2　理事長は、法令及びこの定款で定めるところにより、当法人を代表し、その業務を総理する。
3　副理事長は、理事長を補佐し、理事長に事故があるとき又は理事長が欠けたときは、その職務を代行する。
4　専務理事は、理事会において別に定めるところにより、当法人の業務を分担執行する。

iv 一般法人法上の代表理事及び業務執行理事は、3か月に1回以上、自己の職務の執行の状況を理事会に報告しなければなりません（法197条、91条2項）。ただし、定款で毎事業年度に4か月を超える間隔で2回以上その報告をしなければならない旨を定めた場合には、当該間隔で職務の執行状況を報告することとできます。当該定めは、定款の相対的記載事項です。

【モデル規定Ｉ】（職務執行の報告を毎事業年度に4か月を超える間隔で2回以上とする場合）
（理事の職務及び権限）
第○条　理事は、理事会を構成し、法令及びこの定款で定めるところにより、職務を執行する。

2　理事長は、法令及びこの定款で定めるところにより、当法人を代表
し、その業務を執行する。

3　専務理事は、理事会において別に定めるところにより、当法人の業
務を分担執行する。

4　理事長及び専務理事は、毎事業年度に４か月を超える間隔で２回以
上、自己の職務の執行の状況を理事会に報告する。

(5)　**監事の職務及び権限**

i　監事の職務及び権限は一般法人法に規定されています。当該定めは、
定款の任意的記載事項です。

ii　監事の職務を詳細に規定するのも一案です。

┌─ **【モデル規定Ｊ】（監事の職務を詳細に明記する場合）** ──────

（監事の職務及び権限）

第○条　監事は、次に掲げる職務を行う。

(1)　理事の職務の執行を監査し、監査報告を作成する。

(2)　当法人及びその子法人の業務及び財産の状況を監査することがで
きる。

(3)　理事が不正の行為をし、若しくは不正の行為をするおそれがある
と認めるとき、又は法令若しくは定款に違反する事実若しくは著し
く不当な事実があると認めるときは、遅滞なく、その旨を理事会に
報告する。

(4)　理事会に出席し、必要があると認めるときは、意見を述べる。

(5)　３号に規定する場合において、必要があると認めるときは、会長
に対し、理事会の招集を請求することができる。

(6)　前号に基づく請求があった日から５日以内に、その請求があった
日から２週間以内の日を理事会の日とする理事会の招集通知が発せ
られない場合に、理事会を招集することができる。

(7)　理事が評議員会に提出しようとする議案、書類その他法務省令で
定めるものを調査する。この場合において、法令若しくは定款に違
反し、又は著しく不当な事項があると認めるときは、その調査の結

果を評議員会に報告する。

⒇　理事が当法人の目的の範囲外の行為その他法令若しくは定款に違反する行為をし、又はこれらの行為をするおそれがある場合において、当該行為によって当法人に著しい損害が生ずるおそれがあるときに、当該理事に対し、当該行為をやめることを請求する。

⒈　当法人が理事との間の訴えを遂行するときに、当法人を代表する。

⒉　計算書類及び事業報告並びにこれらの附属明細書につき監査し、監査報告を作成する。

⒊　その他法令に定められた業務を行う。

(6)　会計監査人の職務及び権限

ⅰ　会計監査人の職務及び権限は一般法人法に規定されています。会計監査人の職務及び権限に関する定めは、定款の任意的記載事項です。

ⅱ　会計監査人の職務を詳細に規定するのも一案です。

【モデル規定Ｋ】（会計監査人の職務を詳細に明記する場合）

（会計監査人の職務及び権限）

第○条　会計監査人は、次に掲げる職務を行う。

(1)　計算書類及びその附属明細書を監査し、会計監査報告を作成する。

(2)　会計帳簿又はこれに関する資料の閲覧及び謄写を行い、又は理事及び使用人に対し、会計に関する報告を求めることができる。

(3)　その職務を行うに際して理事の職務の執行に関し不正の行為又は法令若しくは定款に違反する重大な事実があることを発見したときは、遅滞なく、これを監事に報告する。

(4)　定時評議員会において出席を求める決議があったときに、出席して意見を述べる。

(5)　その他法令に定められた業務を行う。

---

(7)　役員及び会計監査人の任期

ⅰ　一般法人法によれば、理事の任期は、選任後２年以内に終了する事業年度のうち最終のものに関する定時評議員会の終結の時まで、というの

が原則です（法177条、66条）。

ii　理事の任期は、定款によって短縮することが認められています（法177条、66条ただし書）。理事の任期を短縮する旨の規定は、定款の相対的記載事項です。

┌─【モデル規定L】（理事の任期を短縮する場合）───────────
│
│　　（理事の任期）
│　第○条　理事の任期は、選任後1年以内に終了する事業年度のうち最終のものに関する定時評議員会の終結の時までとする。
│
└──

iii　理事の任期を伸長することは認められていません。したがって、「理事の任期は2年とする」という規定は無効となります。

　　　なぜなら、例えば、3月末日を事業年度末とする一般財団法人において3月1日に選任された理事の任期は、「選任後2年以内に終了する事業年度のうち最終のものに関する定時評議員会の終結の時まで」だとすると、翌事業年度のものに関する定時評議員会終結の時までであるのに、「任期は2年」だとすると、翌事業年度のものに関する定時評議員会終結の時を超え、さらに翌年の3月1日までが任期となり、一般法人法上の規定よりも任期が伸長されることになるからです。

iv　監事の任期は、選任後4年以内に終了する事業年度のうち最終のものに関する定時評議員会の終結の時まで、というのが原則です（法177条、67条1項）。

v　しかし、監事の任期は、定款によって、選任後2年以内に終了する事業年度のうち最終のものに関する定時評議員会の終結の時までを限度として短縮することができます。監事の任期を短縮する旨の規定は、定款の相対的記載事項です。

vi　さらに、任期の満了前に退任した監事の補欠として選任された監事の任期については、定款に規定すれば、退任した監事の任期の満了する時まで短縮することができます（法177条、67条2項）。補欠監事の任期短縮の定めは、定款の相対的記載事項です。監事の任期を揃えるようにするためには、当該規定が必要です。

vii 会計監査人の任期は、選任後1年以内に終了する事業年度のうち最終
のものに関する定時評議員会の終結の時までであるところ、当該定時評
議員会において別段の決議がなされなかったときは、会計監査人は当該
定時評議員会において再任されたものとみなされることとなっています
（法177条、69条1項）。

(8) **役員及び会計監査人の解任**

i 一般財団法人の理事又は監事は、①職務上の義務に違反し、又は職務
を怠ったとき、又は、②心身の故障のため、職務の執行に支障があり、
又はこれに堪えないときは、評議員会の決議によって解任されることが
あります（法176条1項）。他方、会計監査人は、①職務上の義務に違
反し、又は職務を怠ったとき、②会計監査人としてふさわしくない非行
があったとき、又は、③心身の故障のため、職務の執行に支障があり、
又はこれに堪えないときは評議員会の決議によって解任されることがあ
ります（法176条2項）。役員及び会計監査人の解任についての定めを
定款に規定するかは、当該法人の任意です。なお、会計監査人を解任す
る旨の議案の内容は、監事が（監事が2人以上ある場合は過半数をもっ
て）決定します（法177条73条）。

ii 監事の解任は、評議員会の特別決議事項です（法189条2項1号）。
この場合、定款に規定すれば、特別決議の要件を法定よりも加重するこ
とができます。要件を加重する旨の規定は、定款の相対的記載事項です。

┌─ **【モデル規定M】（監事の解任要件を加重する場合）** ──────
│
│ **（役員及び会計監査人の解任）**
│
│ **第○条** 理事又は監事が次のいずれかに該当するときは、評議員会の決議
│ によって解任することができる。ただし、監事の解任については、議決
│ に加わることができる評議員の4分の3以上に当たる多数をもって行う。
│
│ (1) 職務上の義務に違反し、又は職務を怠ったとき。
│
│ (2) 心身の故障のため、職務の執行に支障があり、又はこれに堪えな
│ いとき。
└──────────────────────────────

iii　監事は、会計監査人が法71条１項各号に該当する場合には、その会計監査人を解任することができます。この解任は、監事が２人以上の場合には、監事全員の同意によって行わなければなりません（法177条、71条２項）。

(9)　報酬等

ⅰ　理事又は監事の報酬等については、定款で定めることも可能です（法197条、89条、105条１項）。

【モデル規定Ｎ】（報酬を定款に定める場合）
（報酬等）
第○条　当法人は、理事に対する報酬総額として月額200万円以内、監事に対する報酬総額として月額60万円以内で、理事報酬については理事会が定める支給の基準、監事報酬については監事の協議により定める支給の基準に従って算定した報酬等を支給することができる。

ⅱ　理事及び監事が無報酬である旨を定款で定めることも可能です。

【モデル規定Ｏ】（報酬を無報酬とする場合）
（報酬等）
第○条　理事及び監事は無報酬とする。

ⅲ　定款で報酬等を定めない場合には、理事又は監事の報酬等は、評議員会の決議によって定めなければなりません（法197条、89条、105条１項）。

ⅳ　理事又は監事の報酬等は、定款に特に定めない限り、評議員会の普通決議事項です。

ⅴ　定款での記載又は評議員会の決議の対象となる「報酬等」とは、報酬、賞与その他の職務の執行の対価として一般財団法人から支払われる財産上の利益をいいます（法197条、89条）。したがって、理事が理事会に出席するにあたり、日当や実費を超える交通費が支給される場合には、当該日当や実費を超える交通費は報酬となり（ＦＡＱ問Ⅴ－６－③）、定款で定められているか、評議員会で決議されている必要があります。

vi　報酬等について定款で規定すると、報酬等を変更する度に定款変更が必要になり、機動的に対応することが難しくなります。そのため、報酬等については、評議員会で定める旨の規定を置くのが一般的であると考えられます。

vii　会計監査人の報酬は、評議員会の決議事項ではありません。一般財団法人では、理事会で決定するのが一般的でしょう（法197条、90条2項1号）。もっとも、会計監査人の報酬については、理事会から特定の理事に意思決定を委任しても構いません（法90条4項の反対解釈）。この場合でも、監事の同意は得なければなりません（法197条、110条）。

【モデル規定P】（会計監査人の報酬決定権限を特定の理事に委任する場合）

（会計監査人の報酬等）

第○条　会計監査人に対する報酬等は、監事（監事が2人以上ある場合にあっては、その過半数）の同意を得て、理事長が定める。

viii　理事、監事及び会計監査人と一般財団法人との間の関係は委任に関する規定に従います（法172条1項）。したがって、理事、監事及び会計監査人は、一般財団法人に対して費用等の償還を請求することができます（民法650条）。

(10)　競業取引・利益相反取引

i　理事には、競業取引や利益相反取引について制限があり、これらの取引にあたっては、理事会に取引についての重要な事実を開示して、承認を得なければなりません（法197条、法84条1項）。ガバナンスの観点から、これらの規定を定款に規定するのも一案です。

【モデル規定Q】（競業取引等について定める場合）

（競業及び利益相反取引）

第○条　理事は、次に掲げる場合には、理事会において、当該取引について重要な事実を開示し、その承諾を受ける。

(1)　理事が自己又は第三者のために当法人の事業の部類に属する取引をしようとするとき。

(2)　理事が自己又は第三者のために当法人と取引をしようとするとき。

2-2

定款作成の手引き・一般財団法人（評議員＋評議員会＋理事＋理事会＋監事＋会計監査人）

149

(3)　当法人が理事の債務を保証することその他理事以外の者との間に
　　　おいて当法人と当該理事との利益が相反する取引をしようとするとき。
2　前項の取引をした理事は、当該取引後、遅滞なく、当該取引につい
　ての重要な事実を理事会に報告する。

(11)　損害賠償責任の軽減

i　理事、監事又は会計監査人は、その任務を怠ったときは、一般財団
法人に対し、これによって生じた損害を賠償する責任を負います（法
198条、111条1項）。これらの損害賠償責任については、総評議員
の同意がある場合には免除され（法198条、112条）、また、その任
務懈怠が善意で重過失がない場合には、評議員会決議によって法定の
限度額まで損害賠償額が免除されることとなっています（法198条、
113条）。さらに、定款に定めがあれば、理事会決議によって法定の限
度額まで損害賠償額が免除されるようにすること（法198条、114条）
や、非業務執行理事（理事〔代表理事、業務執行理事、業務を執行した
ことがある理事、使用人兼務である理事のいずれでもない理事〕、監事
又は会計監査人）の損害賠償額に上限を設ける旨の契約を締結すること
（法198条、115条）が認められています。

ii　理事、監事又は会計監査人の活動が萎縮しないようにするためには、
このような規定を設けておくことが望ましいといえるでしょう。

【モデル規定R】（損害賠償責任の軽減措置を定める場合）

　（役員等の責任軽減）

第○条　当法人は、一般法人法第198条の準用による第113条第1項の
規定により、評議員会において議決に加わることができる評議員の3
分の2以上の多数による決議をもって、理事、監事又は会計監査人
の同法第198条の準用による第111条第1項の損害賠償責任について、
賠償責任額から同法第113条第1項第2号所定の金額（以下、「最低
責任限度額」という。）を控除した額を限度として免除することがで
きる。

2　当法人は、一般法人法第198条の準用による第114条第1項の規定

により、理事会の決議によって、理事、監事又は会計監査人の同法第198条の準用による第111条第1項の損害賠償責任について、賠償責任額から最低責任限度額を控除した額を限度として免除することができる。

3　当法人は、一般法人法第198条の準用による第115条第1項の規定により、非業務執行理事等との間に、同法第198条の準用による第111条第1項による損害賠償責任を限定する契約を締結することができる。但し、当該契約に基づく賠償責任の限度額は、○○○万円以上であらかじめ定めた額又は最低責任限度額のいずれか高い額とする。

(12)　**役員等賠償責任保険契約の締結**

i　一般法人法198条の2が準用する同法118条の3は、「役員等のために締結される保険契約」として、役員等賠償責任保険契約について定めています。これは、理事、監事又は会計監査人が、その職務の執行に関し責任を負うこと又は当該責任の追及に係る請求を受けることによって生ずる損害を保険会社が補填することを約するものであって、これらの役員等を被保険者とする契約、いわゆるD＆O保険についての規律です。このような役員等賠償責任保険契約を締結するには、一般財団法人の場合には役員等賠償責任保険契約の内容について理事会決議を受けなければなりません（法198条の2、118条の3第1項）。

ii　役員等賠償責任保険契約を締結することを定款に定めなくても、その内容を理事会で決議した場合には、役員等賠償責任保険契約を締結することは可能です。しかし、手続を確認的に定款に規定しておくことも一案です。

┌─ **【モデル規定S】（役員等賠償責任保険契約の締結について規定する場合）**
　　（役員等賠償責任保険契約の締結）

第○条　当法人が一般法人法第198条の2が準用する同法第118条の3第1項に定める役員等賠償責任保険契約を締結する場合には、理事会決議によってその内容を定めなければならない。

⒀　会計監査人を設置しない場合

会計監査人を設置しない場合の記載例は、次のとおりとなります。

【モデル規定Ｔ】（会計監査人を設置しない場合）

第6章　役　員

（役　員）

第19条　当法人に、次の役員を置く。

(1)　理事　○○名以上○○名以内

(2)　監事　○○名以上

2　理事のうち、１名を理事長、○名以内を専務理事とする。

3　前項の理事長を一般社団法人及び一般財団法人に関する法律が定める代表理事とし、専務理事を同法の業務執行理事とする。

（役員の選任）

第20条　理事及び監事は、評議員会の決議によって選任する。

2　理事長及び専務理事は、理事会の決議によって選定する。

（理事の職務及び権限）

第21条　理事は、理事会を構成し、法令及びこの定款で定めるところにより、職務を執行する。

2　理事長は、法令及びこの定款で定めるところにより、当法人を代表し、その業務を執行する。

3　専務理事は、理事会において別に定めるところにより、当法人の業務を分担執行する。

（監事の職務及び権限）

第22条　監事は、理事の職務の執行を監査し、法令で定めるところにより、監査報告を作成する。

2　監事は、いつでも、理事及び使用人に対して事業の報告を求め、当法人の業務及び財産の状況の調査をすることができる。

（役員の任期）

第23条　理事の任期は、選任後２年以内に終了する事業年度のうち最終のものに関する定時評議員会の終結の時までとする。但し、再任を妨げない。

2 　監事の任期は、選任後２年以内に終了する事業年度のうち最終のものに関する定時評議員会の終結の時までとする。但し、再任を妨げない。

3 　補欠のため選任された理事又は監事の任期は、前任者の任期の満了する時までとする。

4 　この定款で定めた理事又は監事の員数が欠けた場合には、任期の満了又は辞任により退任した理事又は監事は、新たに選任された理事又は監事が就任するまで、なお理事又は監事としての権利義務を有する。

（役員の解任）

第24条　理事又は監事が次のいずれかに該当するときは、評議員会の決議によって解任することができる。

⑴　職務上の義務に違反し、又は職務を怠ったとき。

⑵　心身の故障のため、職務の執行に支障があり、又はこれに堪えないとき。

（報酬等）

第25条　当法人は、理事及び監事に対して、評議員会の決議によって、報酬等を支給することができる。

2 　理事及び監事に対しては、費用を弁償することができる。この場合の基準については、理事会の決議を経て、別に定める。

モデル規定Ａ

第7章　理事会

（構　成）

第27条　当法人に、理事会を設置する。

2　理事会は、すべての理事で構成する。

（権　限）

第28条　理事会は、次に掲げる職務を行う。

(1)　当法人の業務執行の決定

(2)　理事の職務の執行の監督

(3)　理事長及び専務理事の選定及び解職

(4)　その他法令又は定款に規定する職務

（招　集）

第29条　理事会は、理事長が招集する。

2　理事長が欠けたとき又は理事長に事故があるときは、あらかじめ理事会の決議により定めた順位により、他の理事が理事会を招集する。

（決　議）

第30条　理事会の決議は、この定款に別段の定めがある場合を除き、議決に加わることができる理事の過半数が出席し、その過半数をもって行う。

2　理事会の決議について特別の利害関係を有する理事は、その議決に加わることができない。

3　理事が理事会の決議の目的事項について提案した場合において、当該提案につき理事（当該事項について議決に加わることができるものに限る。）の全員が書面又は電磁的記録により同意の意思表示をしたとき（但し、監事が当該提案について異議を述べたときを除く。）は、当該提案を可決する旨の理事会の決議があったものとみなす。

（議事録）

第31条　理事会の議事については、法務省令で定めるところにより、

> 書面又は電磁的記録をもって議事録を作成する。
>
> 2 議事録が書面で作成されている場合には、理事会に出席した理事長
> 及び監事は、議事録に署名又は記名押印する。
>
> 3 議事録が電磁的記録をもって作成されている場合には、法務省令で
> 定める署名又は記名押印に代わる措置をとる。

(1) 理事会の設置及び構成

ⅰ 一般財団法人には、理事会を設置しなければなりません（法170条
1項）。

ⅱ 理事会は、すべての理事で組織されます（法197条、90条1項）。定款
に特に規定するまでもありませんが、その旨を規定するのが一般的です。

ⅲ 監事には理事会に出席し、必要があると認めるときは意見を述べる義
務があります（法197条、101条1項）。ガバナンスの観点から、そ
の旨を規定するのも一案です。

┌─【モデル規定B】（監事の理事会出席義務を明記する場合）─────
│ （構　成）
│ 第○条　当法人に、理事会を設置する。
│ 2　理事会は、すべての理事で構成する。
│ 3　監事は、理事会に出席し、必要があると認めるときは、意見を述べ
│ る。
└─────────────────────────────────

(2) 理事会の権限

ⅰ 理事会は、一般財団法人の業務執行の決定、理事の職務執行の監督、
代表理事の選定及び解職を行います（法197条、90条2項）。

ⅱ 一般法人法が評議員会の決議の対象としている事項については、定款
に規定しても、理事会の決議事項とすることはできません（法178条
3項）。

(3) 理事会の招集

ⅰ 理事会は、定款や理事会で招集する理事を特に定めない限り、各理事
が招集することができます（法197条、93条1項）。招集権を有する

理事を定款で定めた場合には、当該理事が理事会の招集権者となります。代表理事を理事会の招集権者とする場合には、その旨を定款に定める必要があります（法197条、93条1項ただし書）。

ii　代表理事を理事会の招集権者とした場合に、当該代表理事に事故等がある場合に備えて、他の理事が理事会を招集できるように定めておくと、理事会の招集についての混乱を避けることができます。

iii　定款によって代表理事を理事会の招集権者と定めた場合であっても、他の理事は、代表理事に理事会の招集を請求することができ、この請求に代表理事が応じない場合には、当該理事が理事会を招集することができます（法197条、93条2項・3項）。また、監事も必要がある場合には理事会の招集権者に対して理事会の招集を請求することができ、この請求に招集権者が応じない場合には、監事が理事会を招集することができます（法197条、101条2項・3項）。ガバナンスの観点から、このような手続を定款に規定するのも一案でしょう。

【モデル規定C】（理事及び監事の理事会招集権限を明記する場合）

　（招　　集）

第○条　理事会は、理事長が招集する。

2　理事長が欠けたとき又は理事長に事故があるときは、あらかじめ理事会の決議により定めた順位により、他の理事が理事会を招集する。

3　理事長以外の理事は、理事長に対して理事会の目的事項を示して理事会の招集を請求したにもかかわらず、請求をした日から5日以内に、その請求をした日から2週間以内の日を理事会の日とする理事会招集通知が発せられない場合には、自ら理事会を招集することができる。

4　監事は、理事会で意見を述べる必要があると認めて理事長に対して理事会の招集を請求したにもかかわらず、請求をした日から5日以内に、その請求をした日から2週間以内の日を理事会の日とする理事会招集通知が発せられない場合には、自ら理事会を招集することができる。

---

iv　理事会招集通知は、理事会の日の1週間前までに、各理事及び各監事

に対して発しなければなりません。ただし、定款に定めれば、「1週間」を下回る期間とすること（例えば3日前など）ができます（法197条、94条1項）。1週間を下回る期間の定めは、定款の相対的記載事項です。なお、理事及び監事の全員の同意があるときは、招集手続を行わずに理事会を開催することができます（法197条、94条2項）。

【モデル規定D】（理事会招集期間を短縮する場合）

（招集通知）

第○条　理事会を招集する者は、理事会の日の3日前までに、各理事及び各監事に対してその通知を発しなければならない。

2　前項の規定にかかわらず、理事及び監事の全員の同意があるときは、招集の手続を経ることなく、理事会を開催することができる。

---

(4) 理事会の決議

ⅰ　理事会の決議について特別の利害関係を有する理事は、議決に参加することができません（法197条、95条2項）。

ⅱ　理事会の決議は、議決に加わることができる理事の過半数の出席が定足数であり、その過半数が決議要件とされています（法197条、95条1項）。ただし、定足数も決議要件も、これを上回る割合を定款で定めた場合には、その割合以上となります。定足数と決議要件を加重する割合の定めは、定款の相対的記載事項です。

【モデル規定E】（定足数は原則通り、決議要件を加重）

（決　議）

第○条　理事会の決議は、この定款に別段の定めがある場合を除き、議決に加わることができる理事の過半数が出席し、その3分の2以上の割合の賛成をもって行う。

2　理事会の決議について特別の利害関係を有する理事は、その議決に加わることができない。

定款作成の手引き・一般財団法人（評議員＋評議員会＋理事＋理事会＋監事＋会計監査人）

157

【モデル規定Ｆ】（定足数、決議要件とも加重）

（決　議）

第○条　理事会の決議は、この定款に別段の定めがある場合を除き、議決に加わることができる理事の３分の２以上が出席し、その３分の２以上の賛成をもって行う。

2　理事会の決議について特別の利害関係を有する理事は、その議決に加わることができない。

ⅲ　理事会決議は、理事が理事会の決議の目的事項について提案した場合において、当該提案につき理事（当該事項について議決に加わることができるものに限る。）の全員が書面又は電磁的記録により同意の意思表示をしたとき（但し、監事が当該提案について異議を述べたときを除く。）は、当該提案を可決する旨の理事会の決議があったものとみなす旨を定款で定めることができます（法197条、96条）。このような規定は、定款の相対的記載事項です。

ⅳ　上記ⅲのような場合を除き、理事が書面によって理事会の議決権を行使することは認められていません。法96条の要件を満たさない限り、いわゆる持ち回り決議も認められません。

ⅴ　代理人によって理事会の議決権を行使することも認められていません。

(5)　**理事会議事録**

ⅰ　理事会の議事については、法令で定めるところにより、書面又は電磁的記録をもって議事録を作成しなければなりません（法197条、95条３項）。

ⅱ　議事録が書面で作成されているときは、出席した理事及び監事は、これに署名又は記名押印しなければなりません（法197条、95条３項）。ただし、理事の署名等については、出席した代表理事が署名等を行う者と定款で定めることができます。出席した代表理事が署名又は記名押印するとの定めは、定款の相対的記載事項です。原則どおり、出席した理事及び監事が署名又は記名押印すると定めても差し支えありません。

ⅲ　議事録が電磁的記録をもって作成されている場合には、法務省令で

定める署名又は記名押印に変わる措置をとらなければなりません（法197条、95条4項）。

【モデル規定G】（出席した理事全員が署名又は記名押印する場合）

　（議事録）

　第○条　理事会の議事については、法務省令で定めるところにより、書面又は電磁的記録をもって議事録を作成する。

　2　議事録が書面で作成されている場合には、理事会に出席した理事及び監事は、議事録に署名又は記名押印する。

　3　議事録が電磁的記録をもって作成されている場合には、法務省令で定める署名又は記名押印に代わる措置をとる。

⑹　理事会への報告の省略

　理事、監事又は会計監査人は、理事会に報告すべき事項がある場合にはそれぞれ理事会に報告しなければなりません。しかし、理事、監事又は会計監査人が理事及び監事の全員に対して理事会に報告すべき事項を通知したときは、当該事項を理事会へ報告することを要しないとされています（法197条、98条1項）。ただし、一般法人法197条において準用する91条2項規定の業務執行状況報告については、報告を省略することはできません（法197条、98条2項）。ガバナンスの観点から、理事会への報告の省略についての定めを定款に規定するのも一案です。

【モデル規定H】（理事会への報告の省略を明記する場合）

　（理事会への報告の省略）

　第○条　理事、監事又は会計監査人が理事及び監事の全員に対して理事会に報告すべき事項を通知したときは、当該事項を理事会へ報告することを要しない。但し、一般法人法第197条において準用する第91条第2項の規定による理事の業務執行状況報告については、理事会への報告を省略することはできない。

⑺　委員会等

　ⅰ　一般財団法人は、評議員会や理事会以外に、種々の委員会等の会議体

を設けて各種の意思決定を行うことがあります。一般法人法に規定がない、このような会議体を設けることに何ら法的な支障はありません。ただし、このような会議体が、一般法人法上の機関である評議員会や理事会等の権限に抵触することができないことはいうまでもありません。

ii 一般法人法に規定されていない会議体を設置する場合であっても、当該会議体の設置に関する定めは定款の必要的記載事項でも相対的記載事項でもないので、定款に規定しなくても問題はありません。

iii 一般法人法に規定されていない会議体の設置を定款に規定する場合には、当該機関の名称、構成又は権限を明確にし、一般法人法上の機関である評議員会又は理事会等の権限を奪うことのないように留意する必要があります（定款変更留意事項Ⅱ2）。移行認定や移行認可の際の定款変更でこのような考え方と異なる運用を選択する場合には、その理由の説明が求められ、不適切であれば不認定又は不認可の対象となるとされています。なお、名称が確定していない会議体であっても、定款に規定することは可能です。

【モデル規定Ｉ】（名称等が確定していない委員会を設置する場合）

　（委員会）

第○条 理事長は、当法人の事業の円滑な運営を図るため必要があると認めるときは、理事会決議を経て、委員会を置くことができる。

2 委員会の委員は、理事会の同意を経て、理事長が委嘱する。

3 委員会は、第○条記載の評議員会決議事項及び第○条記載の理事会決議事項についての意思決定を行うことはできない。

4 委員会に関し必要な事項は、理事会の決議を経て、理事長が別に定める。

【モデル規定Ｊ】（名称、構成又は権限を明確にしたもの）

　（コンプライアンス委員会）

第○条 当法人に、コンプライアンス委員会を設置する。

2 前項の委員会は、理事長、専務理事1名及び理事1名で構成する。

3 コンプライアンス委員会は、次に掲げる事項を行う。

⑴　当法人内のコンプライアンス研修に関する計画を策定すること。

⑵　当法人の公益通報の窓口を設置・運用し、管理すること。

4　コンプライアンス委員会の委員は、理事会において選任及び解任する。

5　コンプライアンス委員会に関し必要な事項は、理事会において定める。

モデル規定A

第8章　定款変更、事業譲渡及び解散

（定款の変更）

第32条　この定款は、評議員会の決議によって変更することができる。

2　前項の規定は、この定款の第3条、第4条及び第11条についても適用する。

（事業の全部譲渡）

第33条　当法人が事業の全部を譲渡する場合には、評議員会の決議によらなければならない。

（解　散）

第34条　当法人は、基本財産の滅失によるこの法人の目的である事業の成功の不能その他法令で定められた事由によって解散する。

（清算法人の機関）

第35条　当法人が清算法人となった場合、評議員、評議員会及び清算人の他、清算人会及び監事を設置する。

（残余財産の帰属）

第36条　当法人が清算する場合に有する残余財産は、評議員会の決議を経て、公益社団法人及び公益財団法人の認定等に関する法律第5条第17号に掲げる法人又は国若しくは地方公共団体に贈与するものとする。

(1)　定款変更

ⅰ　定款に定められた目的及び評議員の選解任の方法以外の規定は、定款の中に定款変更についての規定があるかどうかにかかわらず、定款変更の対象となります（法200条1項）。定款変更は、評議員会の特別決議事項です。この特別決議要件を加重する場合には、定款に定めなければなりません（法189条2項）。特別決議要件を加重する旨の定めは、定款の相対的記載事項です。もっとも、定款変更は当該一般財団法人の根

本規則の変更であり、一般財団法人の運営に大きな影響を及ぼすので、要件を加重するかどうかとは関係なく、定款変更についての定めは定款に規定するのが一般的です。

【モデル規定B】（決議要件を加重する場合）

（定款の変更）

第○条　この定款は、評議員会において、議決に加わることができる評議員の４分の３以上の多数による決議により変更することができる。

ⅱ　定款に定められた目的、評議員の選任及び解任の方法についての規定は、定款変更の対象となる旨が定款に規定されていない限り、原則として定款変更できません（法200条１項・２項）。これらの規定を変更することができる旨の定めは、定款の相対的記載事項です。もっとも、特別の事情により、これらについての定款の定めを変更しなければその運営の継続が不可能又は著しく困難となるに至ったときは、裁判所の許可を得て、評議員会の決議によって、これらの定めを変更することができます（法200条３項）。

　敢えて定款の目的についての定めが容易に変更されないようにすることも可能です。

【モデル規定C】（定款の目的についての定めは評議員会決議で変更できないとする場合）

（定款の変更）

第○条　この定款は、第３条の規定を除き、評議員会の決議によって変更することができる。

---

(2)　事業の全部譲渡

　旧民法の下では、財団法人の事業の全部譲渡に関する規定は存在しませんでした。一般法人法は、一般財団法人は評議員会決議で事業の全部譲渡を行うことができること（法201条）、及びこの評議員会決議は特別決議であること（法189条２項４号）を規定しています。事業の全部譲渡についての定めを定款に規定するかは、当該法人の任意ですが、事業の全部譲渡も、当該一般財団法人の運営に重大な影響を及ぼすものであるため、定款変更同様、

事業の全部譲渡についての規定もガバナンスの観点から定款に設けるのも一案です。なお、定款変更同様、特別決議要件を加重する旨の定めは、定款の相対的記載事項です。

(3) **解　散**

i　一般財団法人は、一般法人法202条に定める事由によって解散します。解散についての定めを定款に規定するかは、当該法人の任意です。しかし、解散も当該一般財団法人の運営に重大な影響を及ぼすので、定款に規定するのが一般的です。

【モデル規定D】（解散事由を列挙する場合）

（解　散）

第○条　当法人は、次に掲げる事由によって解散する。

(1) 基本財産の滅失その他の事由により当法人の目的である事業の成功が不能となった場合

(2) 合併により当法人が消滅する場合

(3) 破産手続開始が決定された場合

(4) 裁判所による解散命令が確定した場合

(5) ２事業年度連続して貸借対照表上の純資産額が300万円未満となった場合

---

ii　一般財団法人は、定款で定めた存続期間が満了し又は定款で定めた解散事由が発生すれば、解散します（法202条１項２号）。一般財団法人の存続期間又は解散事由についての定めは、定款の相対的記載事項です。

iii　一般財団法人が解散した場合には、清算しなければなりません。清算する一般財団法人に清算人会又は監事を設置する場合には、その旨を定款に規定しなければなりません（法208条２項）。清算法人に清算人会又は監事を設置する旨の定めは、定款の相対的記載事項です。

iv　解散前の理事は、清算する一般財団法人の清算人に就任するのが原則です。しかし、定款に特に規定した場合又は評議員会の決議によって清算する一般財団法人の清算人を選任した場合には、解散前の理事は清算する一般財団法人の清算人にはなりません（法209条１項）。したがっ

て、解散前の理事以外の者を、清算する一般財団法人の清算人として定める旨の定めは、定款の相対的記載事項です。

⑷ 残余財産の帰属

ⅰ 清算による残余財産は、定款に帰属先が定めてある場合には、定款の定めに従います（法239条１項）。残余財産の帰属先についての定めは、定款の相対的記載事項です。

【モデル規定Ｅ】（特定の一般財団法人を帰属先に定める場合）

（残余財産の帰属）

第○条 当法人が清算する場合に有する残余財産は、一般財団法人○○○○に帰属させる。

ⅱ 定款に残余財産の帰属先の定めがなされていない場合には、清算法人の評議員会の決議によって定めます。評議員会決議で定めることができない残余財産は、国庫に帰属します（法239条２項・３項）。

ⅲ 一般財団法人のうち、非営利性が徹底した法人については、収益事業のみ課税されることとなります。この非営利性が徹底した法人の要件は、①定款に剰余金の分配を行わない旨の定めがあること、②定款に解散時の残余財産が公益法人等の一定の公益的な団体に帰属する旨の定めがあること、③①又は②の要件にある定款の定めに違反した行為を行ったことがないこと、④理事及びその親族等である理事の合計数が理事の総数の３分の１以下であること、です。したがって、非営利性を徹底させて収益事業のみを課税対象とするようにするためには、記載例第39条（要件②）の他に、「当法人は、剰余金の分配をすることができない」という規定を定款に設ける（要件①）必要があります。

事務局に関する規定

> ### モデル規定A
>
> 　　第9章　事務局
>
> **（設置等）**
>
> **第37条**　当法人の事務を処理するため、事務局を設置する。
>
> 2　事務局には、事務局長及び所定の職員を置く。
>
> 3　事務局長及び職員は、理事長が任免する。ただし、事務局長の任免には理事会の承認を必要とする。
>
> 4　事務局の組織及び運営に関する必要な事項は、理事会の決議を経て、理事長が別に定める。

(1) **事務局**

ⅰ　旧民法下での財団法人の寄附行為では、多くの定款に事務局についての規定が設けられています。一般法人法の下でも、事務局について定款に規定しておくのも一案です。もちろん、定款に規定しなくても構いません。

ⅱ　一般法人法上の評議員会や理事会との権限分配の関係で、事務局が意思決定機関ではないことは明確にしておくべきでしょう（定款変更留意事項2「法律に根拠がない任意の機関を設ける場合の取扱い」参照）。

ⅲ　重要な使用人の選任及び解任の決定は理事会が行わなければなりません（法197条、90条4項3号）。したがって、事務局長の任免には、理事会決議が必要です。

┌─ **モデル規定A** ─────────────────────────┐

　　　　第10章　公告の方法

　　（公告の方法）

　第38条　当法人の公告は、○○県において発行する○○新聞に掲載する方法により行う。

└────────────────────────────────┘

（1）　公告の方法

　i　　公告方法の定めは、定款の必要的記載事項です（法153条1項9号）。

　ii　　公告の方法は、①官報に掲載する方法、②時事に関する事項を掲載する日刊新聞紙に掲載する方法、③電子公告、④主たる事務所の公衆の見えやすい場所に掲示する方法のいずれかでなければなりません（法331条1項、一般法人法施行規則88条1項）。

　iii　貸借対照表を公告する場合、上記①又は②の方法で公告する場合には、貸借対照表の要旨を公告すれば足ります（法128条2項）。

　iv　　上記③の方法を公告方法とした場合には、事故その他やむを得ない事由によって電子公告による公告をすることができない場合の公告方法として、上記①又は②の方法のいずれかを定めることができます（法321条2項）。

　v　　公告方法が電子公告（③）である場合でも、決算公告については、電子公告調査機関による調査は不要です（法333条、会社法941条）。

　vi　貸借対照表の公告の場合、①〜④いずれの方法を公告方法としていても、評議員会終結の日から5年間継続してホームページに掲載しておけば、①〜④の公告をする必要はありません（法128条3項）。

┌─ 【**モデル規定B**】（官報に掲載する方法）──────────────

　（公告の方法）

　第○条　当法人の公告は、官報に掲載する方法により行う。

└────────────────────────────────┘

（公告の方法）

第○条　当法人の公告は、主たる事務所の公衆の見やすい場所に掲示する方法により行う。

（公告の方法）

第○条　当法人の公告は、電子公告により行う。

2　事故その他やむを得ない事由によって前項の電子公告をすることができない場合には、官報に掲載する方法による。

⁜・⁜・⁜・⁜・⁜・⁜・⁜・⁜・⁜・　**その他に関する規定**　⁜・⁜・⁜・⁜・⁜・⁜・⁜・⁜・⁜

> **モデル規定A**
>
> 　　　　第11章　補　則
>
> （細　則）
>
> **第39条**　この定款に定めるもののほか、当法人の運営に関する必要な事項は、理事会の決議を経て、理事長が別に定める。

(1)　規則等の根拠

　一般財団法人の運営には、定款以外にも様々な定めが必要です。そこで、運営に関する必要な事項を定款の下位の規則に委ねる旨の規定を設けるのも一案です。もちろん、当該規定がなくとも、適法な手続によって定められた規則は有効です。

モデル規定A （新規設立の一般財団法人）

　　　附　則

1　この定款は、当法人の成立の日から施行する。

2　当法人の設立者は次のとおりである。

氏　　　名　　　　　　　住　　　所

○○○○　　　　　　　　○○市○○町○丁目○番○号

○○○○　　　　　　　　○○市○○町○丁目○番○号

3　当法人の設立に際して設立者が拠出する財産及びその価額は次のとおりである。

○○○○　　　　　　　　現金○○○万円

○○○○　　　　　　　　現金○○○万円

4　当法人の設立時評議員は次のとおりとする。

○○○○

○○○○

○○○○

5　当法人の設立時の役員は次のとおりとする。

理　　　事　　△△△△

理　　　事　　○○○○

理　　　事　　○○○○

代 表 理 事　　△△△△

監　　　事　　○○○○

6　当法人の設立当初の事業年度は、第○条にかかわらず、この法人の成立の日から○年3月31日までとする。

(1)　定款の施行日

　新たに設立した一般財団法人は、設立の登記によって成立します（法163条）。そこで、新たに設立した一般財団法人の定款は、成立の日から施行されることとなります。

(2)　**最初の評議員**

　　新規に一般財団法人を設立する場合には、定款には最初の評議員（設立時評議員）の選任の方法を定めなければならない（法153条1項6号）ところ、実務では、定款に設立時評議員を定めてしまうのが一般的です。

(3)　**設立者**

　　新規に一般財団法人を設立する場合、設立者の氏名又は名称及び住所は、定款の必要的記載事項です（法153条1項4号）。したがって、新規に一般財団法人を設立する場合には、設立者についての定めを定款に規定する必要があります。

(4)　**設立者が拠出する財産**

　　i　新規に一般財団法人を設立する場合には、設立者が拠出する財産及び
　　　その価額を定款に記載しなければなりません（法153条1項5号）。

　　ii　設立者が拠出する財産は、金銭でなくても構いません（例えば不動産
　　　でも可。）。

(5)　**設立時役員**

　　新規に一般財団法人を設立する場合、設立時の理事、監事、会計監査人の選任に関する定めは、定款の必要的記載事項です（法153条1項6号・7号）から、定款に定めなければなりません。もっとも、定款で設立時の理事等を定めた場合には、当該選任に関する定めは必要ありません。

(6)　**事業年度**

　　新規に設立する一般財団法人は、設立登記の日に成立することになるので、設立初年度の事業年度についても、成立の日から始まることになります。

(7)　**改　正**

　　附則に新たな事項を定める場合や、附則に定められた事項を改正するには、定款変更の手続が必要です。

一般社団・
財団法人の
運営Q&A

一般社団法人 の実務
一般財団法人

1 社員総会の開催・運営

社員総会には、どのような種類のものがありますか。

Ⓐ

　一般社団法人の社員総会には、①毎事業年度の終了後一定の時期に招集しなければならない定時社員総会（法36条1項）と、②必要がある場合には、いつでも、招集することができる社員総会（法36条2項）とがあります。②の社員総会のことを一般に臨時社員総会といいます。

Q2

社員総会には、どのような権限がありますか。

Ⓐ

ⅰ　社員総会の権限は、一般社団法人に理事会が設置されているか否かによって異なります。

　理事会設置一般社団法人の場合には、社員総会は、一般法人法が規定している事項と、当該一般社団法人の定款で社員総会の権限と定めた事項に限り、決議することができます（法35条2項）。一般法人法は、理事会が設置されている場合には、社員総会での決議事項を、当該一般社団法人の存続にかかわる重大事項に限定し、その他多くの決議事項を理事会の権限としています。

　他方、理事会が設置されていない一般社団法人の場合には、社員総会は、一般法人法に規定する事項と、一般社団法人の組織、運営、管理その他一般社団法人に関する一切の事項について決議することができます。

ⅱ　社員総会では、社員に剰余金を分配する旨の決議をすることはできません（法35条3項）。

Q3

社員総会でなければ意思決定できない事項はありますか。

A

　一般法人法が社員総会の決議事項としている事項については、社員総会以外の機関が決議することはできません。当該事項につき、社員総会以外の機関が決議する旨を定款で定めても、当該定款の規定は無効となります（法35条4項）。

　社員の除名（法30条1項）、理事・監事・会計監査人の選任（法63条1項）・解任（法70条1項）、計算書類の承認（法126条2項）、理事・監事・会計監査人の責任の一部免除（法113条1項）、定款変更（法146条）、事業の全部譲渡（法147条）、解散（法148条3号）、解散した後の継続（法150条）、合併の承認（法247条、251条1項、257条）等の決議は、社員総会の専決事項です。

Q4

社員総会を全く開催せず、すべて持ち回り決議で代替することは可能ですか。

A

i　定時社員総会は、毎事業年度の終了後一定の時期に招集しなければならない（法36条1項）以上、社員総会を全く開催しないということはできない、というのが原則です。

ii　しかし、社員総会の議案について、社員の全員が書面又は電磁的記録により同意の意思表示をしたときは、当該提案を可決する旨の社員総会の決議があったものとみなされ（法58条1項）、定時社員総会の議題のすべての議案を可決する旨の社員総会の決議があったものとみなされた場合には、その時に当該定時社員総会が終結したものとみなされます（法58条4項）。また、社員総会での報告事項についても、理事が社員の全員に対して社員総会に報告すべき事項を通知した場合において、当

該事項を社員総会に報告することを要しないことについて社員の全員が書面又は電磁的記録により同意の意思表示をしたときは、当該事項の社員総会への報告があったものとみなされます（法59条）。

　したがって、①社員総会の決議事項について理事又は社員が提案した場合で、②社員総会での決議事項のすべてにつき社員の全員が書面又は電磁的記録により同意し、③社員総会での報告事項がある場合には社員の全員が報告を要しないことに書面又は電磁的記録により同意があれば、結局、社員総会を実際に開催することなく、いわゆる持ち回り決議だけで意思決定をすることができる、ということになると考えられます。

Q5

社員総会を招集するのは誰ですか。

A

i　一般法人法は、社員総会は理事が招集するのが原則である旨を規定しています（法36条3項）。もっとも、理事のうちの代表理事が社員総会を招集する旨を定款に定めている一般社団法人が多く、この場合には、代表理事が社員総会を招集することになります。

ii　他方、社員が社員総会を招集することができる場合があります。

　総社員の議決権の10分の1（5分の1以下の割合を定款で定めた場合にあっては、その割合）以上の議決権を有する社員が集まれば、これらの社員は理事に対し、社員総会の目的である事項及び招集の理由を示して社員総会を招集することを請求することができます（法37条1項）。

　①社員からのこの請求に対して遅滞なく社員総会招集の手続が理事によって行われない場合と、②社員からのこの請求があった日から6週間（これを下回る期間を定款で定めた場合にあっては、その期間）以内の日を社員総会の日とする社員総会招集の通知が発せられない場合には、社員総会を招集するように請求した社員は、裁判所の許可を受けて、社員総会を招集することができます（法37条2項）。

　決算を社員総会で承認等してもらうためには、どのような手順が必要ですか。

A

i　事業報告や計算書類を社員総会で承認等してもらうための手順の概要は、①事業報告・計算書類の作成→②計算書類の監査→③理事会での事業報告・計算書類承認→④事業報告・計算書類・監査報告の社員への提供→⑤社員総会への事業報告・計算書類提出→⑥社員総会での承認・報告等、となっています。細かい部分では、会計監査人の設置の有無や理事会の設置の有無によって、手続が異なっています。

ii　理事会が設置されており、会計監査人も設置されている一般社団法人の場合

　①　事業報告、事業報告の附属明細書、貸借対照表、正味財産増減計算書、貸借対照表の附属明細書及び正味財産増減計算書の附属明細書を作成する（法123条2項）。

　②　事業報告及び事業報告の附属明細書につき監事の監査を受け（法124条2項2号）、貸借対照表、正味財産増減計算書、貸借対照表の附属明細書及び正味財産増減計算書の附属明細書につき監事と会計監査人の監査を受ける（法124条2項1号）。

　③　②の監査を受けた計算書類及び事業報告並びにこれらの附属明細書につき、理事会の承認を受ける（法124条3項）。

　④　社員総会招集通知に際して、③の承認を受けた計算書類及び事業報告並びに監査報告・会計監査報告を提供する（法125条）。

　⑤　③の承認を受けた計算書類及び事業報告を定時社員総会に提出する（法126条1項2号）。

　⑥　③の承認を受けた計算書類が一般法人法施行規則第48条の要件を満たしている場合には、理事は定時社員総会で当該計算書類の内容を報告すれば足りる（法127条）。③の承認を受けた計算書類が一般法人法施行規則第48条の要件を満たしていない場合には、計算書類

を定時社員総会で承認してもらわなければならない（法126条2項）。事業報告については、③の承認を受けた事業報告を定時社員総会に報告すれば足りる（法126条3項）。

iii　理事会は設置されているが、会計監査人は設置されていない一般社団法人の場合

①　事業報告、事業報告の附属明細書、貸借対照表、正味財産増減計算書、貸借対照表の附属明細書及び正味財産増減計算書の附属明細書を作成する（法123条2項）。

②　事業報告、事業報告の附属明細書、貸借対照表、正味財産増減計算書、貸借対照表の附属明細書及び正味財産増減計算書の附属明細書につき、監事の監査を受ける（法124条1項）。

③　②の監査を受けた計算書類及び事業報告並びにこれらの附属明細書につき、理事会の承認を受ける（法124条3項）。

④　社員総会招集通知に際して、③の承認を受けた計算書類及び事業報告並びに監査報告を提供する（法125条）。

⑤　③の承認を受けた計算書類及び事業報告を定時社員総会に提出する（法126条1項3号）。

⑥　④により提出された計算書類につき、定時社員総会の承認を受ける。事業報告については、理事から定時社員総会に報告する（法126条2項・3項）。

iv　理事会も会計監査人も設置されていないが、監事は設置されている一般社団法人の場合

①　事業報告、事業報告の附属明細書、貸借対照表、正味財産増減計算書、貸借対照表の附属明細書及び正味財産増減計算書の附属明細書を作成する（法123条2項）。

②　事業報告、事業報告の附属明細書、貸借対照表、正味財産増減計算書、貸借対照表の附属明細書及び正味財産増減計算書の附属明細書につき、監事の監査を受ける（法124条1項）。

③　②の監査を受けた計算書類及び事業報告を定時社員総会に提出する（法126条1項1号）。

④　③により提出された計算書類につき、定時社員総会の承認を受ける。事業報告については、理事から定時社員総会に報告する（法126条2項・3項）。

ⅴ　理事会も監事も会計監査人も設置されていない一般社団法人の場合

①　事業報告、事業報告の附属明細書、貸借対照表、正味財産増減計算書、貸借対照表の附属明細書及び正味財産増減計算書の附属明細書を作成する（法123条2項）。

②　事業報告、貸借対照表及び正味財産増減計算書につき、定時社員総会に提出する（法126条1項4号）。

③　②により提出された計算書類につき、定時社員総会の承認を受ける。事業報告については、理事から定時社員総会に報告する（法126条2項・3項）。

Q7

社員総会での決議事項は、どのように決めるのですか。

A

ⅰ　社員総会を招集する場合には、①社員総会の日時及び場所、②社員総会の目的である事項があるときは、当該事項、③社員総会に出席しない社員が書面によって議決権を行使することができるとするときは、その旨、④社員総会に出席しない社員が電磁的方法によって議決権を行使することができることとするときは、その旨、⑤法務省令で定める事項（役員等の選任や定款変更が議題である場合の議案の概要等）を定めなければなりません。

ⅱ　これらの事項を定めるのは、理事会を設置していない一般社団法人の場合は「理事」です（法38条1項）。しかも、理事会を設置していない一般社団法人の場合、上記①〜⑤については、その決定を特定の理事に委任することはできない（法76条3項2号）ので、結局、理事の過半数をもって決定することになります（法76条2項）。

ⅲ　理事会を設置している一般社団法人の場合は、上記①〜⑤の決定は

「理事会」の決議によらなければなりません（法38条2項）。

Q8

事業報告、計算書類の関係で、社員総会の招集通知に添付すべき書類はありますか。

A

理事会を設置している一般社団法人の場合には、定時社員総会の招集の通知に際して、法務省令で定めるところにより、社員に対し、監査を受け理事会の承認を受けた計算書類及び事業報告並びに監査報告（会計監査人を設置している場合には会計監査報告を含む。）を書面等で提供しなければなりません（法125条）。したがって、招集通知に添付する形で、これらの書面を社員に提供する必要があります。

他方、理事会を設置していない一般社団法人の場合には、一般法人法上は、招集通知に添付しなければならない書面についての規定はありません。定款で特段の定めをしていないのであれば、事業報告や計算書類の関係では、招集通知だけを社員に送付したとしても違法ではありません。

なお、電子提供措置をとる場合の添付書類の扱いについては、Q10の回答をご参照下さい。

Q9

社員総会の招集は、どのように通知するのですか。

A

i 社員総会の招集通知は、原則として、社員総会の日の一週間前までに、社員に対して発しなければなりません。もっとも、理事会を設置しない一般社団法人の場合には、一週間を下回る期間を定款で定めた場合には、当該期間前までに通知を発すればよい、ということになっています（法39条1項）。

ただし、「社員総会に出席しない社員が書面によって議決権を行使す

ることができるということ」、又は「社員総会に出席しない社員が電磁的方法によって議決権を行使することができるということ」を定めて社員総会招集を通知する場合には、理事会設置の有無にかかわらず、社員総会の日の二週間前までに通知を発しなければなりません（法39条1項ただし書き）。

ii 招集通知は、書面で行う旨が定款で規定されているのが通常です。このような規定が定款に定められている場合には、書面で招集通知を発する必要があります。

定款にこのような規定がない場合でも、理事会を設置している一般社団法人は、招集通知は書面で行わなければなりません（法39条2項2号）。また、理事会を設置していない一般社団法人であっても、「社員総会に出席しない社員が書面によって議決権を行使することができるということ」、又は「社員総会に出席しない社員が電磁的方法によって議決権を行使することができるということ」を定めて社員総会招集を通知する場合には、書面で招集通知を発する必要があります。

もっとも、定款では書面で行うかどうかが規定されていない場合でも、紛争を避けるためには、書面で社員総会の招集について通知するのが一般的であると考えられます。

iii 「社員総会に出席しない社員が書面によって議決権を行使することができるということ」、又は「社員総会に出席しない社員が電磁的方法によって議決権を行使することができるということ」を定めて社員総会招集を通知する場合でなければ、社員の全員の同意があるときは、以上のような招集の手続（招集通知期間や書面による通知の手続）がとられなかったとしても、社員総会を適法に開催することが可能です（法40条）。

iv なお、電子提供措置をとる場合の招集通知については、Q10の回答をご参照ください。

　社員総会の招集通知に添付しなければならない書類をwebサイトに掲載することで代替することは可能ですか。

A

i　理事会設置一般社団法人の多くは、社員総会招集通知を書面で送付し、その招集通知には、書面の計算書類等を添付しています。書面による議決権行使や電磁的方法による議決権行使を認める場合には社員総会参考書類を添付することになりますし、書面による議決権行使を認める場合には議決権行使書面を添付することになります。

　　もっとも、添付書類は頁数も多く、コストがかかります。これらを電磁的方法で提供することができれば、コスト削減にもつながります。添付書類を電磁的方法で提供するには、大きく、２つの方法があります。

ii　第１が、社員総会招集通知について、電磁的方法による通知を承諾する旨を個別に社員から得る方法です。この場合には、社員総会招集通知を電磁的方法で提供することができるようになり（法39条３項）、計算書類等も（法125条１項、規47条２項２号）、社員総会参考書類も（法41条２項、42条２項）、議決権行使書面も（法41条２項）、電磁的方法で提供することができるようになります。

　　この場合の「電磁的方法」とは、例えば、電子メールに電子ファイルを添付する方法、webサイトに掲載して閲覧できるようにする方法、ＵＳＢメモリ等の記憶媒体に記録して交付する方法等があります。

iii　第２が、電子提供措置をとる方法です。これは定款変更が必要となりますが、定款に電子提供措置をとる旨を定めることによって、計算書類等や議決権行使書面や社員総会参考書類について、書面ではなく、電子提供するという方法です（法47条の２）。

　　この場合の「電子提供措置」とは、「インターネットに接続された自動公衆送信装置（公衆の用に供する電気通信回線に接続することにより、その記録媒体のうち自動公衆送信の用に供する部分に記録され、又は当該装置に入力される情報を自動公衆送信する機能を有する装置をいう。）

を使用する措置」（規７条の２）とされています。具体的には、webサイトに掲載して閲覧できるようにする方法ということになります。

電子提供措置の対象となるのは、社員総会招集通知に記載しなければならないとされている法38条１項に掲げられている事項（Ｑ７参照）、社員総会参考書類に記載すべき事項、議決権行使書面に記載すべき事項、社員から議案の要領通知請求がなされた場合には当該事項、計算書類等、修正があった場合には修正をした旨と修正前の事項（法47条の３）です。電子提供措置をとる一般社団法人は、社員総会の日の３週間前の日又は社員総会招集通知を発した日のいずれか早い日から社員総会の日後３か月を経過する日までの間、継続して電子提供措置を講じなければなりません（法47条の３第１項各号）。なお、電子提供措置をとる旨を定款で定めている一般社団法人は、書面や電磁的方法での議決権行使を認めない場合であっても、社員総会の日の２週間前までに招集通知を発しなければならないことに留意が必要です（法47条の４第１項）。また、招集通知には、電子提供措置に関するサイトのアドレスを記載しなければなりません（法47条の４第２項、規７条の３）。

電子提供措置は、定款で定めてしまえば、個別の社員の承諾がなくても、計算書類等をwebサイトに掲載して提供することができるようになるので、一般社団法人側からは使い勝手がよい制度でもあります。もっとも、インターネットでの情報取得に不慣れな社員が社員総会での議決権行使に必要な情報を取得できないような事態は避ける必要があるため、電子提供措置がとられる場合であっても、電子提供措置の対象となっている事項を記載した書面の交付を請求できることとされており（法47条の５第１項）、この場合には、当該社員に対して書面を交付しなければならないことに留意が必要です（法47条の５第２項）。

社員総会の議決権は、社員ごとに1個なのでしょうか。

A

i 社員は、各1個の議決権を有するのが原則です（法48条1項本文）。

　しかし、定款で定めれば、各1個とは異なる議決権とすることが可能です（法48条1項ただし書き）。例えば、定款で定めれば、社員の中にA会員とB会員との種別を設け、A会員は2個の議決権を有し、B会員は1個の議決権とすることも可能です。また、例えば、A会員はすべての事項につき議決権を有し、B会員は役員の選解任と決算の承認についてのみ議決権を有するとすることも可能です。

　もっとも、定款で定めたとしても、社員総会において決議する事項の全部について社員が議決権を行使できない旨の規定は、無効です（法48条2項）。

ii 一般社団法人が公益認定を受けた場合には、①社員の議決権に関して、当該法人の目的に照らし、不当に差別的な取扱いをすることが禁止され（公益認定法5条14号ロ(1)）、②社員の議決権に関して、社員が当該法人に対して提供した金銭その他の財産の価額に応じて異なる取扱いをすることが禁止されています（公益認定法5条14号ロ(2)）。

社員総会を欠席する社員に対して、書面による議決権行使をしてもらうようにするための留意点にはどのようなものがありますか。

A

i 社員総会を欠席する社員に対して、書面による議決権行使をしてもらうようにするためには、まず、社員総会を招集するにあたり、理事会決議（理事会設置一般社団法人の場合）又は理事の過半数の同意（理事会を設置しない一般社団法人の場合）により、その旨を定めなければなりません（法38条1項3号、38条2項）。

ii 　書面による議決権行使を認める旨を定めた場合には、書面（社員の承諾がある場合には電磁的方法も可）で社員総会招集通知を発しなければなりません（法39条2項）。また、招集通知は、社員総会の日の2週間前までに発しなければなりません（法39条1項ただし書き）。

iii 　招集通知にあたっては、議決権の行使について参考となるべき事項を記載した書面（社員総会参考書類）と社員が議決権を行使するための書面（議決権行使書面）とを交付しなければなりません（法41条1項）。なお、電磁的方法により社員総会招集通知を発する場合には、社員総会参考書類及び議決権行使書面の交付に代えて、これらの書類に記載すべき事項を電磁的方法により提供することができます（法41条2項本文）。ただし、この場合も、社員の請求があれば、これらの書類を当該社員に提供しなければなりません（法41条2項ただし書き）。

iv 　議決権行使書面には、①各議案についての賛否（棄権の欄を設ける場合にあっては、棄権を含む。）を記載する欄、②議決権の行使の期限、③議決権を行使すべき社員の氏名又は名称（議決権の数が1個でない場合には、行使することができる議決権の数を含む。）が記載されていなければなりません（一般法人法施行規則7条）。

　「各議案についての賛否の欄」との関係では、理事や監事の選任議案の場合に若干の注意が必要です。すなわち、理事や監事の選任議案の場合、理事や監事の候補者ごとに賛否が表明できるようにしておく必要があります。一括して賛否を示すことしかできない場合には、適法な議決権行使書面とはいえないと考えられますから、注意が必要です。

Q13

社員総会の議長には、どのような権限がありますか。

A

　社員総会の議長は、当該社員総会の秩序を維持し、議事を整理する責務があります（法54条1項）。

　したがって、社員総会の議長は、その命令に従わない者その他当該社員

総会の秩序を乱す者を退場させる権限を有しています（法54条2項）。

Q14

　社員総会において動議が提出された場合、どのように取り扱えば良いのでしょうか。

A

i　社員総会での動議への対処方法は、法律には何も規定されていません。したがって、動議にどのように対処すべきかは、会議の場面における動議の対処の方法についての一般的な対処方法と同様に考えることができます。

ii　審議手続に関する動議としては、例えば、議長の審議方針に反対する者から提出される議長不信任の動議や、審議が長時間に及んだときに提出される休憩の動議や審議打ち切りの動議等があります。

　審議手続に関する動議のうち、社員総会に提出された資料を調査する者を選任する旨（法55条）の動議、社員総会を延期又は続行する旨（法56条）の動議、会計監査人の出席を求める旨（法109条2項）の動議は、法律により社員総会決議が必要なので、議長は必ず議場に諮らなければなりません。また、議長不信任の動議は、議長自身にかかわるものなので、議長に裁量権はなく、必ず議場に諮らなければなりません。例えば、議長不信任の動議が出された場合に、議長から、①「ただいま、議長不信任の動議が提出されましたので、採決致します。議長不信任案に賛成の方は、挙手を願います」とする方法と、②「ただいま、議長不信任の動議が提出されました。私としては、このまま私が議長を行うべきと考えております。そこで、議長信任の動議を提出し、採決を致します。議長信任ということでいかがでしょうか」とする方法とがあります。

　以上4つの動議以外の審議手続に関する動議は、議長に議事整理権（法54条2項）がある以上、議長の裁量によって、どうするかを判断することができると解されます。

iii　議案に対する動議は、修正動議という形で提出されることになります。

もっとも、理事会を設置している一般社団法人の場合には、社員総会で決議できる事項は、招集通知記載事項に限られており（法49条３項）、原則として新たな議題を追加して審議することはできません。

　動議による議案の修正は、招集通知に記載された「会議の目的事項」はそのままで、議案の内容の変更を行うものですから、理事会を設置している一般社団法人でも可能です。

　しかし、法49条３項の趣旨は、招集通知の記載によって、社員に議決権行使について準備する機会を与えるとともに、社員総会そのものへの出欠も判断させることにあるので、このような趣旨を没却するような議案の修正を行うことは不可能であると解すべきです。したがって、理事会を設置している一般社団法人の場合、議案の内容の大幅な変更を伴うような修正動議であって、実質的には異なる議題の審議となるようなもの（「定款変更の件」という議題で理事の数を変更する議案を提出していたところ、法人の名称を変更する動議が出された場合等）は、動議として取り上げるべきではありません。改めて臨時総会を開催して対応することになるでしょう。

　議題から予測できる範囲内の議案の修正の場合には、議案の採決という形で議場に諮らなければなりません。この場合、修正された議案の採否を社員に諮る場合と、原案を先に採決する場合とがあります。原案を先に採決し、原案が可決となれば、論理必然的に修正案は否決ということになるので、原案を先に採決する方法が簡便であるとも考えられます。

　理事会を設置していない一般社団法人の場合には、社員総会で新たな議題を動議として提出することも可能です。しかし、その議題を審議することができるだけの定足数に達していなければ、当該議題を審議できません。議決権行使書面には、当該議題についての賛否は記載されていませんから、議決権行使書面を提出している社員の数は、定足数からは除外されることになります。

ⅳ　理事会を設置していない一般社団法人で、新たな議題が動議として提出された場合には、当該議題を取り上げるかどうかを議場に諮ります。当該議題が取り上げられることに決まれば、審議の上、議案の採決を議

場に諮らなければなりません。

　なお、動議に関する採決を行った後には、議長は、動議に関する採決の結果を宣言し、当該動議の採否を明確にすべきでしょう。

Q15

　社員総会において議案を可決させるには、どのような要件を満たす必要がありますか。

A

i　社員総会において議案を可決させるには、①法令・定款に従って招集された社員総会において、②社員総会の開催のための定定数を満たした社員が出席し、③適法に議事進行がなされ、④採決において必要な数の賛成を得る必要があります。

ii　社員総会の決議は、ⅲで説明する特別決議事項を除き、定款に別段の定めがある場合を除き、総社員の議決権の過半数を有する社員が出席し、出席した当該社員の議決権の過半数をもって行います（法49条１項）。つまり、社員総会の通常決議では、定款に別段の定めがない限り、定定数は「総社員の議決権の過半数を有する社員の出席」であり、可決要件は「出席した当該社員の議決権の過半数」ということになります。

iii　他方、社員の除名の決議、監事の解任決議、定款変更決議など、一般法人法第49条第２項に掲げられている特別決議事項については、総社員の半数以上であって、総社員の議決権の３分の２（これを上回る割合を定款で定めた場合にあってはその割合）以上に当たる多数をもって行わなければなりません。つまり、当該社員総会に出席した社員の議決権の一定割合で議案が可決されるのではなく、「総社員の半数以上であって、総社員の議決権の３分の２以上」で議案が可決されなければならないとされており、定定数は「総社員の半数以上であって総社員の議決権の３分の２を有している社員の出席」であり、可決要件は出席した社員の数・議決権の数とは関係なく、「総社員の半数以上であって、総社員の議決権の３分の２以上」の賛成が必要ということになります。この要

件は、極めて重い要件であるといえるでしょう。

Q16

社員総会の議事録は、必ず作成しなければいけませんか。

A

　社員総会の議事録は、必ず作成しなければなりません（法57条１項）。

　社員総会の議事録には、①社員総会が開催された日時及び場所、②社員総会の議事の経過の要領及びその結果、③法が定める監事等の意見又は発言の内容の概要、④社員総会に出席した理事、監事又は会計監査人の氏名又は名称、⑤議長が存するときは、議長の氏名、⑥議事録作成に係る職務を行った者の氏名等を記載しなければなりません（一般法人法施行規則11条３項）。

　なお、社員総会議事録は、社員総会の日から10年間、主たる事務所に備え置かなければなりません（法57条２項）。従たる事務所にも、社員総会の日から５年間、社員総会議事録の写しを備え置かなければなりません（法57条３項）。

Q17

社員総会の議事録には、必ず署名者が必要ですか。

A

　一般法人法は、社員総会の議事録に署名者が必要である旨は定めていません。したがって、定款で特段の定めを置かない限り、社員総会議事録に誰かが署名しなければならないということはありません。

　しかし、議事録に記載されている事項の重要性に鑑みれば、その議事録記載事項が社員総会の審議の概要を正確に記載していることを当該一般社団法人で確認していることが必要です。

　そこで、一般的には、社員総会議事録の署名者についての規定を定款に設け、社員総会議事録の内容を署名者が確認していることを明らかにして、

当該一般社団法人としても社員総会議事録の内容を確認していることを示すようにしています。

2 評議員会の開催・運営

Q18

評議員会には、どのような種類のものがありますか。

A

一般財団法人の評議員会には、①毎事業年度の終了後一定の時期に招集しなければならない定時評議員会（法179条1項）と、②必要がある場合には、いつでも、招集することができる評議員会（法179条2項）とがあります。②の評議員会のことを一般に臨時評議員会といいます。

Q19

評議員会には、どのような権限がありますか。

A

評議員会は、一般法人法が規定している事項と、当該一般財団法人の定款で評議員会の権限と定めた事項に限り、決議することができます（法178条2項）。一般法人法は、評議員会での決議事項を、当該一般財団法人の存続にかかわる重大事項に限定し、その他多くの決議事項を理事会の権限としています。

Q20

評議員会でなければ意思決定できない事項はありますか。

A

　一般法人法が評議員会の決議事項としている事項については、評議員会以外の機関が決議することはできません。当該事項につき、評議員会以外の機関が決議する旨を定款で定めても、当該定款の規定は無効となります（法178条3項）。

　理事・監事・会計監査人の選任（法177条、63条1項）・解任（法176条）、計算書類の承認（法199条、126条2項）、理事・監事・会計監査人の責任の一部免除（法198条、113条1項）、定款変更（法200条）、事業の全部譲渡（法201条）、解散した後の継続（法204条）、合併の承認（法247条、251条1項、257条）等の決議は、評議員会の専決事項です。

Q21

評議員会を全く開催せず、すべて持ち回り決議で代替することは可能ですか。

A

ⅰ　定時評議員会は、毎事業年度の終了後一定の時期に招集しなければならない（法179条1項）以上、評議員会を全く開催しないということはできない、というのが原則です。また、一般財団法人と評議員とは委任に関する規定に従う（法172条1項）とされています。したがって、社員総会における社員の場合と異なり、評議員が議決権を行使するためには評議員会に出席することが必要であり、評議員は代理人によって議決権を行使することも書面により議決権を行使することも認められておらず、書面だけで評議員会を開催することもできません。

ⅱ　しかし、評議員会の議案について、利害関係がない評議員の全員が書面又は電磁的記録により同意の意思表示をしたときは、当該提案を可決する旨の評議員会の決議があったものとみなされ（法194条1項）、定

時評議員会の議題のすべての議案を可決する旨の定時評議員会の決議があったものとみなされた場合には、その時に当該定時評議員会が終結したものとみなされます（法194条4項）。また、評議員会での報告事項についても、理事が評議員の全員に対して評議員会に報告すべき事項を通知した場合において、当該事項を評議員会に報告することを要しないことについて評議員の全員が書面又は電磁的記録により同意の意思表示をしたときは、当該事項の評議員会への報告があったものとみなされます（法195条）。

　したがって、①評議員会の決議事項について理事が提案した場合で、②評議員会での決議事項のすべてにつき利害関係がない評議員の全員が書面又は電磁的記録により同意し、③評議員会での報告事項がある場合には評議員の全員が報告を要しないことに書面又は電磁的記録により同意があれば、結局、評議員会を実際に開催することなく、いわゆる持ち回り決議だけで意思決定をすることができる、ということになると考えられます。

Q22

評議員会を招集するのは誰ですか。

A

i　一般法人法は、評議員会は理事が招集するのが原則である旨を規定しています（法179条3項）。もっとも、理事のうちの代表理事が評議員会を招集する旨を定款に定めている一般財団法人が多く、この場合には、代表理事が評議員会を招集することになります。

ii　他方、評議員が評議員会を招集することができる場合があります。

　評議員は、理事に対し、評議員会の目的である事項及び招集の理由を示して評議員会を招集することを請求できます（法180条1項）。

　①評議員からのこの請求に対して遅滞なく評議員会招集の手続が理事によって行われない場合と、②評議員からのこの請求があった日から6週間（これを下回る期間を定款で定めた場合にあっては、その期間）以

内の日を評議員会の日とする評議員会招集の通知が発せられない場合には、評議員会を招集するように請求した評議員は、裁判所の許可を受けて、評議員会を招集することができます（法180条2項）。

Q23

　決算を評議員会で承認等してもらうためには、どのような手順が必要ですか。

A

i　事業報告や計算書類を評議員会で承認等してもらうための手順の概要は、①事業報告・計算書類の作成→②計算書類の監査→③理事会での事業報告・計算書類承認→④事業報告・計算書類・監査報告の評議員への提供→⑤評議員会への事業報告・計算書類提出→⑥評議員会での承認・報告等、となっています。細かい部分では、会計監査人の設置の有無によって、手続が異なっています。

ii　会計監査人が設置されている一般財団法人の場合

①　事業報告、事業報告の附属明細書、貸借対照表、正味財産増減計算書、貸借対照表の附属明細書及び正味財産増減計算書の附属明細書を作成する（法199条、123条2項）。

②　事業報告及び事業報告の附属明細書につき監事の監査を受け（法199条、124条2項2号）、貸借対照表、正味財産増減計算書、貸借対照表の附属明細書及び正味財産増減計算書の附属明細書につき監事と会計監査人の監査を受ける（法199条、124条2項1号）。

③　②の監査を受けた計算書類及び事業報告並びにこれらの附属明細書につき、理事会の承認を受ける（法199条、124条3項）。

④　定時評議員会招集通知に際して、③の承認を受けた計算書類及び事業報告並びに監査報告・会計監査報告を評議員に提供する（法199条、125条）。

⑤　③の承認を受けた計算書類及び事業報告を定時評議員会に提出する（法199条、126条1項）。

⑥　③の承認を受けた計算書類が一般法人法施行規則48条の要件を満たしている場合には、理事は定時評議員会で当該計算書類の内容を報告すれば足りる（法199条、127条）。③の承認を受けた計算書類が一般法人法施行規則第48条の要件を満たしていない場合には、計算書類を定時評議員会で承認してもらわなければならない（法199条、126条2項）。事業報告については、③の承認を受けた事業報告を定時評議員会に報告すれば足りる（法199条、126条3項）。

iii　会計監査人は設置されていない一般財団法人の場合

①　事業報告、事業報告の附属明細書、貸借対照表、正味財産増減計算書、貸借対照表の附属明細書及び正味財産増減計算書の附属明細書を作成する（法199条、123条2項）。

②　事業報告、事業報告の附属明細書、貸借対照表、正味財産増減計算書、貸借対照表の附属明細書及び正味財産増減計算書の附属明細書につき、監事の監査を受ける（法199条、124条1項）。

③　②の監査を受けた計算書類及び事業報告並びにこれらの附属明細書につき、理事会の承認を受ける（法199条、124条3項）。

④　定時評議員会招集通知に際して、③の承認を受けた計算書類及び事業報告並びに監査報告を評議員に提供する（法199条、125条）。

⑤　③の承認を受けた計算書類及び事業報告を定時評議員会に提出する（法199条、126条1項）。

⑥　④により提出された計算書類につき、定時評議員会の承認を受ける。事業報告については、理事から定時評議員会に報告する（法199条、126条2項・3項）。

Q24

評議員会での決議事項は、どのように決めるのですか。

A

評議員会を招集する場合には、理事会の決議によって、①評議員会の日時及び場所、②評議員会の目的である事項があるときは、当該事項、③法

務省令で定める事項（役員等の選任や定款変更が議題である場合の議案の概要等）を定めなければなりません（法181条）。

Q25

　事業報告、計算書類の関係で、評議員会の招集通知に添付すべき書類はありますか。

Ａ

　一般財団法人の理事は、定時評議員会の招集の通知に際して、法務省令で定めるところにより、評議員に対し、監査を受け理事会の承認を受けた計算書類及び事業報告並びに監査報告（会計監査人を設置している場合には会計監査報告を含む。）を書面等で提供しなければなりません（法199条、125条）。したがって、招集通知に添付する形で、これらの書面を評議員に提供する必要があります。

Q26

　評議員会の招集は、どのように通知するのですか。

Ａ

ⅰ　評議員会の招集通知は、評議員会の日の一週間前までに、評議員に対して書面で発しなければなりません。ただし、「一週間」を下回る期間を定款で定めることも可能であり、この場合には、定款で定めた期間前までに評議員に対して書面で招集通知を発することになります（法182条１項）。

ⅱ　評議員の同意がある場合には、書面ではなく、電磁的方法によって招集通知を発することも可能です（法182条２項）。

ⅲ　また、評議員全員の同意があるときは、書面や電磁的方法によって招集通知を発しなくても、評議員会を開催することが可能です（法183条）。

3-2

評議員会の開催・運営

Q27

評議員会の議決権は、評議員ごとに１個なのでしょうか。

A

評議員は、各１個の議決権を有していると考えられます。評議員の場合には、一般社団法人における社員の議決権のように、各１個と異なる議決権を許す規定はありません。

Q28

評議員会を欠席する評議員は、代理人によって議決権を行使してもらったり、書面によって議決権を行使することは可能ですか。

A

i　一般社団法人の場合には、社員総会において社員が代理人によって議決権を行使することや社員が書面によって議決権を行使することを認める規定が一般法人法に規定されています。

しかし、一般財団法人の場合には、評議員会において評議員が代理人によって議決権を行使することや評議員が書面によって議決権を行使することを認める規定が一般法人法に規定されていません。

したがって、評議員は、代理人によって議決権を行使してもらうことや、書面によって議決権を行使することができない、ということになります。

評議員は、一般財団法人と委任関係にあり（法172条１項）、自ら評議員会に出席し、善良な管理者の注意義務をもって意思決定にあたる必要がある、ということになります。

ii　なお、理事が評議員会の目的である事項について提案した場合において、当該提案につき評議員（当該事項について議決に加わることができるものに限る。）の全員が書面又は電磁的記録により同意の意思表示をしたときは、当該提案を可決する旨の評議員会の決議があったものとみなされます（法194条１項）。つまり、評議員の全員が理事提案の議案

につき書面・電磁的記録によって同意した場合には、評議員会で採決するまでもなく、当該議案を可決する旨の決議があったとみなされることになります。この場合には、結果的には、評議員が書面で議決権を行使したことと同じ効果が発生することになります。ただし、評議員「全員」の同意が必要であることに留意が必要です。

Q29

評議員会において動議が提出された場合、どのように取り扱えば良いのでしょうか。

A

i 評議員会での動議への対処方法は、法律には何も規定されていません。したがって、動議にどのように対処すべきかは、会議の場面における動議の対処の方法についての一般的な対処方法と同様に考えることができます。

ii 審議手続に関する動議としては、例えば、議長の審議方針に反対する者から提出される議長不信任の動議や、審議が長時間に及んだときに提出される休憩の動議や審議打ち切りの動議等があります。

審議手続に関する動議のうち、評議員会に提出された資料を調査する者を選任する旨（法191条）の動議、評議員会を延期又は続行する旨（法192条）の動議、会計監査人の出席を求める旨（法197条、109条2項）の動議は、法律により評議員会決議が必要なので、議長は必ず議場に諮らなければなりません。また、議長不信任の動議は、議長自身にかかわるものなので、議長に裁量権はなく、必ず議場に諮らなければなりません。例えば、議長不信任の動議が出された場合に、議長から、①「ただいま、議長不信任の動議が提出されましたので、採決致します。議長不信任案に賛成の方は、挙手を願います」とする方法と、②「ただいま、議長不信任の動議が提出されました。私としては、このまま私が議長を行うべきと考えております。そこで、議長信任の動議を提出し、採決を致します。議長信任ということでいかがでしょうか」とする方法

とがあります。

　以上４つの動議以外の審議手続に関する動議は、議長に一般的な議事整理権がある以上、議長の裁量によって、どうするかを判断することができると解されます。

ⅲ　議案に対する動議は、修正動議という形で提出されることになります。もっとも、一般財団法人の場合には、評議員会で決議できる事項は、招集通知記載事項に限られており（法189条４項）、原則として新たな議題を追加して審議することはできません。

　動議による議案の修正は、招集通知に記載された「会議の目的事項」はそのままで、議案の内容の変更を行うものですから、一般財団法人でも可能です。

　しかし、法189条４項の趣旨は、招集通知の記載によって、評議員に議決権行使について準備する機会を与えることにあるので、このような趣旨を没却するような議案の修正を行うことは不可能であると解すべきです。したがって、一般財団法人の場合、議案の内容の大幅な変更を伴うような修正動議であって、実質的には異なる議題の審議となるようなもの（「定款変更の件」という議題で理事の数を変更する議題を提出していたところ、法人の名称を変更する動議が出された場合等）は、動議として取り上げるべきではありません。改めて臨時評議員会を開催して対応することになるでしょう。

　議題から予測できる範囲内の議案の修正の場合には、議案の採決という形で議場に諮らなければなりません。この場合、修正された議案の採否を評議員に諮る場合と、原案を先に採決する場合とがあります。原案を先に採決し、原案が可決となれば、論理必然的に修正案は否決ということになる議案については、原案を先に採決する方法が簡便であるとも考えられます。

　なお、動議に関する採決を行った後には、議長は、動議に関する採決の結果を宣言し、当該動議の採否を明確にすべきでしょう。

　　評議員会において議案を可決させるには、どのような要件を満たす
必要がありますか。

A

ⅰ　評議員会において議案を可決させるには、①法令・定款に従って招集
　された評議員会において、②評議員会の開催のための定足数を満たした
　評議員が出席し、③適法に議事進行がなされ、④採決において必要な数
　の賛成を得る必要があります。

ⅱ　評議員会の決議は、ⅲで説明する特別決議事項を除き、定款に別段の
　定めがある場合を除き、決議に加わることができる評議員の過半数（こ
　れを上回る割合を定款で定めた場合にあっては、その割合以上）が出席
　し、その過半数（これを上回る割合を定款で定めた場合にあっては、そ
　の割合以上）をもって行います（法189条1項）。つまり、評議員会の
　通常決議では、定款に別段の定めがない限り、定足数は「議決に加わる
　ことができる評議員の過半数の出席」であり、可決要件は、「出席した
　評議員の過半数」ということになります。

　　決議について特別の利害関係を有する評議員は議決に加わることがで
　きない（法189条3項）ので、定足数の要件が「議決に加わることが
　できる評議員」を基準とすることとされています。

ⅲ　他方、監事の解任決議、定款変更決議など、一般法人法189条2項に掲
　げられている特別決議事項については、議決に加わることができる評議
　員の3分の2（これを上回る割合を定款で定めた場合にあってはその割
　合）以上に当たる多数をもって行わなければなりません。つまり、当該評
　議員会に出席した評議員の議決権の一定割合で議案が可決されるのでは
　なく、「議決に加わることができる評議員の3分の2以上」で議案が可
　決されなければならないとされており、可決要件である「議決に加わる
　ことができる評議員の3分の2以上」が評議員会に出席していなければ
　なりません。この要件は、極めて重い要件であるといえるでしょう。

Q31

評議員会の議事録は、必ず作成しなければいけませんか。

A

　評議員会の議事録は、必ず作成しなければなりません（法193条1項）。

　評議員会の議事録には、①評議員会が開催された日時及び場所、②評議員会の議事の経過の要領及びその結果、③決議を要する事項について特別の利害関係を有する評議員があるときは、当該評議員の氏名、④法が定める監事等の意見又は発言の内容の概要、⑤評議員会に出席した評議員、理事、監事又は会計監査人の氏名又は名称、⑥議長が存するときは、議長の氏名、⑦議事録作成に係る職務を行った者の氏名等を記載しなければなりません（一般法人法施行規則60条3項）。

　なお、評議員会議事録は、評議員会の日から10年間、主たる事務所に備え置かなければなりません（法193条2項）。従たる事務所には、評議員会議事録の写しを、評議員会の日から5年間備え置かなければなりません（法193条3項）。

Q32

評議員会の議事録には、必ず署名者が必要ですか。

A

　一般法人法は、評議員会の議事録に署名者が必要である旨は定めていません。したがって、定款で特段の定めを置かない限り、評議員会議事録に誰かが署名しなければならないということはありません。

　しかし、議事録に記載されている事項の重要性に鑑みれば、その議事録記載事項が評議員会の審議の概要を正確に記載していることを当該一般財団法人で確認していることが必要です。そこで、一般的には、評議員会議事録の署名者についての規定を定款に設け、評議員会議事録の内容を署名者が確認していることを明らかにして、当該一般財団法人としても評議員会議事録の内容を確認していることを示すようにしています。

3 理事会の開催・運営

理事会は、どのような頻度で開催する必要がありますか。

A

　一般法人法には、理事会の開催頻度についての定めはありません。

　しかし、代表理事や業務執行理事は、３か月に１回以上、自己の職務の執行状況を理事会に報告しなければなりません。この報告は、定款で毎事業年度に４か月を超える間隔で２回以上その報告をしなければならない旨を定めた場合には、３か月に１回以上の頻度で報告する必要はないとされています（法91条2項）。

　つまり、定款に特段の定めを設けない限り、代表理事や業務執行理事が職務執行状況を報告するために、少なくとも、３か月に１回の頻度で理事会を開催しなければならない、ということになります。

　また、定款で、毎事業年度に、例えば、９月と３月には代表理事や業務執行理事が職務執行状況を報告する理事会を開催すると定めれば、少なくとも、９月と３月に理事会を開催すれば、法律の要件は満たすことになります。

　したがって、実務的には、①理事会を３か月に１回以上開催するという方法と、②代表理事や業務執行理事が職務執行状況を報告する理事会を定期理事会と定めて４か月を超える間隔で２回以上理事会を開催することとし、その他必要に応じて臨時理事会を開催するという方法とが考えられます。

　もっとも、理事会の重要性（Q34参照）に鑑みれば、理事会は随時、機動的に開催できるようにしておくことが望ましいといえるでしょう。

理事会には、どのような権限がありますか。

A

　理事会は、①業務執行の決定、②理事の職務の執行の監督、③代表理事の選定及び解職等に関する職務を行います（法90条2項）。また、業務執行理事の選定も理事会の権限です。すなわち、理事会は、一般法人法が一般社団法人の社員総会や一般財団法人の評議員会の専決事項と定めている事項以外のありとあらゆる事項についての決定権限を有していることになります。

　もっとも、理事会に様々な権限が認められているといっても、日常的な細々とした決定もいちいち理事会での決議が必要であるとすることは、かえって適切な運営を阻害することになります。そこで、実務では、一定の事項については、理事会の決議を経て、特定の理事等に意思決定を委ねることになります。反対に、どのようなことでも特定の理事の意思決定に委ねることができるとすると、理事会に業務執行の決定権限を与え、理事の合議によって適切な運営を図ろうとしている法の趣旨に反することになります。そこで、理事会は、①重要な財産の処分及び譲受け、②多額の借財、③重要な使用人の選任及び解任、④従たる事務所その他の重要な組織の設置、変更及び廃止、⑤理事の職務の執行が法令及び定款に適合することを確保するための体制その他一般社団法人・一般財団法人の業務の適性を確保するために必要なものとして法務省令で定める体制の整備、⑥定款の定めに基づく理事会決議による理事の責任の免除、その他の重要な業務執行の決定を特定の理事に委任することはできない（法90条4項）とされています。

Q35

理事会は、誰が招集するのですか。

A

i 理事会は常設の機関ではなく、招集権者が招集することによって開催される機関です。

理事会の招集権は、定款又は理事会での定めが特になければ、個々の理事にあります（法93条1項本文）。

理事会を招集する理事を定款又は理事会で定めた場合には、当該理事が招集権を有します（法93条1項ただし書き）。もっとも、当該理事以外の理事であっても、招集権を有する理事に対して理事会の目的である事項を示して理事会の招集を請求することができ、請求日から5日以内に、請求日から2週間以内の日を理事会の日とする理事会の招集の通知が発せられない場合には、理事会招集請求を行った理事が理事会を招集することが可能です（法93条2項・3項）。

ii この他、監事も、理事の不正行為や定款違反事実等があると認め、必要があると認めるときは、理事会招集権限を有する理事に対して理事会の招集を請求することができます（法101条2項）。この場合にも、請求日から5日以内に、請求日から2週間以内の日を理事会の日とする理事会の招集の通知が発せられない場合には、理事会招集請求を行った監事が理事会を招集することが可能です（法101条3項）。

Q36

理事会の招集通知は、書面で行わなければなりませんか。

A

i 理事会を招集する者は、理事会の日の1週間（これを下回る期間を定款で定めた場合にあっては、その期間）前までに、各理事及び各監事に対して、その通知を発しなければなりません（法94条1項）が、一般法人法上は、その通知が書面でなければならないわけではありません。

定款で招集方法について特別な定めがないのであれば、口頭で招集通知を発しても適法です。もちろん、定款で理事会招集通知は書面で行う旨が規定されているのであれば、書面で招集通知を発しなければ、定款違反になってしまいます。

ii　もっとも、理事及び監事の全員の同意がある場合には、招集の手続を経ることなく理事会を開催することが認められています（法94条2項）。したがって、例えば、定款で理事会の1週間前までに書面で招集通知を発しなければならないことが規定されている場合であっても、理事及び監事の全員の同意があるのであれば、3日前に口頭で招集通知を発しても適法に理事会を開催することが可能です。

Q37

理事会を開催せず、持ち回り決議で代替することは可能ですか。

A

i　理事と一般社団法人・一般財団法人との関係は、委任に関する規定に従うのであり、理事は一般社団法人・一般財団法人と委託信任関係があるので、理事会を開催して、そこで審議を尽くすことが理事には求められており、理事が議決権を他の理事に委任することや、理事会に出席せずに書面により議決権を行使することは認められていません。

ii　もっとも、一般社団法人も一般財団法人も、議決に加わることができる理事の全員が書面（又は電磁的記録）により議案について同意した場合には、当該議案を可決する旨の理事会決議があったものとみなす旨を定款に規定することができます（法96条）。したがって、このような定款の規定があれば、議決に加わることができる理事全員が書面によって意思表示を行って、議案を可決することが可能となります。つまり、定款に規定があり、かつ、理事の全員が書面で同意するのであれば、いわゆる持ち回り決議を行うことも可能です。

Q38

　理事会において議案を可決させるには、どのような要件を満たす必要がありますか。

A

i　理事会において議案を可決させるには、①法令・定款に従って招集された理事会において、②理事会の開催のための定足数を満たした理事が出席し、③適法に議事進行がなされ、④採決において必要な数の賛成を得る必要があります。

ii　理事会の決議は、定款に別段の定めがある場合を除き、議決に加わることができる理事の過半数（これを上回る割合を定款で定めた場合にあっては、その割合以上）が出席し、その過半数（これを上回る割合を定款で定めた場合にあっては、その割合以上）をもって行います（法95条1項）。つまり、定款に別段の定めがない限り、定足数は「議決に加わることができる理事の過半数の出席」であり、可決要件は、「出席した理事の過半数」ということになります。

　決議について特別の利害関係を有する評議員は議決に加わることができない（法95条2項）ので、定足数の要件が「議決に加わることができる評議員」を基準とすることとされています。

iii　定足数も可決要件も、定款で加重することが可能です。したがって、意思決定に慎重な判断が求められるような事項については、定足数・可決要件を加重する旨を定款に規定することも考えられます。

　　理事会において可否同数の場合に、議長が可否を決定することができますか。

A

i　理事会において、理事は各１個の議決権を有していると考えられるところ、可否同数であるからといって、議長たる理事が２個目の議決権を行使できるとすることは、定款に定めても許されないものと考えられます。

　　議長たる理事の議決権はあくまでも１個であるとすると、可否同数の場合に議長の判断で過半数の同意は得ていないのに議案を成立させるとすると、法律の規定よりも可決要件を緩和することになります。しかし、理事会の可決要件は、定款で加重することはできても緩和することはできないとされていますから、そのような定款の規定は無効になります。

ii　では、議長は、可否同数のときだけにしか議決権を行使できないと定め、可否同数の場合には議長が決するところによる旨の定款を設けた場合はどうでしょうか。

　　この場合には、議長たる理事だけが２個の議決権を有するということを回避することが可能です。

　　もっとも、このような場合であっても、通常は議長たる理事は一般法人法上の「決議について特別の利害関係を有する理事」ではないので、定足数の基準たる「議決に加わることができる理事」の数には算入されますし、可決要件である「その過半数」の基準たる出席理事の数に算入されるとも考えられます。

　　したがって、例えば、議長を含めて10名の理事の出席があった場合には、可決要件の基準には議長たる理事の数も算入されるので、過半数の６名の賛成が必要であり、この場合に当初は議長は議決権を行使しないものとすると、結局、９名の理事のうち６名の理事の賛成が必要になります。つまり、９名の理事のうち、５名が賛成しても可決要件を満たすことはできず、しかも、可否同数ではないので、議長たる理事は議決権を

行使することができず、同議案は否決されることになってしまいます。

　したがって、議長たる理事が２個の議決権を有しないようにするのであれば「可否同数の場合には議長が決する」という規定を定款に設けること自体は可能ですが、このような規定を置くと、かえって、議案の成立が妨げられることがあるということに留意が必要であり、そのような規定を定款に定めることは避けるべきでしょう。

Q40

理事会の議事録は、必ず作成しなければいけませんか。

A

　理事会の議事録は、必ず作成しなければなりません（法95条３項）。

　理事会の議事録には、①理事会が開催された日時及び場所、②理事会が招集権者以外の理事や監事が招集した場合等にはその旨、③理事会の議事の経過の要領及びその結果、④決議を要する事項について特別の利害関係を有する理事があるときは、当該理事の氏名、⑤法が定める意見又は発言の内容の概要、⑥署名者が代表理事とされている場合には代表理事以外の理事であって理事会に出席した者の氏名、⑦理事会に出席した会計監査人の氏名又は名称、⑧議長が存するときは、議長の氏名等を記載しなければなりません（一般法人法施行規則15条３項）。

　なお、理事会議事録は、理事会の日から10年間、主たる事務所に備え置かなければなりません（法97条１項）。

理事会の議事録には、必ず署名者が必要ですか。

A

　　理事会の議事録については、出席した理事及び監事がこれに署名又は記名押印しなければなりません。理事の署名又は記名押印については、定款で議事録に署名し又は記名押印しなければならない者を当該理事会に出席した代表理事とする旨を定めた場合には、当該出席した代表理事とすることができます（法95条3項）。すなわち、定款で定めれば、議事録への署名又は記名押印は、理事会に出席した代表理事と監事が行うことになり、定款に特段の定めを設けなければ、理事会に出席したすべての理事と監事とが行うことになります。

　　議事録が書面ではなく、電磁的記録をもって作成されている場合には、法務省令で定める署名又は記名押印に代わる措置をとらなければmay りません（法95条4項）。

4 その他

基金とはどのようなものですか。

A

i　基金とは、「一般社団法人に拠出された金銭その他の財産であって、当該一般社団法人が拠出者に対してこの法律及び当該一般社団法人と当該拠出者との間の合意の定めるところに従い返還義務（金銭以外の財産については、拠出時の当該財産の価額に相当する金銭の返還義務）を負うもの」です（法131条）。

　　一般社団法人は、株式会社のような資本金制度はとっていません。し

かし、資本金のような一定額の財産があった方が、一般社団法人の財産的基礎の充実・維持を図ることが容易になります。

そこで、一般法人法は、株式会社の資本金制度に代わるものとして、一般社団法人の基金制度を設けました（法131条～）。もっとも、基金制度を採用するかどうかは一般社団法人に委ねられています。基金はゼロであっても、一般社団法人の設立・運営には支障ありません。

ii 基金の返還に係る債権には、利息を付けることはできません（法143条）。非営利法人である一般社団法人において、利息の形で一般社団法人の利益が分配されることを防ぐため、このような規定が設けられています。

また、一般社団法人が破産手続の開始決定を受けた場合、基金の返還に係る債権は、破産法が規定する劣後的破産債権及び約定劣後破産債権に遅れることとなります（法145条）。すなわち、一般社団法人の債権者等に対する弁済がなされなければ、基金の拠出者は、基金の返還を受けることができません。

Q43

基金はどのように募集するのですか。

A

i 一般社団法人が基金を募集する場合には、定款に、①基金の拠出者の権利に関する規定、②基金の返還の手続を定めなければなりません（法131条）。「基金の拠出者の権利」とは、拠出者の返還請求権のことです。

ii 基金を募集する場合には、その都度、①募集に係る基金の総額、②金銭以外の財産を拠出の目的とするときは、その旨並びに当該財産の内容及びその価格、③基金の拠出に係る金銭の払込み又は②の財産の給付の期日又はその期間について、決定しなければなりません（法132条1項）。募集事項の決定は、一般社団法人の成立前は、設立時社員全員の同意により行う必要がありますが（法132条2項）、既に成立している一般社団法人の場合には、理事（理事会）が決定すると定款に定めるこ

とも、社員総会が決定すると定款に定めることも可能です。

iii　基金の申込みは、一般社団法人が基金を申し込もうとする者に対して一定の事項を通知し、それに対して申し込もうとする者が、①申込みをする者の氏名又は名称及び住所、②引き受けようとする基金の額を記載した書面を一般社団法人に交付することによって行われます（法133条1項・2項）。申込み書面の交付は、政令で定めるところにより、電磁的方法による提供で行うことも可能です（法133条3項）。

iv　一般社団法人は、申込者の中から基金の割当てを受ける者を定め、かつ、割り当てる基金の額を決めなければなりません（法134条）。割り当てる基金の額は、申込者の引受希望金額に拘束されず、希望金額よりも減額して割り当てることができます（法134条）。

　割当てを行った一般社団法人は、申込者に対して、割り当てる基金の額を通知しなければなりません（法134条2項）。申込者は、割当てを受けた金額について、基金の引受人となります（法136条1号）。

　もっとも、基金を引き受けようとする者が、基金の総額の引受けを行う契約を締結する場合には、割当て・金額の通知という手続は不要になります（法135条）。当該契約により基金の総額を引き受けた者は、その総額について、基金の引受人となります（法136条2号）。

Q44

基金の拠出の履行は、どのように行われるのですか。

A

　基金の引受人は、募集事項として定められた払込期日又は期間内に、金銭の払込又は現物財産の拠出を行います（法138条）。現物財産を拠出する場合には、原則として、検査役の選任が必要になります。ただし、①現物拠出財産の価額が500万円以下の場合、②現物拠出財産が市場価格のある有価証券について法務省令で定める方法により算定されるものを超えない場合、③現物拠出財産の価額が相当であると弁護士、公認会計士等の証明等を受けた場合、④現物拠出財産が金銭債権であって、当該金銭債権

の帳簿価格を超えない場合には、検査役の選任等の手続は必要ありません（法137条）。

Q45

基金は、どのように返還するのですか。

A

i 　基金は、一般社団法人が拠出者に対して返還義務を負うものです。この基金の返還は、定時社員総会の決議（普通決議）で行わなければなりません（法141条1項）。基金返還についての意思決定は、社員総会の専決事項であり、定款で定めても、理事や理事会の決定事項とすることはできません（法35条4項）。また、基金の返還については、定時社員総会で決めなければならず、臨時社員総会で決めることはできません。

ii 　基金は、前年度末の貸借対照表上の純資産の額が基金の総額を超える場合に、当該超過額を限度として、当該事業年度の定時社員総会の日の前日までの間に限って返還をすることができます（法141条2項）。

iii 　一般社団法人が返還限度額を超過して基金の返還を行った場合には、当該返還を受けた者と当該返還に関する職務を行った業務執行者（業務執行理事その他当該業務執行に職務上関与した者）は、一般社団法人に対して、連帯して違法に返還された額を弁済する責任を負います（法141条3項）。

　業務執行者が職務を行うについて注意を怠らなかったことを証明した場合には、弁済責任を負いません（法141条4項）。また、業務執行者の弁済責任は、総社員の同意がある場合に限り、免除されます（法141条5項）。

　さらに、一般社団法人が返還限度額を超過して基金の返還を行った場合には、一般社団法人の債権者は、当該返還を受けた者に対して、当該返還の額を当該一般社団法人に対して返還することを請求することができます（法141条6項）。

iv 　一般社団法人は、基金の返還をする場合には、返還をする基金に相当

する金額を代替基金として計上しなければなりません（法144条1項）。代替基金は、取り崩すことができません（法144条2項）。

　基金は一般社団法人の財産的基礎を維持・充実させる目的の拠出金なので、基金は返還されても、代替基金の形で、一般社団法人の財産的基礎を維持・充実させなければなりません。

Q46

　理事、監事、会計監査人、評議員等は、「一般社団法人や一般財団法人」に対して、どのような損害賠償責任を負いますか。

A

i　理事、監事若しくは会計監査人又は評議員は、その任務を怠った場合には、一般社団法人又は一般財団法人に対し、これによって生じた損害を賠償する責任を負います（法111条1項）。

　適法な手続を経ずに競業取引を行った場合には、理事又は第三者が得た利益の額は一般社団法人・一般財団法人に生じた損害の額と推定されます（法111条2項）。また、利益相反取引を行った場合には、当該取引を行った理事・当該取引をすることを決定した理事・当該取引に関する理事会の承認決議に賛成した理事は、任務懈怠が推定されます（法111条3項）。

ii　役員等の任務懈怠による損害賠償責任は、総社員（一般社団法人の場合）又は総評議員（一般財団法人の場合）の同意がなければ、免除することはできません（法112条）。

iii　任務懈怠につき、当該役員等が職務を行うにつき善意でかつ重大な過失がないときは、損害賠償額から最低責任限度額を控除して得た額を限度として、社員総会又は評議員会の特別決議により免除することができます（法113条）。最低責任限度額は、代表理事の場合は6年分の報酬等、代表理事以外の理事であって業務執行理事として選定された理事、業務を執行した理事又は使用人兼務理事の場合は4年分の報酬等、以上のいずれでもない理事・監事・会計監査人（これらを併せて「非業務執

行理事等」といいます。）は2年分の報酬等です。

　さらに、理事会設置一般社団法人や、一般財団法人は、役員等が職務を行うにつき善意でかつ重大な過失がない場合において、責任の原因となった事実の内容、当該役員等の職務の執行の状況その他の事情を勘案して特に必要と認めるときは、理事会の決議によって、役員等の損害賠償責任を免責して最低責任限度額までとすることができる旨の定款規定を設けることができます（法114条）。

　非業務執行理事等については、当該非業務執行理事等が職務を行うにつき善意でかつ重大な過失がないときは、定款で定めた額の範囲内であらかじめ一般社団法人が定めた額と最低責任限度額とのいずれか高い額を限度とする旨の契約を非業務執行理事等と締結することができる旨を定款で定めることができます（法115条）。

Q47

　理事、監事、会計監査人、評議員等は、「第三者」に対して、どのような損害賠償責任を負いますか。

A

　仮に役員等が職務を行うについて任務違反があっても、一般社団法人に対する責任が問題となるとしても、第三者に対しては、民法709条の不法行為の要件を満たさない限り、役員等の損害賠償責任は、問題とはならないはずです。

　しかし、一般法人法は、第三者を保護する観点から、役員等が職務を行うについて悪意又は重大な過失があれば、第三者に対する損害賠償責任が生ずる旨を定めています（法117条1項）。さらに、役員等が計算書類及び事業報告並びに附属明細書に記載すべき重要な事項について虚偽の記載を行い、虚偽の登記・虚偽の広告を行った場合には、役員等が無過失を立証しない限り、これによって第三者に与えた損害を賠償する責任が生じます（法117条2項）。

Q48

一般社団法人における責任追及の訴えとは何ですか。

A

i 役員等の責任は、本来は一般社団法人自身が追及すべきですが、役員同士の馴れ合いにより、必ずしも適切に責任追及がなされない場合があります。その結果、一般社団法人の利益が害されるおそれがあります。そこで、一般法人法は、一般社団法人の構成員たる社員自らが役員等に対する一般社団法人の権利を行使し訴えを提起することを認め、これを「責任追及の訴え」としています。これは、株式会社における株主代表訴訟と同様の制度です。

ii 社員は、一般社団法人に対し、書面その他法務省令で定める方法で、①設立時社員、設立時理事、②理事、監事又は会計監査人等の役員等、③清算人の責任を追及する訴えの提起を請求することができます。ただし、責任追及の訴えが、当該社員若しくは第三者の不正な利益を図り又は当該一般社団法人に損害を加えることを目的とする場合は、そのような請求はできません（法278条１項）。

　この請求の日から60日以内に一般社団法人が責任追及の訴えを提起しない場合には、当該請求をした社員は、一般社団法人のために、責任追及の訴えを提起することができます（法278条２項）。

　責任追及の訴えにおいて和解する場合に、一般社団法人が和解の当事者でない場合には、裁判所は、一般社団法人に対し和解の内容を通知し、かつ、当該和解に異議があるときには２週間以内に異議を述べるべき旨を催告しなければなりません（法281条２項）。一般社団法人が２週間以内に書面により異議を述べなければ、通知の内容で社員が和解することを承認したものとみなされます（法281条３項）。

　定款を変更するには、どのようにするのですか。

A

i　一般社団法人は、社員総会の決議によって、定款を変更することがで
きます（法146条）。この場合の社員総会決議は、総社員の半数以上で
あって、総社員の議決権の3分の2（これを上回る割合を定款で定めた
場合にあっては、その割合）以上の多数をもって行う特別決議が必要で
す（法49条2項4号）。

3-4

その他

　定款変更は、社員総会の専決事項です（法35条4項）。

ii　一般財団法人は、評議員会の決議によって、定款を変更することがで
きます（法200条）。この場合の評議員会決議は、議決に加わること
ができる評議員の3分の2（これを上回る割合を定款で定めた場合に
あっては、その割合）以上の多数をもって行う特別決議が必要です（法
189条2項3号）。

　定款変更は、評議員会の専決事項です（法178条3項）。

　一般財団法人の定款事項のうち、一般財団法人の目的（法153条1
項1号）及び評議員の選任・解任の方法（法153条1項8号）につい
ては、当然には、定款を変更できません。これらの事項を定款変更する
ためには、設立者により、これらの事項を評議員会の決議によって定款
変更することができる旨が設立時の定款で定めてあることが必要です
（法200条2項）。

　もっとも、設立者が一般財団法人の目的や評議員の選任・解任の方法
について定款変更できる旨を設立時の定款に規定していない場合であっ
ても、その設立の当時予見することができなかった特別の事情により、
これらの事項についての定款の定めを変更しなければその運営の継続が
不可能若しくは著しく困難となるに至ったときは、一般財団法人は、①
裁判所の許可を得て、②評議員会の決議によって、当該事項についての
定款の定めを変更することができます（法200条3項）。

iii　一般法人法は、定款変更の手続として社員総会決議・評議員会決議を

規定するだけですので、定款変更は、社員総会・評議員会の承認決議によって効力を生じると解されます。定款を書面で作成している場合に、書面を書き換えることは、定款変更の効力発生要件ではありません。

　なお、定款記載事項のうち、登記が必要な事項の変更については、定款変更の効力発生後、一般法人法の規定に従い、変更登記手続を行う必要があります。

Q50

一般社団法人・一般財団法人の解散手続について教えて下さい。

A

i　一般社団法人は、次の事由によって解散します（法148条）。

① 定款で定めた存続期間の満了

② 定款で定めた解散の事由の発生

③ 社員総会の決議（特別決議）

④ 社員が欠けたこと

⑤ 合併（合併により当該一般社団法人が消滅する場合）

⑥ 破産手続開始の決定

⑦ 解散を命ずる裁判（法261条1項、268条）

ii　一般財団法人は、次の事由によって解散します（法202条）。

① 定款で定めた存続期間の満了

② 定款で定めた解散の事由の発生

③ 基本財産の滅失その他の事由による一般財団法人の目的である事業の成功の不能

④ 合併（合併により当該一般財団法人が消滅する場合）

⑤ 破産手続開始の決定

⑥ 解散を命ずる裁判（法261条1項、268条）

　これらの事項のほか、一般財団法人は、ある事業年度及び翌事業年度に係る貸借対照表上の純資産額がいずれも300万円未満となった場合においても、当該翌事業年度に関する定時評議員会の終結の時に解散し

ます（法202条2項）。

iii 登記が最後になされてから5年を経過した一般社団法人を休眠一般社団法人といいます。この休眠一般社団法人については、法務大臣が当該休眠一般社団法人に対し2か月以内に法務省令で定めるところにより主たる事務所の所在地を管轄する登記所に事業を廃止していない旨の届出をすべき旨を官報に公告し、届出がなされなければ、2か月満了の時に解散したものとみなされます（法149条1項本文）。

同様に、登記が最後になされてから5年を経過した一般財団法人を休眠一般財団法人といいます。この休眠一般財団法人については、法務大臣が当該休眠一般財団法人に対し2か月以内に法務省令で定めるところにより主たる事務所の所在地を管轄する登記所に事業を廃止していない旨の届出をすべき旨を官報に公告し、届出がなされなければ、2か月満了の時に解散したものとみなされます（法203条1項本文）。

Q51

一般社団法人の清算手続について教えて下さい。

A

i 一般社団法人は、①解散した場合、②設立無効訴訟の認容判決が確定した場合、③設立取消訴訟の認容判決が確定した場合には、清算しなければなりません（法206条）。

一般社団法人に清算事由が発生した場合には、当該一般社団法人は、清算法人となり、清算の目的の範囲内において、清算が結了するまで、なお存続するものとみなされます（法207条）。

ii 清算法人の必須の機関は清算人であり（法208条1項）、定款の定めによって清算人会又は監事を置くことができます（法208条2項）。

清算前の理事は、他に定款で清算人を定めたり、社員総会で他の清算人の選任がなされない限り、清算法人の清算人に就任します（法209条1項）。代表理事は、代表清算人になります（法214条4項）。

一般法人法では、社員総会が清算法人の機関であるかどうかについて

215

明確に述べていません。しかし、清算法人の準用規定の中に社員総会決議を要求しているものがあるため、清算法人においても、社員総会は機関としての位置付けを有しているということができるでしょう。

iii　清算人は、①現務の結了、②債権の取立て及び債務の弁済、③残余財産の引渡等の職務を行います（法212条）。

　　債務の弁済は、清算開始後遅滞なく、清算法人の債権者に対して2か月以上の一定の期間内にその債権を申し出るべき旨を官報に公告し、かつ、知れている債権者には個別にその旨を催告し（法233条1項）、原則としてその期間の経過後に弁済するという方法で行います（法234条1項）。

　　公告の期間内に債権の申し出を行わなかった債権者は清算から除斥されます（法238条1項）。

　　なお、基金の返還に関する債務の弁済は、清算一般社団法人の債務の弁済がなされた後でなければ行うことはできません（法236条）。

iv　債権者に対して債務を弁済し、基金の返還に関する債務を弁済してもなお残余財産がある場合のその帰属は、定款に規定があればその規定に従い、定款に規定がなければ、清算法人の社員総会決議で定めます。それでもなお帰属が定まらない残余財産については、国庫に帰属します（法239条）。

Q52

一般財団法人の清算手続について教えて下さい。

A

i　一般財団法人は、①解散した場合、②設立無効訴訟の認容判決が確定した場合、③設立取消訴訟の認容判決が確定した場合には、清算しなければなりません（法206条）。

　　一般財団法人が解散した場合には、当該一般財団法人は、清算法人となり、清算の目的の範囲内において、清算が結了するまで、なお存続するものとみなされます（法207条）。

ii 清算法人の必須の機関は清算人であり（法208条１項）、定款の定め
によって清算人会又は監事を置くことができます（法208条２項）。

　清算前の理事は、他に定款で清算人を定めたり、評議員会で他の清算
人の選任がなされない限り、清算法人の清算人に就任します（法209
条１項）。代表理事は、代表清算人になります（法214条４項）。

　一般法人法には、清算前の理事会が清算法人の清算人会になるとの規
定はないため、清算人会を設置する場合には、定款でその旨を定める必
要があります。定款で清算人会についての規定を設けなければ、一般財
団法人は、清算人会を設置していない清算一般財団法人となります。

　一般財団法人が清算法人となった場合には、当該清算法人が監事を置
く旨の定款の定めを廃止する定款変更をしない限り、当該監事がそのま
ま清算一般財団法人の監事となります（法211条１項）。

　なお、一般法人法208条４項により、機関として評議員会を設置す
る旨の170条１項は清算一般財団法人に適用されます。したがって、
清算一般財団法人においても、評議員会は機関としての位置付けを有し
ているということができるでしょう

iii 清算人は、①現務の結了、②債権の取立て及び債務の弁済、③残余財
産の引渡等の職務を行います（法212条）。

　債務の弁済は、清算開始後遅滞なく、清算法人の債権者に対して２か
月以上の一定の期間内にその債権を申し出るべき旨を官報に公告し、か
つ、知れている債権者には個別にその旨を催告し（法233条１項）、原
則としてその期間の経過後に弁済するという方法で行います（法234
条１項）。公告の期間内に債権の申し出を行わなかった債権者は清算か
ら除斥されます（法238条１項）。

iv 債権者に対して債務を弁済してもなお残余財産がある場合、残余財産
の帰属は、定款に規定があればその規定に従い、定款に規定がなければ、
清算法人の評議員会決議で定めます。それでもなお帰属が定まらない残
余財産については、国庫に帰属します（法239条）。

一般社団・
財団法人と
公益認定

1 一般社団・財団法人の公益認定手続

公益認定の意義とメリット・デメリット

(1) 公益法人制度改革の趣旨と公益認定の意義

　公益法人制度は明治29年の民法制定以来、抜本的な見直しが行われず、主務官庁の許可主義の下、法人設立が簡便ではない、公益性を時代に即して柔軟に見直す仕組みがないなど様々な問題がありました。また、各監督官庁の裁量により設立の許可や公益性の判断を行っていたため、指導監督基準はあるものの、公益性の基準や内部留保率の考え方等について官庁ごとで判断・指導にバラバラな部分もあり、全公益法人に対して統一的な対応が行えていない状態でした。さらに、判断・指導について各官庁の裁量による部分が多いことに起因して、国・地方公務員の退職後の天下りの温床ともなっているとして、批判がありました。

　そこで、公益法人制度を抜本的に見直し、以下のような制度改革が行われることになりました。

　　①　現行の公益法人の設立に係る許可主義を改め、法人格の取得と公益性の判断を分離することとし、公益性の有無に関わらず、準則主義（登記）により簡便に設立できる一般的な非営利法人制度を創設すること

　　②　各官庁が裁量により公益法人の設立許可等を行う主務官庁制を抜本的に見直し、民間有識者からなる委員会の意見に基づき、一般的な非営利法人について目的、事業等の公益性を判断する仕組みを創設すること

　このように、公益法人制度が、明治29年の民法制定以来続いてきた主務官庁制を廃止し、内閣府に置かれる民間有識者からなる公益認定等委員会（都道府県においても国と同様に民間有識者からなる合議制の機関が設置されます。）が中心となって一元的に公益性の判断、監督を行う制度に抜本的に改正されました。

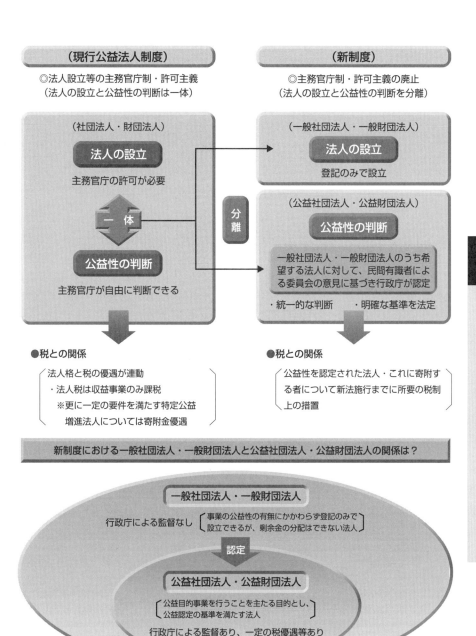

（現行公益法人制度）

◎法人設立等の主務官庁制・許可主義
（法人の設立と公益性の判断は一体）

（社団法人・財団法人）

法人の設立

主務官庁の許可が必要

一 体

公益性の判断

主務官庁が自由に判断できる

●税との関係

法人格と税の優遇が連動
・法人税は収益事業のみ課税
※更に一定の要件を満たす特定公益
増進法人については寄附金優遇

（新制度）

◎主務官庁制・許可主義の廃止
（法人の設立と公益性の判断を分離）

（一般社団法人・一般財団法人）

法人の設立

登記のみで設立

分離

（公益社団法人・公益財団法人）

公益性の判断

一般社団法人・一般財団法人のうち希
望する法人に対して、民間有識者によ
る委員会の意見に基づき行政庁が認定

・統一的な判断　　・明確な基準を法定

●税との関係

公益性を認定された法人・これに寄附す
る者について新法施行までに所要の税制
上の措置

新制度における一般社団法人・一般財団法人と公益社団法人・公益財団法人の関係は？

一般社団法人・一般財団法人

行政庁による監督なし 事業の公益性の有無にかかわらず登記のみで
設立できるが、剰余金の分配はできない法人

認定

公益社団法人・公益財団法人

公益目的事業を行うことを主たる目的とし、
公益認定の基準を満たす法人

行政庁による監督あり、一定の税優遇等あり

（出典：行政改革推進本部事務局「公益法人制度改革の概要」）

これまでは、法人の設立と公益性の判断が一体であったために法人の設立は容易ではありませんでしたが、これを分離し、登記のみで法人が設立できる制度となりました。

　そのなかから公益目的事業を行うことを主たる目的とすることなどの公益認定基準に適合した法人については、公益認定を受けることができます。

　今までの裁量行政とは決別し、後述する18の公益認定基準を充足しさえすれば、どの法人でも公益認定を受けることができるようになったことは、大きな制度改正といえます。

⑵　公益認定を受けることのメリット・デメリット

　公益社団・財団法人は、登記のみで設立される一般社団・財団法人が、公益認定を受けた場合になることができる法人です。従来と比べて公益認定が比較的容易になったからといってもやみくもに公益認定法人を目指すのではなく、公益認定を受ける（デメリットも斟酌した上で）メリットがあるか否かを慎重に検討する必要があります。

㈠　公益認定を受けることのメリット

ⅰ　名称上のメリット

　公益社団・財団法人は、移行後はその名称中に「公益社団法人」若しくは「公益財団法人」を用いなければなりません（公益認定法9条3項）。

　名称の面から「公益性」があると判断してもらえるため、社会的に公益性が特に要請されている事業、例えば法制度の実現を担う事業や社会インフラを支えるための事業などでは、そのサービスの利用者にとってもわかりやすく、メリットがあるといえます。

ⅱ　税制上のメリット

　法人税は基本的には、法人税法上の収益事業のみに課税されます（法人税法7条）。ただし認定法上の公益目的事業と認められれば非課税となります。また、「特定公益増進法人」に該当するため、公益社団法人や公益財団法人に対する寄附者にも寄附の控除を受けられるなどの優遇措置が認められています（法人税法37条）。そのため、寄附を主要な財源として公益目的事業を行っている場合には、寄附を集めやすくなるというメリットがあります。

㈥ 公益認定を受けることのデメリット

i 事業の制約

　法人全体として実施できる事業は、適法であれば制限はありません。しかし、認定法の公益認定基準を遵守しなければならないため、認定法で認められた公益目的事業（公益認定法2条4号、別表）を支出ベースで50%以上実施しなければならないという制約があります（公益認定法5条8号）。別表に掲げられていない種類の事業を実施している場合や、不特定かつ多数の者の利益の増進に寄与するものではない場合は、公益目的事業に該当しません。例えば、会員相互の利益の追求を主たる事業の性格とする事業の場合は、認定法上の収益事業ではありませんが公益目的事業に該当するものでもありません。公益目的事業比率は、公益目的事業と収益事業等（収益事業及びその他の事業）と管理運営のための費用の合計額のうち、公益目的事業のための費用が占める割合で計算されます（公益認定法15条）。

　そして、公益目的事業比率規制を遵守できなければ、行政庁から報告徴収や立入検査を受けたり、勧告・命令や認定の取消し処分を受けることがあります（公益認定法27条、28条、29条）。事業内容を変更する場合には変更の認定手続も必要になります。

ii 基準充足の制約と事務負担増

　公益認定を受け続けるためには、公益認定基準の遵守が必須条件となります（公益認定法29条2項1号）。

　公益目的事業比率の制約の他、公益目的事業に係る収入がその実施に要する費用を超えないと見込まれること（収支相償基準）（公益認定法5条6号）や遊休財産額の保有制限（公益認定法5条9号）、その他役員等の欠格要件が定められていたり、組織の機関設計にも制約があります。

　これらを担保するために、公益目的事業財産と収益事業等の財産を区分経理し（公益認定法19条）、財産目録等を毎年行政庁に提出したり（公益認定法22条）、情報開示への対応等、それなりの事務負担に対応しなければなりません。例えば、財産目録や役員の報酬等の支給

4-1

一般社団・財団法人の公益認定手続

基準等は事務所に備え置き、閲覧等を求められたら閲覧させなければならないことなどが生じ（公益認定法21条4項）、公益認定を受ける前と比べればそれなりの事務負担増は避けられません。

　以上を勘案して、一般的には以下に掲げるような法人が公益認定を受けることに適していると考えられます。

【公益認定向きの法人】

① 寄附を主要な財源として公益目的事業を行っている法人
② 公益性を強調することによるメリットが大きい法人
③ 公益的な事業の規模と財源が比較的明確な法人
④ 税制上の優遇措置によるメリットが大きい法人
⑤ 行政機関との兼ね合いで公益認定を受けることが望ましい法人
⑥ 収益事業で得られた収益を財源の一部として公益目的事業を行っている法人

【特例民法法人、公益社団・財団法人、一般社団・財団法人の主な相違点】

	特例民法法人（従来の公益法人）	公益社団・財団法人	一般社団・財団法人
移行の認定・認可の要件	―	法人法及び認定法に適合していること。 →公益認定等委員会・都道府県の合議制の機関が審査し、行政庁が認定を行う。	法人法に適合していること。公益目的支出計画が適正かつ確実であること。 →公益認定等委員会・都道府県の合議制の機関が審査し、行政庁が認可を行う。
事業等	適法であれば制限なし。 ただし、従来の主務官庁に認められた事業に限る。	公益目的事業比率を50/100以上にしなければならないなど**公益認定基準を遵守し事業実施することが必要**。なお、事業内容を変更するにあたっては、変更の認定が必要となる場合がある。	公益目的支出計画実施中は、公益目的支出計画に定めた実施事業等を着実に実施することが必要。 それ以外については、法人の創意工夫により公益的な事業はもとより**柔軟な事業の展開が可能**。
監督等	従来の主務官庁により監督が行われる。	行政庁による報告徴収、立入検査の実施、勧告・命令、認定の取消しがある。	原則、**法人の自主的な運営が可能**。 公益目的支出計画実施中は、毎事業年度行政庁に対して実施報告をする必要がある。 公益目的支出計画が終了すれば、報告も不要となる。
税制	従来と同様の措置。	・法人税において収益事業のみに課税（ただし、**認定法上の公益目的事業と認められれば非課税**）。 ・寄附優遇の対象となる「**特定公益増進法人**」に該当。 ・個人住民税における寄附優遇の措置。	「**非営利性が徹底された法人等**」（注） ・法人税において**収益事業のみに課税**。 ・登録免許税及び**受取利子等に係る源泉所得税の課税**。 「それ以外の法人」 ・普通法人と同等の課税。

4-1

一般社団・財団法人の公益認定手続

（注）「非営利性が徹底された法人等」とは、「非営利性の徹底された法人」又は「共益的活動を目的とする法人」のこと。それぞれの要件等については、出典の「16ページ 2.一般社団・財団法人 法人税」の項目参照。

（出典：内閣府公益認定等委員会事務局「民による公益の増進を目指して」[パンフレット]）

② 公益認定の基準

　一般社団・財団法人が公益社団・財団法人に移行するための公益認定基準は、公益認定法第5条に18の基準が記載されており、基準の性質ごとに整理すると以下のようになります。

　基本的にはこれらの基準を充足すれば公益認定を受けることが可能となります。

【公益認定基準の概要（公益認定法5条各号）】

基準の分類	認定基準	具体的内容
事業に関する認定基準	1．法人の主たる目的（1号）	公益目的事業の実施を主たる目的とすること
	2．行ってはいけない事業（5号）	公益法人の社会的信用を維持するうえでふさわしくない事業又は公序良俗を害するおそれのある事業を行わないこと
	3．収益事業との関係（7号）	収益事業等が公益目的事業の実施に支障を及ぼすおそれがないこと
運営に関する認定基準	4．公益目的事業に必要な能力等（2号）	経理的基礎及び技術的基礎を有するものであること
	5．特別な利益を与えてはならない者の制限（3号）	当該法人の社員、役員、使用人、その他の関係者に特別な利益を与えないこと
	6．特別な利益を与える行為の制限（4号）	株式会社等の営利事業者等に対して寄附その他の特別な利益を与える行為を行わないこと
機関設計に関する認定基準	7．役員に関する親族等制限（10号）	同一親族等で占めることができる理事又は監事の人数は理事又は監事の総数の1/3を超えないこと
	8．役員に関する同一団体関係者グループ制限（11号）	同一団体の関係者グループで占めることができる理事又は監事の人数は理事又は監事の総数の1/3を超えないこと
	9．会計監査人の設置（12号）	収益、費用及び損失その他の勘定の額がいずれも一定の基準に達しない場合を除き会計監査人を設置すること

226

	10. 役員報酬等の支給基準の明確化（13号）	民間事業者の役員の報酬等及び社員の給与、当該法人の経理状況その他の事情を考慮して不当に高額とならないような支給基準を定めていること
	11. 社団法人に関する条件（14号）	・社員の資格の得喪に関して、不当に差別的な取扱いをする条件を付けないこと ・社員の議決権に関して、不当に差別的な取扱い等をしないこと ・理事会を設置していること
財務に関する認定基準	12. 収支相償であること（6号）	公益目的事業の収入が、その実施に要する適正な費用を償う額を超えないものと見込まれること
	13. 公益目的事業比率（8号）	公益目的事業に要する事業費の額が法人全体の事業費及び管理費の合計額に占める割合の50%以上であることが見込まれること
	14. 遊休財産保有制限（9号）	純資産のうち、具体的な使途の定まっていない財産額が、1年分の公益目的事業費相当額を超えないと見込まれること
	15. 株式等保有制限（15号）	他の団体の意思決定に関与することができる株式等を保有しないものであること
	16. 不可欠特定財産の維持及び処分制限	公益目的事業に不可欠な特定の財産があるときは、その維持及び処分制限等につき必要な事項を定款で定めていること
	17. 公益認定取消時の財産の贈与（17号）	公益認定取消等の場合に、公益目的取得財産残額に相当する財産を類似の事業を目的とする公益法人等に贈与する旨を定款で定めていること
	18. 清算時の財産の帰属（18号）	清算の場合に残余財産を類似の事業を目的とする公益法人等に帰属させる旨を定款で定めていること

事業に関する認定基準のポイント

(1) 公益目的事業とは

　　事業に関する基準のなかで最も重要なことは、公益目的事業とは何かを理解することです。

┌───┐
│ 【公益目的事業の定義】（公益認定法第2条第4号）   │
│ Ⅰ　学術、技芸、慈善その他の公益に関する別表各号に掲げる種類の事   │
│ 　　業であって、   │
│ Ⅱ　不特定かつ多数の者の利益の増進に寄与するもの   │
└───┘

　公益目的事業と判断されるためには、上記のⅠとⅡを満たす必要があります。Ⅰについては、個々の事業が公益認定法第2条第4号の別表各号の23の事業（後掲）のいずれかに該当しているかを検討することになります。社会貢献に関する事業であれば、22の事業（23番目の事業は政令未制定）のいずれかに該当するものと思われるので、それほど心配はする必要はないものと思われます。

　なお、公益認定法第2条第4号の別表に掲げる事業は次の23の事業となります。

┌───┐
│ 1　学術及び科学技術の振興を目的とする事業   │
│ 2　文化及び芸術の振興を目的とする事業   │
│ 3　障害者若しくは生活困窮者又は事故、災害若しくは犯罪による被害   │
│ 　　者の支援を目的とする事業   │
│ 4　高齢者の福祉の増進を目的とする事業   │
│ 5　勤労意欲のある者に対する就労の支援を目的とする事業   │
│ 6　公衆衛生の向上を目的とする事業   │
│ 7　児童又は青少年の健全な育成を目的とする事業   │
│ 8　勤労者の福祉の向上を目的とする事業   │
│ 9　教育、スポーツ等を通じて国民の心身の健全な発達に寄与し、又は   │
│ 　　豊かな人間性を涵養することを目的とする事業   │
│ 10　犯罪の防止又は治安の維持を目的とする事業   │
│ 11　事故又は災害の防止を目的とする事業   │
│ 12　人種、性別その他の事由による不当な差別又は偏見の防止及び根絶   │
│ 　　を目的とする事業   │
│ 13　思想及び良心の自由、信教の自由又は表現の自由の尊重又は擁護を   │
└───┘

目的とする事業

14　男女共同参画社会の形成その他のより良い社会の形成の推進を目的とする事業

15　国際相互理解の促進及び開発途上にある海外の地域に対する経済協力を目的とする事業

16　地球環境の保全又は自然環境の保護及び整備を目的とする事業

17　国土の利用、整備又は保全を目的とする事業

18　国政の健全な運営の確保に資することを目的とする事業

19　地域社会の健全な発展を目的とする事業

20　公正かつ自由な経済活動の機会の確保及び促進並びにその活性化による国民生活の安定向上を目的とする事業

21　国民生活に不可欠な物資、エネルギー等の安定供給の確保を目的とする事業

22　一般消費者の利益の擁護又は増進を目的とする事業

23　前各号に掲げるもののほか、公益に関する事業として政令で定めるもの（現在政令は未制定）

　Ⅱについては、「不特定かつ多数の者の利益の増進に寄与するもの」という事実があるかどうかを認定するにあたってチェックするもので、内閣府公益認定等委員会策定の「公益目的事業のチェックポイントについて」（以下、「チェックポイント」という。）が事業の特性に応じて17種類の事業区分（後掲）ごとに設定されているため、チェックポイントに沿って個々の事業が不特定多数の者の利益の増進になっているかどうかを検討することになります。

　17種類の事業区分に該当しない事業も当然あるので、該当しなければ公益目的事業ではないということではなくて、これ以外の事業についてのチェックポイントも包括的に設定されているので、それに沿って検討することになります。

　17種類の事業区分ごとのチェックポイントは、以下の包括的に設定されたチェックポイントに概ね集約されます。

事業目的	不特定多数でない者の利益の増進への寄与を主たる目的に掲げていないかを確認する。
事業の合目的性	事業の内容や手段が事業目的を実現するのに適切なものになっているかを確認する。

　公益認定等委員会（都道府県にあっては、当該都道府県に置かれた合議制の機関）は、法人の行う事業について、このチェックポイントに沿って公益目的事業か否かを審査することとなります。このチェックポイントは、不特定かつ多数の者の利益の増進に寄与しているかの事実認定にあたっての判断の参考としての位置づけです。そのため、これに適合しなければ直ちに公益目的事業としないというような基準ではありません（チェックポイント第1）。

　ただ、公益目的事業が何であるのかを公益目的事業の定義のみで判断するのはなかなか難しいと思われます。しかし、逆に解釈すれば、審査側にある程度の裁量の余地があるともいえます。認定実務におけるポイントは以下のとおりだと考えられます。

　①　同様な事業を行っている他の法人（営利法人、医療法人等）との活動内容の違い

　②　事業の採算性をどうとらえているか

　③　誰を対象とした事業なのか

　④　地域の限定、対象者の限定等事業を限定する場合に合理的理由があるかどうか

　なお、公益目的事業のチェックポイントに掲げる事業区分は次の17の事業区分となります。

	事　業　区　分
1	検査検定
2	資格付与
3	講座、セミナー、育成
4	体験活動等
5	相談、助言
6	調査、資料収集

7	技術開発、研究開発
8	キャンペーン、〇〇月間
9	展示会、〇〇ショー
10	博物館等の展示
11	施設の貸与
12	資金貸付、債務保証等
13	助成（応募型）
14	表彰、コンクール
15	競技会
16	自主公演
17	主催公演

(2) **行ってはいけない事業**

i 公益法人の社会的信用を維持するうえでふさわしくない事業（公益認定法施行令3条）

① 投機的な取引を行う事業（同3条1号）

「投機的な取引を行う事業」に該当するかどうかは、取引の規模、内容等具体的事情によりますが、例えばポートフォリオ運用の一環として行う公開市場等を通じた証券投資等はこれには該当しません（ガイドライン）。

② 利息制限法第1条の規定により計算した金額を超える利息の契約又は同法第4条第1項に規定する割合を超える賠償額の予定をその内容に含む金銭を目的とする消費貸借による貸付けを行う事業（同3条2号）

③ 風俗営業等の規則及び業務の適正化等に関する法律第2条第5項に規定する性風俗関連特殊営業（同3条3号）

ii 公序良俗を害するおそれのある事業（公益認定法5条5号）

反社会性を有する事業で違法性の疑いがある事業を指しますが、具体的には実際の事業に即して公益認定等委員会、都道府県の合議制の機関で判断することになります。

(3) **収益事業等と公益目的事業との関係**

公益社団・財団法人においても収益事業等を行うことは可能です。その趣旨は、収益事業等で得た利益は公益目的事業で使用し、公益目的事業の

拡充に充てることにあります。収益事業等を積極的に行った結果、事業の失敗から多額の損失を計上し、そのために公益目的事業ができなくなっては本末転倒といえるでしょう。そこで、収益事業等を行うことによって公益目的事業の実施に支障を及ぼすおそれがないものであることが必要とされています（公益認定法5条7号）。

運営に関する認定基準のポイント

公益社団・財団法人は、その設立目的達成のために、継続的に公益目的事業を行うことが期待されており、そのために必要な経理的基礎、技術的能力を具備している必要があります。特に、当該法人が適切に会計処理を行うことができる能力を備えていることは、法人の適正な事業運営を支えるとともに、情報開示と相俟って事業運営の透明性を高め、法人に対する外部の信頼性を向上させる前提となります。

(1) **経理的基礎の3要件**

経理的基礎は、①財政基盤の明確化、②経理処理・財産管理の適正性、③情報開示の適正性の3要件により判断されます（ガイドライン、公益認定法5条2号関係、FAQ問V－1－①、②）。

① 財政基盤の明確化

イ 申請に際して貸借対照表、収支（損益）予算書等を提出しますので、これらより資産・負債の状況や事業収支の見込みなど財務状態が確認されます。法人の事業規模により、必要に応じて今後の財務の見通しについて追加的に説明を求められることがあります。

ロ 収入見込みについては、法人の規模に見合った事業実施のための収入が適切に見積もられているか確認するために、以下の項目を申請書の添付書類に記載する必要があります。

　・寄附金収入：寄附金の大口拠出上位5者の見込み

　・会費収入：会員数などの積算の根拠

　・借入：予定があればその計画

② 経理処理・財産管理の適正性

イ 法人の財産の管理、運用について理事、監事が適切に関与する体制

がとられていること

□　開示情報や行政庁への提出資料の基礎となる十分な会計帳簿を備え
　付けていること

ハ　法人の支出に使途不明金がないこと、会計帳簿に虚偽の記載がない
　こと、その他の不適正な経理を行わないこと

③　情報開示の適正性

外部監査を受けている場合には、適切に情報開示が行われるものとし
て判断されます。外部監査を受けない法人においては、次の場合に適切
に情報開示が行われるものとして判断されます。

イ　費用及び損失の額又は収益の額が１億円以上の法人については、監
　事（２人以上の場合は少なくとも１名、以下同じ。）に公認会計士又
　は税理士がいること

□　当該額が１億円未満の法人については、監事に企業やその他の非営
　利法人の経理事務に例えば５年以上従事した者がいること

　この経理事務の経験者については、５年というのは一つの目安であ
　り、形式的に簿記検定など関連資格の保有者を定めることはしません
　が、会計について専門的知識があり監事の職務を果たせる人が望まし
　いといえます。

　ただし、監事に上記のような者を置くことを法人に義務付けるもの
　ではありません。このような体制にない法人においては、公認会計士、
　税理士又はその他の経理事務の精通者が法人の情報開示にどのように
　関与するのかという説明を申請書の添付書類に記載する必要がありま
　す。経理事務の精通者については、形式的に企業会計の従事年数なり、
　一定の資格者なりを定めることはしませんし、有償無償も問いません
　が、どのような者が会計に関与しているかの説明をもとに個別に判断
　されます。

(2)　**技術的能力の要件**

(イ)　**一般的要件**

事業実施のための技術、専門的人材や設備などの能力が必要となりま
す。事業に必要な技術的能力は、法人自らがすべてを保有していること

を求めているものではありません。しかし、実態として自らが当該事業を実施しているとは評価されない程度にまで事業に必要な資源を外部に依存しているときには、技術的能力を備えていないものと判断される場合もありえますので注意が必要です（ガイドラインⅠ－2）。

　また、事業を行うにあたり法令上許認可等を必要とする場合には、申請時に添付する当該許認可等があったこと等を証する書類により技術的能力が判断されます。

㈹　「公益目的事業のチェックポイント」との関係

　例えば、「公益目的事業のチェックポイント」の検査検定事業においては、人員や検査機器の能力の水準の設定とその確保が掲げられています。このように「公益目的事業のチェックポイント」に技術的能力と関係があるポイントが掲げられている事業については、技術的能力との関係において、申請時には当該チェックポイントを満たすことが必要となります（ガイドラインⅠ－2）。

(3)　当該法人の社員、役員、使用人、その他の関係者に特別な利益を与えないこと及び株式会社等の営利事業を営む者等に対して寄附その他の特別な利益を与える行為を行わないこと

　公益社団・財団法人の財産は、不特定かつ多数の者の利益の増進に寄与することを目的として、公益目的事業に使用されるべきものであり、公益法人から他の団体等に社会通念上不相当な利益が移転し、受入先において財産を営利事業や特定の者のために使用されることは適当ではありません。

　また、公益法人が寄附により受け入れた財産を社員、理事等の法人の関係者や営利事業を営む者等の特定の者の利益のために利用されることが認められると、公益法人に対する信頼が損なわれ、国民からの寄附の停滞を招くおそれもあります。

　このようなことを防止するため、法人の関係者や営利事業者等に特別の利益を与えないことが公益認定の基準として設けられています。

【特別の利益について】

　特別の利益とは、利益を与える個人又は団体の選定や利益の規模が、事業の内容や実施方法等具体的事情に即し、社会通念に照らして合理性を欠

く不相当な利益の供与その他の優遇がこれに当たり、申請時には、提出書類等から判断されます（ガイドラインⅠ－３）。

　公益認定法第５条第４号では、「寄附その他の特別の利益」と定められていますが、寄附を行うことが直ちに特別の利益に該当するものではありません。他の法人への助成金や補助金についても、それをもって直ちに特別の利益に該当するものではなく、不相当な利益の供与に当たるもののみ問題となります（ガイドラインⅠ－３）。

機関設計に関する認定基準のポイント

(1) 役員に関する親族等制限

　不特定かつ多数の者の利益の増進に寄与すべき公益社団・財団法人は実質的に特定の者の利益を追求することがあってはならないため、１つの関係者グループで占めることができる理事又は監事の人数は各々の総数の３分の１を超えてはならないこととされています。

(2) 役員に関する同一団体関係者グループ制限

　公益社団・財団法人が特定の利害を代表する集団から支配されるような場合には不特定かつ多数の者の利益の増進に寄与するという公益法人本来の目的に反した業務運営が行われるおそれがあるため、他の同一の団体（公益法人を除く。）の関係者が理事及び監事に占める割合については、各々の総数の３分の１を超えてはならないこととされています。

(3) 会計監査人の設置（ＦＡＱ問Ⅴ－５－①［会計監査人設置基準］）

　公益社団・財団法人については、情報開示や会計処理についてより適正性が求められることから、会計監査人の設置が必須となっています。ただし、勘定の額が次のすべてを充たす場合には、その設置が任意となっています（公益認定法施行令６条）。

i 　損益計算書（正味財産増減計算書）の収益の部に計上した額の合計額が1,000億円未満

ii 　損益計算書（正味財産増減計算書）の費用及び損失の部に計上した額の合計額が1,000億円未満

iii 　貸借対照表の負債の部に計上した額の合計額が50億円未満

(4) **役員の報酬等の支給基準**

　理事、監事及び評議員に対する報酬等については、以下の点を考慮して不当に高額なものとならないような支給の基準を定める必要があります。

① 民間事業者の役員の報酬等及び従業員の給与

② 当該法人の経理の状況その他の事情

　公益認定等ガイドラインでは具体的な金額の明示はありませんが、上記2点を総合的に考慮して判断することが重要になります。

【報酬等に含まれるもの（ＦＡＱ問Ⅴ－6－②［役員に対する報酬等］）】

① 報酬、賞与その他の職務遂行の対価として受ける財産上の利益及び退職手当

② 法人の理事、監事又は評議員としての職務遂行の対価に限られ、当該法人の使用人として受ける財産上の利益は含まれない

③ 実費支給の交通費等は報酬等に含まれず、使用人等と並んで等しく受ける当該法人の通常の福利厚生も含まれない

④ 非常勤理事に対し、職務遂行の対価として日当や交通費実費相当額を超えるお車代等を支給する場合には報酬等に含まれる

⑤ 報酬等の支給を義務付ける基準ではないので、無報酬でも可。その場合は報酬等の支給基準において無報酬である旨を定めること

【支給基準及び手続】

① 支給基準

　支給基準は公表するとともに、その基準に従って報酬等を支給しなければいけません（公益認定法20条）。この支給基準は、理事等の勤務形態に応じた報酬等の区分、金額の算定方法、支給の方法等が明らかになるよう定める必要があります（公益認定法施行規則3条）。

　支給基準において理事等各人の報酬額まで定める必要はありませんが、「理事の報酬額は理事長が理事会の承認を得て定める」といった定め方は報酬科目や算定方法が明らかにされず、認定基準を満たしていないと判断されます（ＦＡＱ問Ⅴ－6－①：役員に対する報酬等）。

② 手続

ⅰ 理事

定款にその額を定めていないときは、社員総会又は評議員会の決議
により定めます（法89条）。

具体的には、社員総会又は評議員会の決議により定められた総額の
範囲内において、理事会で各人の報酬額を決定する方法が考えられます。

ⅱ　監事

定款にその額を定めていないときは、社員総会又は評議員会の決議
により定めます（法105条１項）。監事が２人以上ある場合において、
各監事の報酬等について定款の定め又は社員総会（評議員会）の決議
がないときは当該報酬等は、前項の報酬等の範囲内において、監事の
協議によって定めます（法105条２項）。

具体的には、社員総会又は評議員会の決議により定められた総額の
範囲内において、監事の協議によって報酬額を決定する方法が考えら
れます。

ⅲ　評議員

報酬等の額は定款で定めなければいけません（法196条）。

具体的には、定款において定められた総額の範囲内において、評議
員会で各人の報酬額を決定する方法が考えられます。

⑸　社団法人に関する条件

㈠　社員の資格の得喪に関して、不当に差別的な取扱いをする条件を付け
ないこと

公益社団法人が、社員資格の得喪に関して不当に差別的な取扱いをす
るような条件（社員資格を合理的な理由なく特定の要件を満たす者に限
定している等）を設けている場合には、社員総会の構成員である社員の
意思が一定の傾向を有することで、当該法人が、不特定かつ多数の者の
利益の増進に寄与するという公益法人本来の目的に反した業務運営を行
うおそれが生じます。そこでこのようなことを防止するために設けられ
た規定です。

㈡　不当な条件について

「社員資格の得喪」に関する定款の定めにおいて「不当な条件」を付
しているかどうかについては社会通念に従い判断されます。当該法人の

目的、事業内容に照らして当該条件に合理的な関連性及び必要性があれば、不当な条件には該当しません。

　したがって、専門性の高い事業活動を行っている法人において、その専門性の維持、向上を図ることが法人の目的に照らして必要である場合は、その必要性から合理的な範囲で社員資格を〇〇士のように一定の有資格者等に限定したり、理事会の承認等一定の手続き的な要件を付したりすることは、不当な条件に該当しません（ガイドラインⅠ－13）。

(ハ)　社員の議決権に関して、不当に差別的な取扱い等をしないこと

①　議決権に関する不当に差別的な取扱い

　公益社団法人の社員は、社員総会の構成員として、役員の選任・解任、計算書類の承認など法人の組織、運営に関する基本的事項について議決権を行使します。社員が有する議決権は原則一個であり、定款に別段の定めをした場合には議決権に差異を設けることも許容されています（法48条1項）。しかし、不当に差別的な差異を設けると、議決権行使の結果に偏りが生じることになってしまいます。それでは、当該法人が、不特定かつ多数の者の利益の増進に寄与するという公益法人本来の目的に反した業務運営を行うおそれが生じることになります。そのため、社員が有する議決権について不当に差別的な取扱いをしないことが認定基準として定められています。

②　提供する財産額に応じた議決権の差異

　同様に、社員が法人に提供する財産額に応じて社員の議決権に差異を設けると、資力を有する一部の社員によって社員総会の運営が恣意的になされるおそれが大きくなることから、社員が法人に対して提供した金銭その他の財産の価額に応じて議決権について異なる取扱いをしないことが認定基準として定められています。すなわち、会費の納入額により社員の議決権数に差を設けることは認められません。また、個人と法人とで社員の議決権数に差を設けることについても、同様に認められません（FAQ問Ⅳ－3－(2)－①：社員資格に関する他の制限）。

(二)　理事会の設置について

　一般社団法人については理事会の設置は任意ですが、公益社団法人に

ついては理事会の設置は義務となっています（公益認定法5条14号ハ）。

財務に関する公益認定基準のポイント

公益認定基準を充足するうえで、その最大のハードルは財務基準といえるかもしれません。しかし、ポイントを理解し、適正に対応していけば十分に充足は可能です。

財務基準の概要は以下のとおりです。

(1) 収支相償基準

公益目的事業の収入は、その実施に要する適正な費用を償う額を超えてはいけないという基準です。この基準は、公益目的事業は不特定かつ多数の者の利益の増進に寄与するものであり、無償又は低廉な価格設定などによって受益者の範囲を可能な限り拡大することが求められることから、設けられたものです。

一方で、事業は年度により収支に変動があり、また長期的な視野に立って行う必要があることから、本基準に基づいて単年度で必ず収支が均衡することまで求めることはしません。仮にある事業において収入が費用を上回った場合には、翌年度の当該事業費に充てたり、将来の当該事業の拡充等に充てたりするための特定費用準備資金への積立てをもって費用とみなすことによって、中長期では収支が相償することが確認されれば、本基準は満たすものとしています（ガイドラインⅠ-5）。

【収支相償のチェックの仕方】

まず、第一段階として事業単位で収支を確認し、第二段階として法人の公益活動全体の収支をみることとなります（ガイドラインⅠ-5）。

(イ) 第一段階のチェック

公益目的事業（公益目的事業のチェックポイントにおける事業の単位と同様の考え方に基づいて、事業の目的や実施の態様等から関連する事業もまとめたものを含む。）を単位として、これに直接関連する収入（経常収益）と費用（経常費用）とを比較します。収入が費用を上回る場合には、当該事業に係る特定費用準備資金への積立額として整理することにより、収支相償を満たすものとして判断されます（ガイドラインⅠ-5）。

なお、法人の行う事業が１つしかない場合には、第一段階を省略し、次の第二段階のみの判断とします（FAQ問Ⅴ－２－④：収支相償）。

(ロ) 第二段階のチェック

公益目的事業のために法人が得る収入は、特に事業に関連付けられた経常収益に限りません。特定の事業に関連付けられていない経常収益（公益のためとして一般的に受ける寄附金等）も公益目的事業に適切に使用されているかを判断するため、第一段階の収支相償を満たした各事業に係る経常収益と経常費用に加え、次の段階として、公益目的事業の会計に属するその他の経常収益で各事業に直接関連付けられないものや、公益に係る特定費用準備資金への積立額と取崩し額、更に収益事業等を行っている法人については、収益事業等から生じた利益のうち公益目的事業財産に繰り入れる額も加えて収支を比較します（ガイドラインⅠ－5）。

(2) 公益目的事業比率

公益目的事業に要する事業費の額が法人全体の事業費及び管理費の合計額に占める割合の50％以上でなければならないという基準です。公益社団・財団法人は公益目的事業の実施を主たる目的とすることから、法人の全事業規模に占める公益目的事業の規模は過半を占める必要があります。事業規模を計る指標として公益目的事業比率が定義され、その算定にあたっては費用で計ることが定められました。

【公益目的事業比率の計算の方法】

公益目的事業比率は次により計算を行います（公益認定法施行規則13条）。

$$公益目的事業比率 = \frac{公益実施費用額}{公益実施費用額+収益等実施費用額+管理運営費用額} \times 100 \geq 50\%$$

公益実施費用額	その事業年度の正味財産増減計算書に計上すべき公益目的事業に係る事業費の額
収益等実施費用額	その事業年度の正味財産増減計算書に計上すべき収益事業等に係る事業費の額
管理運営費用額	その事業年度の正味財産増減計算書に計上すべき管理費の額

(3) 遊休財産額保有制限

公益社団・財団法人が保有する財産は、公益目的事業を行うために保有するものであることから、公益目的事業と関係のない財産を過大に保有することを防ぐために制限が設けられました。純資産のうち、具体的な使途の定まっていない財産額が、1年分の公益目的事業費相当額を超えてはいけないというのがその内容です。

公益認定基準における遊休財産額とは、公益目的事業又は公益目的事業に必要なその他の活動に使うことが具体的に定まっていない財産を指します。この遊休財産額は1年分の公益目的事業費相当額を保有の上限としていますが、その考え方は、仮に法人の収入源が途絶えた場合においても1年程度は公益目的事業が実施できるよう、特段の使途の定めがない財産を保有することを認めたものです。

┌─**【遊休財産額保有制限のチェックの仕方】**──────────

　遊休財産額保有制限は次のようにチェックします。

　　Ａ：遊休財産額

　　　　純資産 － （控除対象財産 － 控除対象財産に対応する負債の額）

　　Ｂ：公益目的事業費相当額

　　　　公益目的事業に係る事業費（費用）の額 ＋ 特定費用準備資金

　　Ａ ＜ Ｂ であれば、基準は充たされます。

└──────────────────────────────────

※　控除対象財産

　　次の財産は、具体的な使途の定められている財産として純資産から控除されます。

　イ　公益目的保有財産

　　　継続して公益目的事業の用に供するために保有する財産（公益認定法施行規則25条2項）ですが、断続的であっても、長期間継続して使用している場合は継続して公益目的事業の用に供するものとします。

　ロ　公益目的事業を行うために必要な収益事業等その他の業務又は活動の用に供する財産

　ハ　上記イ、ロの特定の財産の取得又は改良に充てるために保有する資金

　ニ　特定費用準備資金

　ホ　寄附等によって受け入れた財産で、財産を交付した者の定めた使途に従って使用又は保有されているもの

　ヘ　寄附等によって受け入れた財産で、財産を交付した者の定めた使途に充てるために保有している資金

(4)　**株式保有制限**

　　他の団体の意思決定に関与することができる株式等を保有してはいけないという制限です。公益社団・財団法人が株式等の保有を通じて営利法人等の事業を実質的に支配することにより公益目的事業比率が50％以上という認定基準を潜脱することを防ぐため、公益社団・財団法人による他の団体の意思決定に関与することができる財産の保有を制限する認定基準を設けています。

【具体的な制限】

　他の団体の意思決定に関与することができる議決権割合は50%以上とされています（公益認定法施行令7条）ので、50%未満の議決権割合であれば、株式等を保有していても公益認定のうえでは差し支えありません。ある株式会社の議決権の過半数の株式を保有している場合には、例えば無議決権株にするか議決権を含めて受託者に信託することにより、本基準を満たすことが可能となります（FAQ問Ⅴ－7－①：株式保有の制限）。

(5) 不可欠特定財産の維持及び処分制限

　公益目的事業に不可欠な特定の財産について、その維持及び処分制限等につき必要な事項を定款で定める必要があります。

　公益目的事業を行うために不可欠な特定の財産（「不可欠特定財産」）は、法人の目的、事業と密接不可分な関係にあり、当該法人が保有、使用することに意義がある特定の財産を指します。例えば、一定の目的の下に収集、展示され、再収集が困難な美術館の美術品や、歴史的文化的価値があり、再生不可能な建造物等が該当します（ガイドラインⅠ－15）。

(6) 公益認定取消し時の財産の贈与

　公益認定取消し等の場合に、公益目的取得財産残額に相当する財産を類似の事業を目的とする公益法人等に贈与する旨を定款で定めていることが必要です。

　公益目的取得財産残額（公益認定法30条、公益認定法施行規則48条）とは毎事業年度末における公益目的事業財産の未使用残高です。認定取消し時には残高に相当する金額を、法で定める適格な法人のうち、定款で定める者に贈与しなければなりません。

(7) 清算時の財産の帰属

　清算の場合に残余財産を類似の事業を目的とする公益法人等に帰属させる旨を定款で定めていることが必要です。

公益認定の欠格事由

　公益認定基準を充足していたとしても、次のいずれかに該当する法人は公益認定を受けることができないものとされています（公益認定法6条）。

① その法人の理事、監事及び評議員で次に該当する者がいる場合

　イ　公益認定法、一般社団・財団法人法、国税・地方税に関する法律に関し不正に税を免れるなど、これらの法律に違反したことにより、罰金の刑に処せられ、その執行を終わり、又は刑の執行を受けることがなくなった日から5年を経過しない者

　ロ　禁錮以上の刑に処せられその執行を終わり、又は刑の執行を受けることがなくなった日から5年を経過しない者

　ハ　暴力団員又は暴力団員でなくなった日から5年を経過しない者

② 公益認定を取り消され、その取消しの日から5年を経過しない法人

③ その定款又は事業計画書の内容が法令等に違反しているもの

④ その事業を行うに当たり法令上必要となる行政機関の許認可等を受けることができないもの

⑤ 国税又は地方税の滞納処分の執行がなされているもの又は当該処分終了の日から3年を経過しないもの

⑥ 暴力団員等がその事業活動を支配するもの

一般社団・財団法人の税務と新公益法人税制

1 公益法人・一般法人・普通法人等の課税体系の概要

各法人別の課税区分

　わが国の法人税法においては納税義務者を公共法人、公益法人等、協同組合等、人格のない社団等、普通法人に5区分し課税方式を定めています。法人ごとの課税方式を整理すると以下のようになります。

法人区分	課税方式	法　人　例
公共法人	非課税	国、地方公共団体、NHKなど
公益法人等	収益事業課税	一般社団・財団法人（非営利型） 公益社団・財団法人 学校法人 社会福祉法人 宗教法人など
協同組合等	全所得課税	消費生活協同組合、漁業協同組合など
人格のない社団等	収益事業課税	PTA、自治組織など
普通法人	全所得課税	株式会社・有限会社 一般社団・財団法人（非営利型以外）

全所得課税と収益事業課税

　全所得課税とは読んで字のごとく法人が稼得する全ての所得に対して課税する課税体系のことで、営利を目的とする株式会社や協同組合、非営利性が徹底されていない一般社団・財団法人などに適用されます。これは、営利追求を主目的とする法人が行う取引については、すべて利潤獲得を目指しており、法人が獲得した全ての所得に対して課税を行おうというものです。

　これに対して収益事業課税とは、法人が営む事業のうち「収益事業」についてのみ法人税を課税する課税体系のことで、一般社団・財団法人（非営利型）、公益社団・財団法人、学校法人、社会福祉法人、宗教法人などに適用されます。これは、これらの法人がそれぞれ公益的な活動を行うことを目的に設立されたものであり、営利の獲得を主目的としていないため、これらの法人が行う事業のうち、収益の獲得を目指し利潤の発生する「収益事業」に

対してのみに担税力を求めようというものです。

　例えば公益的な活動を行うことを目的として収受した収益に対して課税が行われた場合には、活動に支障をきたす可能性が高いため、会費や寄附金、助成金、補助金等に対しては課税を行わないことにしています。

【全所得課税と収益事業課税のイメージ】

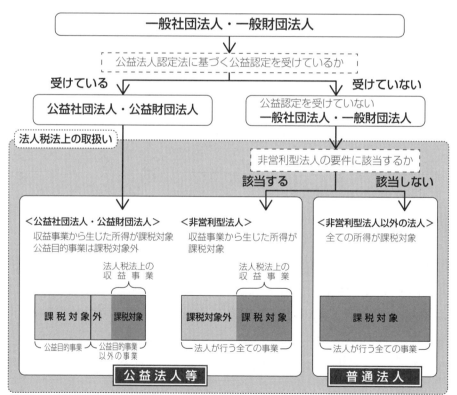

（出典：国税庁「一般社団法人・一般財団法人と法人税」）

収益事業の範囲と必要な手続

　税法上、収益事業は、「販売業、製造業その他の政令で定める事業で、継続して事業場を設けて行われるものをいう」ことと定義されています（法人税法２条13号）。

　この定義は大きく分けると以下の３つの要素に分類されます。

┌─ 【税法における収益事業の定義】 ───────────────
│　(1)　政令で定める事業であること
│　(2)　継続して行われるものであること
│　(3)　事業場を設けて行われるものであること
└──────────────────────────────────

　この基本構造は極めて重要な枠組みで、法人が行う事業が税法上の収益事業になるか否かの基本的な判断基準となります。公益法人等が行う事業については、収益事業に該当するか否か判断に迷う事業が少なくありませんが、迷った場合には常にこの基本原理に立ち返って考える必要があります。実際の税務調査の現場でもこの基本原理を大きな判断基準としています。

　また、収益事業か否かを判断するにあたっての本質的な問題として、当該事業がそもそも収益を上げることを目的とした対価性のある事業か否かということも重要なポイントです。行う事業が収益事業の定義に合致していたとしても、法人の目的に沿って行うボランティア的な要素が強く、そもそも赤字になるような事業は収益事業とはならない可能性が高いといえます。また、会費や寄附金、助成金などのように明確な対価性や反対給付のない行為は収益事業を構成しません。

(1)　政令で定める事業とは

　販売業、製造業その他の政令で定める事業とは、次に掲げる34業種とされています。ここに掲げられている事業以外のものは、仮に収益性が高い場合でも基本的には課税範囲から除外されます。なお、これらの事業の具体的な範囲については、法人税基本通達（以下、「法基通」という。）にその詳細が掲載されています。

【法人税基本通達に列挙される収益事業34業種】

①物品販売業、②不動産販売業、③金銭貸付業、④物品貸付業、⑤不動産貸付業、⑥製造業、⑦通信業、⑧運送業、⑨倉庫業、⑩請負業、⑪印刷業、⑫出版業、⑬写真業、⑭席貸業、⑮旅館業、⑯料理店業その他の飲食店業、⑰周旋業、⑱代理業、⑲仲立業、⑳問屋業、㉑鉱業、㉒土石採取業、㉓浴場業、㉔理容業、㉕美容業、㉖興行業、㉗遊技所業、㉘遊覧所業、㉙医療保健業、㉚技芸教授業、㉛駐車場業、㉜信用保証業、㉝無体財産権提供業、㉞労働者派遣業

> **コラム** 公益法人等が寄附を受けた場合には課税されるのか

　営利を追求しない公益法人等で収益事業課税が適用される法人が、他の法人や個人から寄附を受けた場合、その寄附金に課税がなされるのでしょうか？

　株式会社等の営利企業が寄附金を受けた場合には「受贈益」として益金の額に算入され、課税の対象となります。一方、収益事業課税が適用される公益法人等の場合には、単なる寄附についてはその取引自体に対価性がなく、また法人税法で定められる34業種のどの事業にも該当しないため、基本的には収益事業として課税されることはありません。

　逆に、寄附をした法人又は個人についてはその相手方の法人が公益社団・財団法人なのか、一般社団・財団法人なのかにより、その寄附金の損金算入等の取扱いが異なります（「5 公益法人等に係る寄附金税制」参照）。

(2)　継続して行われるものであること

　継続して行われるものとは、原則として各事業年度の全期間を通じて継続して事業活動を行うものとされていますが、海水浴場における席貸し等又は縁日における物品販売のように、通常相当期間にわたって継続して行われるもの又は定期的に、若しくは不定期に反復して行われるものも含まれることとされています（法基通15－1－5）。そのため、実務上の解釈の幅はかなり広いといえるかもしれません。反復性、継続性、営利性などを総合的に勘

案して判断することになります。

(3) 事業場を設けて行われるものであること

事業場を設けて行われるものとは、常時店舗、事務所等事業活動の拠点となる一定の場所を設けてその事業を行うもののほか、必要に応じて随時その事業活動のための場所を設け、又は既存の施設を利用してその事業活動を行うものが含まれることとされています。したがって、移動販売、移動演劇興行等のようにその事業活動を行う場所が転々と移動するものであっても、事業場を設けて行われるものに該当します（法基通15−1−4）。そのため、物理的な施設はなくても事業の実態があれば、事業場があるものと解釈されます。

(4) 収益事業の付随行為

収益事業の範囲にはその性質上その事業に附随して行われる行為も含むこととされており、次に掲げる行為のように、通常その収益事業に係る事業活動の一環として、又はこれに関連して行われる行為が該当することとされています（法基通15−1−6）。

【付随行為の例】

① 出版業を行う公益法人等が行うその出版に係る業務に関係する講演会の開催又は当該業務に係る出版物に掲載する広告の引受け

② 技芸教授業を行う公益法人等が行うその技芸の教授に係る教科書その他これに類する教材の販売及びバザーの開催

③ 旅館業又は料理店業を行う公益法人等がその旅館等において行う会議等のための席貸し

④ 興行業を行う公益法人等が放送会社に対しその興行に係る催し物の放送をすることを許諾する行為

⑤ 公益法人等が収益事業から生じた所得を預金、有価証券等に運用する行為

⑥ 公益法人等が収益事業に属する固定資産等を処分する行為

コラム 預金・有価証券等の運用益は全て収益事業？

　公益法人等が、収益事業から生じた所得を預金、有価証券等で運用する場合においても、収益事業と収益事業以外の事業を区分経理すれば、当該預金、有価証券等のうち当該収益事業に通常必要な額以外の資産を運用する行為は、15－1－6にかかわらず、収益事業に付随して行われる行為に含めないことができます（法基通15－1－7）。

　つまり、運用益だからといって必ずしも収益事業になるとは限りません。

---

(5) 収益事業からの除外

　(イ) 収益事業からの除外項目

　　法人税法上の収益事業課税制度では、基本的には公益法人等が行う対価性のある事業は34の収益事業に含まれるように体系づけられていますが、以下に掲げられるような事業は、仮に34業種に該当しても収益事業から除外されることになっています（法人税法施行令5条2項）。

　　① 公益社団・財団法人が行う公益目的事業に該当するもの

　　② 身体障害者等が半数以上を占める公益法人等が行う事業

　　③ 母子福祉団体が行う一定の事業

　　④ 保険契約者保護機構が行う事業

　　⑤ 国等に対する一定の事業など

　(ロ) 公益法人等が固定資産を譲渡した場合

　　公益法人等が収益事業に属する固定資産につき譲渡、除却その他の処分をした場合におけるその処分をしたことによる損益は、原則として収益事業に係る損益となります。しかし、相当期間（概ね10年）にわたり固定資産として保有していた土地（借地権を含む。）、建物又は構築物については譲渡、除却その他の処分をした事業に属するものであればその損益については収益事業に含めなくてもよいこととされています（法基通15－2－10）。

　(ハ) 低額譲渡を行った場合の考え方

　　公益法人等が通常よりも低い対価で資産の譲渡又は役務の提供を行った場合（いわゆる低額譲渡）においても、その資産の譲渡等が当該公益

法人等の本来の目的である事業の範囲内で行われるものである限り、その資産の譲渡等については低額譲渡益課税の適用はないこととされています（法基通15－2－9）。

(6) 実費弁償の考え方と取扱い

(イ) 新制度における取扱い

一般社団・財団法人（公益社団法人又は公益財団法人を除く。）が収益事業の請負業のうち、事務処理の性質を有する業務を行う場合において、当該業務が法令の規定、行政官庁の指導又は当該業務に関する規則、規約若しくは契約に基づき、実費弁償（委託者から受け取る金額が当該業務のために必要な費用の額を超えないことをいいます。）により一定期間（概ね5年以内）を限って所轄税務署長（国税局の調査課所管法人にあっては、所轄国税局長）から確認を受けたときには、その期間は、当該業務は請け負った法人の計算に係るものとして収益事業としないものとされています（法基通15－1－28）。

確認を受ける場合には所轄税務署長宛に確認書を提出するとともに当該公益法人等の事業内容がわかる資料等を添付する必要があります。

(ロ) 特例民法法人への実費弁償の経過措置

上記(イ)は一般社団・財団法人における非営利型法人の実費弁償の取扱いですが、特例民法法人が法基通15－1－28の実費弁償の確認を受けている期間中に一般社団・財団法人へ移行した場合、その確認を受けていた業務は非営利型法人の要件の判定にあたってどのように取り扱われるかが問題になります。

これについても、特例民法法人が一般社団・財団法人に移行する場合において、その移行前に既に実費弁償の確認を受けた期間があるときには、その確認期間中、確認を受けた業務は非営利型法人の判定上も収益事業に該当しないものとして取り扱うという、経過的取扱いが新設されました（第1 法人税基本通達関係　8 経過的取扱い(2)…特例民法法人が一般社団法人等に移行した場合における非営利型法人の要件判定）。

したがって、特例民法法人が一般社団・財団法人に移行した場合において、移行の日を含む期間について改めて実費弁償の確認は必要とされ

ず、移行前に確認を受けた業務は一般社団・財団法人の収益事業に該当
しないものとして、共益的活動を目的とする法人の要件である「その主
たる事業として収益事業を行っていないこと」の要件に該当するかどう
かの判定を行うことになります。

　なお、特例民法法人が一般社団・財団法人に移行した後、実費弁償の
確認を受けた期間が満了する場合において、再度実費弁償の確認を受け
るときには、その確認手続は法基通１－１－11によることになります。

(7)　収益事業の届出開始の届出関係

　公益法人等が新たに収益事業を開始した場合には、収益事業開始届出書を
収益事業開始日から２か月以内に、主たる事務所を所轄する税務署長へ提出
しなければなりません。

　なお、青色申告の承認を受けようとする場合には、収益事業を開始した日
から３か月を経過した日と収益事業を開始した事業年度終了の日といずれか
早い日の前日までに青色申告の承認申請書を所轄税務署長に提出しなければ
なりません。

　また、法人税の確定申告書は確定した決算に基づき、各事業年度終了日の
翌日から２か月以内に税務署長に提出しなければならないこととなっていま
す。ここでいう確定した決算とは、法人の最高意思決定機関で確定したこと
を意味しますので、社団法人では社員総会、財団法人では評議員会（特例財
団法人では理事会もあります。）を指すことになります。ただし、法人にお
ける最高意思決定機関の開催が必ずしも事業年度終了の翌日から２か月以内
に収まらない場合も多々あります。このような状況の場合には、確定申告書
の提出期限を延長する旨の申請書（申告期限の延長申請書）を提出すること
により、１か月の延長が認められます。

　もっとも、納税の期限は各事業年度終了日の翌日から２か月以内であるこ
とには変わりがありませんので、申告期限を延長した申告書の提出と同時の
タイミングで納税した場合には利子税がかかります。したがって、期末日後
２か月以内に見込納付（申告書提出前の納付）を利用して納税すると税金の
負担が軽く済みますので、利用の検討をおすすめします。

（1）法人設立届出書

　法人税法上の普通法人に該当する一般社団法人又は一般財団法人を設立したときは、「法人設立届出書」を次の記載例を参考として作成し、納税地を所轄する税務署長に提出してください。

《記載例》

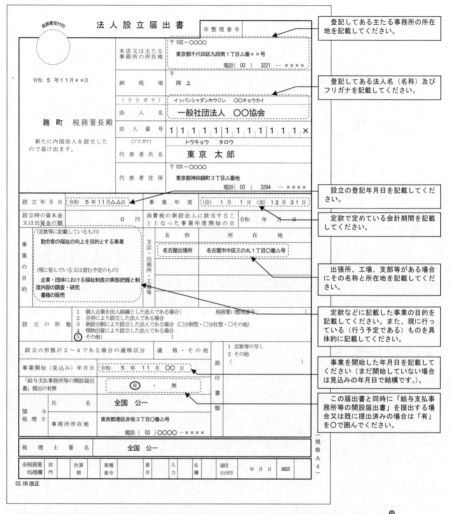

　この届出書は、設立の日以後2月以内に提出してください。

（出典：国税庁「新たな公益法人関係税制の手引」を筆者一部修正）

（2）収益事業開始届出書

公益社団法人若しくは公益財団法人、非営利型法人又は特例民法法人で収益事業を行っていないものが、新たに収益事業を開始したときには、「収益事業開始届出書」を次の記載例を参考として作成し、納税地を所轄する税務署長に提出してください。

《記載例》

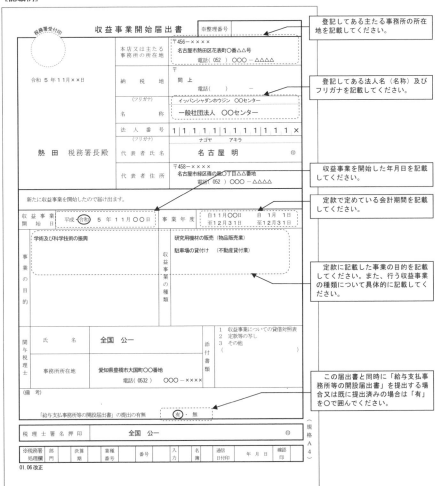

登記してある主たる事務所の所在地を記載してください。

登記してある法人名（名称）及びフリガナを記載してください。

5-1

収益事業を開始した年月日を記載してください。

定款で定めている会計期間を記載してください。

定款に記載した事業の目的を記載してください。また、行う収益事業の種類について具体的に記載してください。

この届出書と同時に「給与支払事務所等の開設届出書」を提出する場合又は既に提出済みの場合は「有」を〇で囲んでください。

公益法人・一般法人・普通法人等の課税体系の概要

この届出書は、収益事業を開始した日以後2月以内に提出してください。

（出典：国税庁「新たな公益法人関係税制の手引」を筆者一部修正）

1 0 9 0

所得税の青色申告承認申請書

_____税務署長

_____年_____月_____日提出

納 税 地	○住所地・○居所地・○事業所等（該当するものを選択してください。） （〒　　－　　　） <div style="text-align:right">(TEL　　－　　－　　)</div>
上記以外の 住所地・ 事業所等	納税地以外に住所地・事業所等がある場合は記載します。 （〒　　－　　　） <div style="text-align:right">(TEL　　－　　－　　)</div>

フ リ ガ ナ		生年月日	○大正 ○昭和 ○平成 ○令和	年　月　日生
氏 名				
職 業		フリガナ		
		屋 号		

令和_____年分以後の所得税の申告は、青色申告書によりたいので申請します。

1　事業所又は所得の基因となる資産の名称及びその所在地（事業所又は資産の異なるごとに記載します。）

　名称_____　所在地_____

　名称_____　所在地_____

2　所得の種類（該当する事項を選択してください。）

　○事業所得　・○不動産所得　・○山林所得

3　いままでに青色申告承認の取消しを受けたこと又は取りやめをしたことの有無

　(1)　○有（○取消し・○取りやめ）　___年___月___日　(2)　○無

4　本年1月16日以後新たに業務を開始した場合、その開始した年月日　　___年___月___日

5　相続による事業承継の有無

　(1)　○有　相続開始年月日　___年___月___日　被相続人の氏名_____　(2)　○無

6　その他参考事項

　(1)　簿記方式（青色申告のための簿記の方法のうち、該当するものを選択してください。）

　　　　○複式簿記・○簡易簿記・○その他（　　　　　　　　　　　　）

　(2)　備付帳簿名（青色申告のため備付ける帳簿名を選択してください。）

　　　　○現金出納帳・○売掛帳・○買掛帳・○経費帳・○固定資産台帳・○預金出納帳・○手形記入帳
　　　　○債権債務記入帳・○総勘定元帳・○仕訳帳・○入金伝票・○出金伝票・○振替伝票・○現金式簡易帳簿・○その他

　(3)　その他

関与税理士 （TEL　　－　　－　　）	税務署整理欄	整 理 番 号	関係部門連絡	A	B	C	
		0					
		通 信 日 付 印 の 年 月 日	確 認				
		年　月　日					

（出典：国税庁HPより）

2 新公益法人の税制の体系

新税制の基本体系

　公益認定を受けた公益社団・財団法人、公益認定を受けていない一般社団・財団法人、特例民法法人の区分に応じて、それぞれ法人税の取扱いが異なります。また、一般社団・財団法人については、非営利性が徹底された法人及び共益的活動を目的とする法人とそれ以外の法人について区分され、それぞれ法人税の取扱いが異なります。

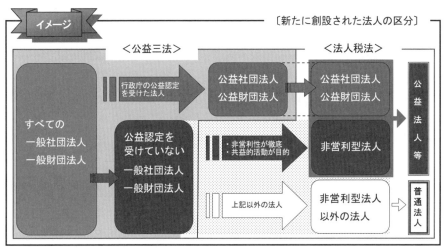

（出典：国税庁「新たな公益法人税制の手引」）

5-2

新公益法人の税制の体系

公益社団・財団法人の課税体系

　法人税法で収益事業として限定列挙された34の事業に該当していたとしても、公益認定等委員会や都道府県の合議制機関において公益目的事業と判断された事業については、非課税として取扱い法人税の課税が行われないこととなっています（法人税法施行令5条2項1号）。公益目的事業以外の事業については、法人税法で限定列挙された34の事業から生じた所得についてのみ法人税が課税されます。したがって、収益事業課税の範囲が一般社団・財団法人に比べ狭くなっているといえます。また、法人税の税率は、普

257

通法人と同じく原則23.2%（2023年3月1日執筆時点）となりましたが、年800万円以下の部分については19%の軽減税率が適用されます（現行は特例措置として年800万円以下の所得部分について税率15%となっています）。

一般社団・財団法人の課税体系

(1) 非営利型法人とそれ以外の法人の課税関係

　一般社団法人・財団法人については、大きく分けて『非営利性が徹底された法人及び共益的活動を目的とする法人（以下、「非営利型法人」という。）』と『それ以外の法人（以下、「普通法人」という。）』に区分して法人税法上の取扱いが適用されます。

　非営利型法人については、限定列挙された34の事業から生じる所得について法人税が課税される収益事業課税が適用されますが、非営利型ではない普通法人については、収益事業課税が適用されず、通常の営利企業と同じく普通法人として全所得課税が行われることになりました。いずれの区分においても法人税の税率は原則23.2%（2023年3月1日執筆時点）ですが、年800万円以下の所得部分については15%の軽減税率が適用されます。

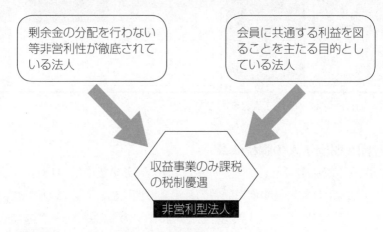

(2) 非営利型法人に該当するための要件

　上記のように一般社団・財団法人のうち非営利型法人には、「非営利性が徹底された法人」と「共益的活動を目的とする法人」に区分されますが、それぞれに該当するための要件は以下のとおりです。

(イ)　剰余金の分配を行わない等非営利性が徹底されている法人

具体的な要件は以下のとおりです（法人税法施行令3条1項）。

┌─【非営利徹底法人の要件】─────────────────

① 定款に剰余金の分配を行わない旨の定めがあること。

② 定款に解散したときはその残余財産が国、地方公共団体、公益社団・財団法人、学校法人、社会福祉法人等に帰属させる旨の定めがあること

③ 過去において、①②の定款の定めに違反した行為や、剰余金の分配又は残余財産の分配若しくは引渡し以外の方法で、特定の個人又は団体に特別の利益を与える行為を行ったことがないこと

④ 理事及びその配偶者又は3親等以内の親族その他の当該理事と特殊の関係のある者である理事の合計数が理事の総数の3分の1以下であること

(ロ)　会員に共通する利益を図ることを主たる目的としている法人

これらの法人はいわゆる共益法人といわれるもので、業界団体や親睦会、同窓会などが該当します。従来の中間法人的な位置付けのものを公益法人制度改革により一般社団・財団法人と整理したものです。これらの共益法人に収益事業課税が適用される具体的な要件は以下のとおりです（法人税法施行令3条2項、法基通1－1－10）。

┌─【共益法人の要件】─────────────────

① その会員の相互の支援、交流、連絡その他の当該会員に共通する利益を図る活動を行うことをその主たる目的としていること

② その定款（定款に基づく約款その他これに準ずるものを含む。）に、その会員が会費として負担すべき金銭の額の定め又は当該金銭の額を社員総会若しくは評議員会の決議により定める旨の定めがあること

③ その主たる事業として収益事業を行っていないこと。なお、判定においては収益事業を行う常態になっているかどうかで判断し、具体的には収益事業以外の事業の割合が概ね50％を超えるかどうかにより判定することになります

④　その定款に特定の個人又は団体に剰余金の分配を受ける権利を与える旨の定めがないこと

⑤　その定款に解散したときはその残余財産が特定の個人又は団体（国、地方公共団体、公益社団又は財団法人、その目的と類似の目的を有する他の一般社団・財団法人を除く。）に帰属する旨の定めがないこと

⑥　特定の個人又は団体に剰余金の分配その他の方法（合併による資産の移転を含む。）により特別の利益を与えることを決定し、又は与えたことがないこと

⑦　各理事について、当該理事及び当該理事の配偶者又は三親等以内の親族その他の当該理事と特殊の関係のある者である理事の合計数の理事の総数のうちに占める割合が、3分の1以下であること

(ハ)　理事と特殊な関係にある者の範囲

　理事と一定の特殊な関係にある者は、次の者をいいます（法人税法施行規則2条の2第1項）。

①　その理事の配偶者

②　その理事の三親等以内の親族

③　その理事と婚姻の届出をしていないが事実上婚姻関係と同様の事情にある者

④　その理事の使用人

⑤　①〜④以外の者でその理事から受ける金銭その他の資産によって生計を維持しているもの

⑥　③〜⑤の者と生計を一にするこれらの者の配偶者又は三親等以内の親族

(二)　特別な利益の定義

　「剰余金の分配を行わない等非営利性が徹底されている法人」「会員に共通する利益を図ることを主たる目的としている法人」ともに収益事業課税が適用されなくなる「特定の個人又は団体に対する特別な利益を与える行為」とは以下のような行為をいうこととされています（法基通1－1－8）。

┌─ 【税法上の「特別な利益を与える行為」】 ──────────────
│ ① 法人が、特定の個人又は団体に対し、その所有する土地、建物その
│   他の資産を無償又は通常よりも低い賃貸料で貸し付けていること
│ ② 法人が、特定の個人又は団体に対し、無利息又は通常よりも低い利
│   率で金銭を貸し付けていること
│ ③ 法人が、特定の個人又は団体に対し、その所有する資産を無償又は
│   通常よりも低い対価で譲渡していること
│ ④ 法人が、特定の個人又は団体から通常よりも高い賃借料により土地、
│   建物その他の資産を賃借していること又は通常よりも高い利率により
│   金銭を借り受けていること
│ ⑤ 法人が、特定の個人又は団体の所有する資産を通常よりも高い対価
│   で譲り受けていること又は法人の事業の用に供すると認められない資
│   産を取得していること
│ ⑥ 法人が、特定の個人又は団体に対し、過大な給与等を支給している
│   こと
└──────────────────────────────────

新公益法人の税制の体系

　　これらの特別な利益の取扱いは税法の解釈通達であり、形式的な判断
基準ではなく実態を伴っていなければ適用されません。すなわち、定款
に定めているのみで一律に収益事業課税が適用されるのではなく、間接
的に会員その他特別の者に対して利益分配を行っている場合など、実質
的に非営利性が徹底されていないものと税務当局から事実認定を受けた
場合には、税務上全所得課税とされることになるので留意が必要です。
意外と実務上行ってしまいやすい行為が多いため注意が必要です。原則
としてこれらの行為を行い、課税当局から指摘を受け事実認定をされた
場合には、その事業年度から全所得課税に移行となってしまいます。な
お、全所得課税になった場合には過去に受けていた優遇税制分の取戻課
税も行われることになるので更なる注意も必要です。

㈥ 理事１人の場合の社団法人は全所得課税に

　　一般社団法人の場合には理事１人の機関設計も可能ですが、上記の非
営利型法人の「各理事について、当該理事及び当該理事の配偶者又は三

親等以内の親族その他の当該理事と特殊の関係のある者である理事の合計数の理事の総数のうちに占める割合が、3分の1以下であること」という要件を充足するためには、少なくとも特殊関係者にない3名以上の理事をおく必要があるので留意が必要です。そのため、1人理事の一般社団法人は非営利型法人には該当せず全所得課税が適用されることになりますので留意が必要です。

(ヘ) 共益的活動を目的とする非営利型法人と実費弁償の取扱いとの関係

共益的活動を目的とする非営利型法人の要件の1つに「その主たる事業として収益事業を行っていないこと」が入っています。したがって、仮に収益事業を行っていたとして、それが実費弁償方式である場合、法人税の課税対象となる収益事業には当たらないと判断して判定を行ってもよいかどうかが問題となります。

この判定については、252ページの実費弁償の解説でも触れましたが、法基通1-1-11の手続に従い実費弁償の確認を受けた事業については収益事業に当たらないとして取り扱うこととされ、それをベースに、当該一般社団・財団法人が共益的活動を目的とする非営利型法人に該当するか否かを判定することになります。

【法人類型ごとの課税関係の整理】

	公益社団法人 公益財団法人	一般社団・財団法人		株式会社
		非営利型法人	普通法人	
法人税の課税	原則収益事業課税 認定法上の公益目的 事業については非課税	収益事業課税	全所得課税	全所得課税
税率	原則23.2% 年800万円以下に ついては15%	同左	同左	同左
みなし寄附金制度	所得の50%と公益目的事業のために収益事業から支出した金額とのいずれか大きい金額	なし	なし	なし
利子等に係る源泉徴収	非課税	課税	課税	課税

新公益法人の税制の体系

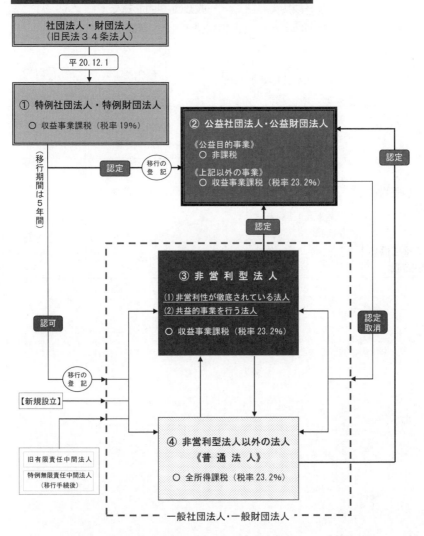

《参考》　新しい公益法人制度施行後の法人の体系について

社団法人・財団法人
（旧民法３４条法人）

平 20.12.1

① 特例社団法人・特例財団法人
〇 収益事業課税（税率 19%）

② 公益社団法人・公益財団法人
《公益目的事業》
〇 非課税
《上記以外の事業》
〇 収益事業課税（税率 23.2%）

認定

移行の登記

認定

認定

認定取消

（移行期間は 5 年間）

③ 非 営 利 型 法 人
(1) 非営利性が徹底されている法人
(2) 共益的事業を行う法人
〇 収益事業課税（税率 23.2%）

認可

移行の登記

【新規設立】

旧有限責任中間法人
特例無限責任中間法人
（移行手続後）

④ 非営利型法人以外の法人
《普 通 法 人》
〇 全所得課税（税率 23.2%）

一般社団法人・一般財団法人

(注) 1　一般社団法人・一般財団法人は、税法上の要件に該当するかどうかにより③と④に分かれる。
　　 2　特例社団法人・特例財団法人は、移行期間中に認定又は認可を受けなかった場合、原則として移行期間の
　　　　満了日に解散したものとみなされる。
　　 3　①の法人に係る税率（19%）及び②〜④の法人に係る税率（23.2%）について、所得金額年 800 万円以下
　　　　の金額については 15%の税率が適用される。
　　 4　原則として、平成 24 年 4 月 1 日から平成 27 年 3 月 31 日までの期間内に最初に開始する事業年度開始の
　　　　日から同日以後 3 年を経過する日までの期間内の日の属する事業年度については、法人税の額の10%の復興
　　　　特別法人税を法人税と同時に申告・納付することとなります。

（出典：国税庁「新たな公益法人関係税制の手引」を筆者一部修正）

3 区分経理の必要性と費用配賦の重要性

(1) 税務上の区分経理の基本的考え方

公益法人等が収益事業に係る法人税の申告をするためには、平成20年公益法人会計基準に基づく正味財産増減計算書や貸借対照表などのほかに、税務申告のために収益事業及び非収益事業を区分経理しそれぞれに係る損益計算書及び貸借対照表を作成し、添付することが求められています（法人税法施行令6条、法基通15-2-14）。

この税務上の区分経理は、収益及び費用に関する経理だけではなく、資産及び負債に係る経理も含まれるのが特徴です。なお、1つの資産が収益事業と非収益事業とに共用されている場合（それぞれの事業ごとに専用されている部分が明らかな場合を除きます。）には、その資産については、非収益事業用資産として区分経理し、償却費やその資産に係る費用の額のうち収益事業に係る部分の金額をその収益事業に係る経費として経理することが認められています（法基通15-2-1）。

(2) 費用又は損失の区分経理

公益法人等又は人格のない社団等が収益事業と収益事業以外の事業とを行っている場合における費用又は損失の額の区分経理については、次によることとされています（法基通15-2-5）。

① 収益事業について直接要した費用の額又は収益事業について直接生じた損失の額は、収益事業に係る費用又は損失の額として経理します。

② 収益事業と収益事業以外の事業とに共通する費用又は損失の額は、継続的に、資産の使用割合、従業員の従事割合、資産の帳簿価額の比、収入金額の比その他当該費用又は損失の性質に応ずる合理的な基準により収益事業と収益事業以外の事業とに配賦し、これに基づいて経理します。

（注）　公益法人等又は人格のない社団等が収益事業以外の事業に属する金銭その他の資産を収益事業のために使用した場合においても、これにつき収益事業から収益事業以外の事業へ賃借料、支払利子等を支払うこととしてその額を収益事業に係る費用又は損失として経理

することはできないことになっています。

(3) 公益認定等ガイドライン等における費用配賦の考え方

　公益認定等ガイドラインでは、管理費のうち事業費に含むことができるものとして以下のものが例示されるとともに、公益認定法施行規則第19条の配賦基準が参考例として示されています（ガイドラインⅠ－7(1)）。

【管理費のうち事業費に含むことができる例示】

　① 専務理事等の理事報酬、事業部門の管理者の人件費

　　……公益目的事業への従事割合に応じて公益目的事業費に配賦することができる。

　② 管理部門で発生する費用（職員の人件費、事務所の賃借料、光熱水費等）

　　……事業費に算入する可能性のある費用であり、法人の実態に応じて算入する。

　（注）　管理部門とは、法人本部における総務、会計、人事、厚生等の業務を行う部門をいう。

【共通費用の配賦基準】

配賦基準	適用される共通費用
建物面積比	地代、家賃、建物減価償却費、建物保険料等
職員数比	福利厚生費、事務用消耗品費等
従事割合	給料、賞与、賃金、退職金、理事報酬等
使用割合	備品減価償却費、コンピューターリース代等

　その上で新しい公益法人制度に係る質問への回答（FAQ）では、上表の配賦基準は絶対的なものではなく、それ以外に適当と判断した基準があればそれを採用しても構わないとされています（FAQ問Ⅵ－2－①）。さらに過去の活動実績、関連費用のデータなどから法人において合理的と考える程度の配賦割合を決めればよく、算定根拠を詳細かつ具体的に記載することも不要とされており、法人においてデータ採取等のために多大な事務負担を掛ける必要はないものとされています。したがって、各法人においては公益認定法施行規則第19条をそのまま当てはめるのではなく、ガイドラインやFAQに沿って法人の実態に則した費用区分を、法人のできる範囲において行

うことがポイントといえます。

　実際の検査等の場面においても法人が採用した配賦基準がよほど不合理なものではない限り、概ね容認されるようです。そのため、ある程度は法人の裁量により財務基準や支出計画等が有利になるように配賦基準を設定することも可能といえます。

⑷　税務基準と公益認定等ガイドラインとの整合性

　⑶のように、移行申請に伴う配賦基準は比較的柔軟な判断で問題ありませんが、今までの税務配賦基準との整合性について留意する必要があります。

　収益事業を行っている法人の場合、これまでの基本的なスタンスとしては法人税の課税所得を極力圧縮させる方向で、各経費を極力収益事業に係る経費に按分するように、収入比率基準等を採用することも多かったと思われます。しかし、財務基準の充足や公益目的支出計画をなるべく早めに終了させるためには、全くの逆効果となってしまうので留意が必要です。

　公益財務基準や公益目的支出計画に有利な配賦基準で申請をした法人が、移行直後の税務申告において今までと桁違いの税負担を強いられるケースや、適正に配賦計算をした結果、今までの税務基準の配賦の妥当性に大きな疑問符がついてしまう事案も少なくないようです。

　そのため、実際の予算案の作成、申請に当たっては課税所得への影響や今までの配賦基準との整合性を十分に考慮した配賦基準の設定も肝要であるといえます。

【申請書（会計上）の区分経理】

〔公益認定申請書の場合〕

科　　目	公益目的事業会計				収益事業等会計				法人会計
	公1	公2	共通	小計	他1	その他	共通	小計	
経常収益									
経常費用									
当期経常増減額									

　　　　　　　　　　　非課税　　　　　　　収益事業等の利益の50％以上は
　　　　　　　　　　　　　　　　　　　　　公益目的事業に繰り入れなければ
　　　　　　　　　　　　　　　　　　　　　ならず、繰り入れた金額はみなし
　　　　　　　　　　　　　　　　　　　　　寄附金として実質上非課税

〔移行認可申請書の場合〕

科　　目	実施事業等会計				その他会計				法人会計
	O1	O2	共通	小計	他1	その他	共通	小計	
経常収益									
経常費用									
当期経常増減額									

・実施事業等会計、その他会計、法人会計の中から、法人税法上の収
　益事業に該当するものをピックアップし、別途所得計算
・その他会計のうち一部門を収益事業会計とし所得計算

【法人が行う事業と収益事業の関係】

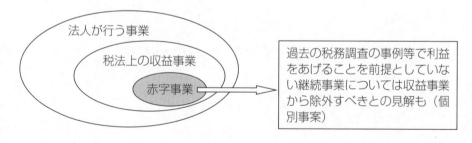

過去の税務調査の事例等で利益
をあげることを前提としていな
い継続事業については収益事業
から除外すべきとの見解も（個
別事案）

4 全所得課税法人に該当することとなった場合等の課税の調整

非営利型法人の類型と各要件の趣旨

　先述のとおり非営利型法人としては、法人税法上以下の２つの類型が設けられています。

(1) 非営利性が徹底されている法人（法人税法２条９号の２イ）の要件と要件の趣旨

　この類型は、剰余金の分配を行わず、残余財産の帰属先が公益的な活動を行う法人等に限定され、さらに役員給与などによる実質的な利益分配が行われるおそれも排除されているような法人については、必ずしも利益を稼得する活動を行うとは限らないと評価できることから、利益を稼得すると想定される活動、すなわち収益事業に対してのみ課税関係を生じさせようとする趣旨から設けられているものです。

　具体的には次に掲げる要件にすべて該当する一般社団法人又は一般財団法人とされています（法人税法施行令３条第１項、法人税法施行規則２条の２第１項）。

(イ) 定款に剰余金の分配を行わない旨の定めがあること

　　一般社団・財団法人では、社員又は設立者に剰余金又は残余財産の分配を受ける権利を与える旨の定款の定めは効力を有しないものとされていますが（一般法人法11条２項）、さらに、利益を稼得することを予定していない法人の条件として、社員又は設立者以外の者に対しても剰余金等の分配を行わない旨をあらかじめ定款で定めていることを前提としています。

(ロ) 定款に解散時の残余財産を国、地方公共団体、公益社団法人又は公益財団法人等に帰属させる旨の定めがあること

　　上記(イ)と同様に利益を稼得することを予定していない法人の条件として、その活動中に生じた剰余金の処分に限らず、解散時の残余財産の処分についても公益的な活動を行う法人等に帰属することが担保されていることを前提条件としているものです。一般社団・財団法人の場合には社員総会等で残余財産の帰属先を決定できることから、あらかじめ定款

全所得課税法人に該当することとなった場合等の課税の調整

において法人の関係者に対して分配されないことが明らかであるものとして、公益社団法人又は公益財団法人が清算する場合の残余財産の帰属先等と同様の帰属先を求めているものです。

(ハ) 過去において、(イ)(ロ)の定款の定めに違反した行為や、剰余金の分配又は残余財産の分配若しくは引渡し以外の方法で、特定の個人又は団体に特別の利益を与える行為を行ったことがないこと

　　上記(イ)(ロ)に掲げる事項は、あらかじめ定款に定めてさえおけば、これらの要件に該当することとなるため、事後的にも充足させるために設けられているものです。そのため、過去に一度でも上記に係る定款の定めに違反する行為を決定した場合には、以後非営利型法人になることはできません。なお、直接的な分配以外の実質的な剰余金の分配等も含まれることになりますが、公益法人に対して行うその公益法人が行う公益を目的とする事業のためにする寄附等は該当しないこととなっています。

(ニ) 理事及びその配偶者又は３親等以内の親族その他の当該理事と特殊の関係のある者である理事の合計数が理事の総数の３分の１以下であること

　　実質的な面においても利益を稼得することを予定していない法人であることの要件として、事業を運営するための組織の適正性が維持されている必要性があることから、公益社団・財団法人と同様に、理事に占める特殊関係者の割合が制限されています。

　　なお、ここでいう理事と特殊な関係にある者とは、具体的には次に掲げる者とされています（法人税法施行規則２条の２第１項）。

　ⅰ　理事の配偶者

　ⅱ　理事の３親等以内の親族

　ⅲ　理事と婚姻の届出をしていないが事実上の婚姻関係と同様の事情にある者

　ⅳ　理事の使用人

　ⅴ　上記に掲げる者以外の者でその理事から受ける金銭その他の資産によって生計を維持しているもの

　ⅵ　上記ⅲからⅴまでに掲げる者と生計を一にするこれらの者の配偶者又は３親等以内の親族

なお、職責上使用人としての地位のみを有する者以外の者でその一般社団法人又は一般財団法人の経営に従事しているものは、みなし理事として上記の要件を適用することとされています（法人税法施行令3条3項）。

　なお、この要件の取扱いにおいて、一般社団法人は、理事1人の機関設計が可能ですが、上記要件を充足するためには、少なくとも特殊関係にない3名以上の理事を置く必要があります。

(2)　共益的活動を目的とする法人

　この類型は、会員からの会費を原資として、それが会員向けの共益的事業活動に専ら費消され、会員がその潜在的受益者になることが想定されているような法人を対象として設けられています。一般的にはいわゆる共益法人といわれるもので、業界団体や親睦会、同窓会などが該当します。従来の中間法人的な位置付けのものを公益法人制度改革により一般社団法人及び一般財団法人と整理したものです。こうした法人の場合には会費の収入時期と支出時期とのタイムラグにより一過性の余剰が生じることは避けられないものの、このような余剰への課税は、活動実態に照らして必ずしも合理的とはいえないとの考え方（税制調査会基礎問題小委員会・非営利法人課税ワーキンググループ「新たな非営利法人に関する課税及び寄附金税制についての基本的考え方」平成17年6月）を踏まえたものです。

　具体的には次に掲げる要件のすべてに該当する一般社団法人又は一般財団法人とされています（法人税法施行令3条2項、法人税法施行規則2条の2第1項）。

(イ)　その会員の相互の支援、交流、連絡その他の当該会員に共通する利益を図る活動を行うことをその主たる目的としていること

　当然のことながら、共益的な活動を行う法人であることが、目的において明らかにされている必要があるという趣旨で設けられたものであり、会員の範囲や目的の内容は制限されていません。

(ロ)　その定款（定款に基づく約款その他これに準ずるものを含む。）に、その会員が会費として負担すべき金銭の額の定め又は当該金銭の額を社員総会若しくは評議員会の決議により定める旨の定めがあること

　共益的な活動を行う法人として、その活動の原資となる会費について、

共同で負担すべき額があらかじめ明らかにされていること又は法人内部の正式な手続きを経て定められていることを求めているものです。

(ハ) その主たる事業として収益事業を行っていないこと

　　共益的な活動を主たる目的としている法人として、営利法人と競合する事業を主たる事業として行っていないことを求めているものです。本判定にあたっては、非営利型法人が行う事業で収益事業の範囲から除外されているものに該当する事業を収益事業に含めないこととされています（法人税法施行令3条4項、法人税法施行規則2条の2第4項）。

(二) その定款に特定の個人又は団体に剰余金の分配を受ける権利を与える旨の定めがないこと

　　特定の権利付与を制限するものであり、会員に対して共通する利益を受ける権利を与えることを制限する趣旨ではありません。

(ホ) その定款に解散したときはその残余財産が特定の個人又は団体（国、地方公共団体、公益社団又は財団法人、その目的と類似の目的を有する他の一般社団又は財団法人を除く。）に帰属する旨の定めがないこと

　　特定の者に対する権利付与を制限するものであり、会員間で負担に応じて残余財産を還付する場合などは要件違反に該当しません。

(ヘ) 特定の個人又は団体に剰余金の分配その他の方法（合併による資産の移転を含む。）により特別の利益を与えることを決定し、又は与えたことがないこと

　　直接的な分配以外の実質的な剰余金の分配等も含まれることとなります。また、過去に一度でも本要件に違反した場合には以後非営利型法人に該当することはできません。

(ト) 各理事について、当該理事及び当該理事の配偶者又は三親等以内の親族その他の当該理事と特殊の関係のある者である理事の合計数の理事の総数のうちに占める割合が、3分の1以下であること

　　法人の組織面においても基本的には共益的な活動を行うための体制が維持されている必要があり、公益社団・財団法人と同様に、理事に占める特殊関係者の割合が制限されています。なお、特殊関係者の範囲は(1)(二)と同様です。

(3) 特別な利益の定義と実質判定

　上記(1)(イ)～(ニ)の要件をすべて満たしていれば非営利性が徹底されているものとして、課税範囲が収益事業に限定され、収益事業課税となります。しかし、注意しなければならないのは上記要件はすべて税法規定であるため、実態を伴っていなければ適用されません。すなわち、定款に定めているのみで一律に収益事業課税が適用されるのではなく、間接的に会員その他特別の者に対して利益分配を行っている場合など、実質的に非営利性が徹底されていないものと税務当局から事実認定を受けた場合には税務上全所得課税が適用される普通法人に移行することとなるので注意が必要です。

　なお、「非営利徹底型法人」「共益型法人」ともに優遇措置がなくなる「特定の個人又は団体に対する特別な利益を与える行為」とは以下のような行為で、社会通念上不相当なものをいうこととされています（法基通１－１－８）。

```
┌─【特定の個人又は団体に対する特別な利益を与える行為】───────
│ ①　法人が、特定の個人又は団体に対し、その所有する土地、建物その
│ 　　他の資産を無償又は通常よりも低い賃貸料で貸し付けていること
│ ②　法人が、特定の個人又は団体に対し、無利息又は通常よりも低い利
│ 　　率で金銭を貸し付けていること
│ ③　法人が、特定の個人又は団体に対し、その所有する資産を無償又は
│ 　　通常よりも低い対価で譲渡していること
│ ④　法人が、特定の個人又は団体から通常よりも高い賃借料により土地、
│ 　　建物その他の資産を賃借していること又は通常よりも高い利率により
│ 　　金銭を借り受けていること
│ ⑤　法人が、特定の個人又は団体の所有する資産を通常よりも高い対価
│ 　　で譲り受けていること又は法人の事業の用に供すると認められない資
│ 　　産を取得していること
│ ⑥　法人が、特定の個人又は団体に対し、過大な給与等を支給している
│ 　　こと
└─────────────────────────────────────
```

　上記行為は、注意しなければ実務上行ってしまいやすい行為であるため注意が必要となります。原則としてこれらの行為を行い、課税当局から事実認

定された場合には税務上は普通法人に移行したものとされ、該当日以後は全所得課税に移行となります。

　なお、「特別な利益を与えること」には、収益事業に限らず、収益事業以外の事業において行われる経済的利益の供与又は金銭その他の資産の交付が含まれます。

全所得型法人への移行と課税調整措置
(1)　全所得課税型法人への移行と手続き
【移行パターン】

　「非営利徹底型法人」「共益型法人」ともに、上記(1)(イ)～(ニ)、(2)(イ)～(ト)の要件を満たさなくなった場合には、その満たさなくなった日後から全所得課税型の法人に移行することになります。この全所得課税型への移行は、(イ)定款の変更等自ら自主的に移行するものと、(ロ)税務調査等の事実認定により、定款の形式用件は満たしているものの、実質判定により期せずして移行を余儀なくされるパターンがあります。

　この全所得課税型への移行は課税調整措置や、課税体系の変更に伴い、実務への影響が極めて大きいことが予想されるため、(ロ)の期せずして移行を余儀なくされる状況に陥るのではなく、メリット・デメリットを慎重に見極めながら自主的に移行することが望ましいといえます。

【移行に伴う手続き】
(イ)　普通法人になった旨の届出

　全所得課税が適用される普通法人に該当することとなった場合には『普通法人又は協同組合等となった旨の届出書』をその該当することとなった日から2か月以内に所轄税務署長に提出しなければなりません。

（3）普通法人又は協同組合等となった旨の届出書

公益社団法人若しくは公益財団法人、非営利型法人又は特例民法人で、収益事業を行っていないものが、普通法人に該当することとなった場合は、「普通法人又は協同組合等となった旨の届出書」を次の記載例を参考として作成し、納税地を所轄する税務署長へ提出してください。

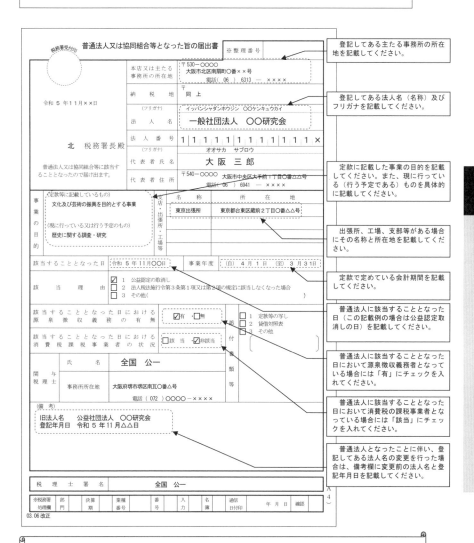

この届出書は、普通法人に該当することとなった日以後2月以内に提出してください。

（出典：国税庁「新たな公益法人関係税制の手引」を筆者一部修正）

(ロ)　青色申告の承認申請の特例措置

　　普通法人に移行した場合でも、税務上、一定の帳簿を備え付けること
により各種の特典が認められる青色申告制度が認められています。通常
この青色申告の承認申請は事業年度開始の前日までに行う必要があります
すが、収益事業を行っていない公益法人等が普通法人に該当することに
なった場合にはその該当することとなった日の属する事業年度について
は、青色申告承認申請の提出期限の特例措置が設けられており、その該
当することとなった日から３か月を経過した日とその事業年度終了の日
のいずれか早い日までに提出すればよいことになっています（法人税法
１２２条２項３号）。

(ハ)　収益事業開始等届出書

　　収益事業を行っていない公益法人等が普通法人に該当することとなっ
た場合には、その該当することとなった日以後２か月以内に、納税地そ
の他一定の事項を記載した届出書にその該当することとなった時におけ
る貸借対照表の書類を添付し、納税地の所轄税務署長に提出しなければ
ならないこととされています（法人税法１５０条２項）。

(ニ)　事業年度の区分

　ⅰ　みなし事業年度

　　　公益法人等が普通法人に該当することとなった場合又は普通法人が
公益法人等に該当することとなった場合には、定款等で定めた事業年
度開始の日からその該当することとなった日の前日までの期間及びそ
の該当することとなった日からその定款で定めた事業年度終了の日ま
での期間をそれぞれ１事業年度とみなすこととされています（法人税
法１４条20号）。

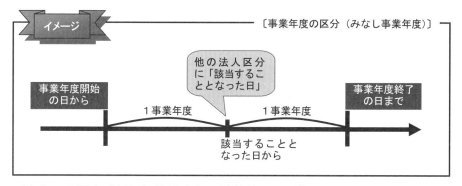

（出典：国税庁「新たな公益法人関係税制の手引」）

ⅱ　消費税及び地方消費税の課税期間

　　法人の消費税の課税期間については、その法人の事業年度とされています（消費税法19条1項2号）。したがって、上記ⅰのように事業年度が区分された場合は、区分された事業年度それぞれが消費税の一課税期間となります。

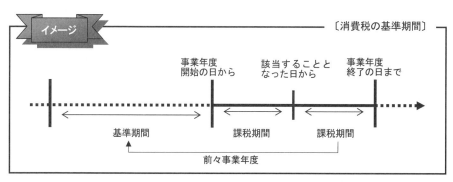

（出典：国税庁「新たな公益法人関係税制の手引」）

(2) 全所得課税法人に該当することとなった場合の課税の調整

　　収益事業課税が適用される公益社団・財団法人や一般社団・財団法人が全所得課税が適用される普通法人に変更になった場合には、課税関係の連続性や課税の公平の観点から、一定の調整措置がとられることになっています。

収益事業課税法人が普通法人（全所得課税法人）に該当することになった場合の調整措置

　　収益事業課税が適用される公益社団・財団法人、非営利型の一般社団・財団法人が全所得課税が適用される普通法人に該当することとなった場合には、その該当することとなった日前の収益事業以外の事業から生じた所得の金額の累積額として計算した金額、又は移行日前の収益事業以外の事業から生じた欠損金額の累計額として計算した金額を移行日の属する事業年度の所得の計算上益金の額又は損金の額とすることとされています（法人税法64条の4第1項）。

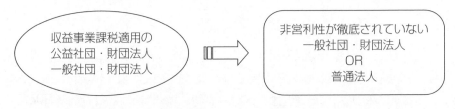

(ロ)　**益金の額に算入される金額**

　　移行日における資産の帳簿価額から負債の帳簿価額を控除した金額（簿価純資産価額）から税務上の利益積立金を控除した残額。なお、公益社団・財団法人が普通法人に移行した場合には課税対象額から公益目的取得財産残額を、非営利型一般法人（移行法人に限る。）又は特例民法法人が普通法人に移行した場合には課税対象額から公益目的財産残額をそれぞれ控除できることとされています。

　　留意したいのが、一般社団・財団法人が剰余金の分配制限をなくすこと等により収益事業課税から全所得課税に移行した場合、単年度に予想外の税負担が発生する可能性があります。特に収益事業以外の事業で多

額の内部留保をしている場合など内部留保が多い法人の場合には予想外の税負担を強いられることにもなりかねないので事前に慎重なシミュレーションを実施することが必要となります。

(ハ)　損金の額に算入される金額

移行日における資産の帳簿価額から負債の帳簿価額を控除した金額（簿価純資産価額）から税務上の利益積立金を控除した金額がマイナスになる場合における当該マイナス金額。

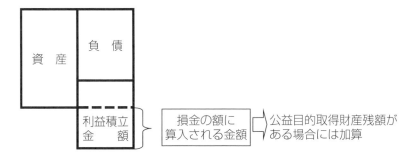

(二)　税務上の利益積立金とは

過去から蓄積されている社内に留保された課税済みの所得の累計額。課税済みの金額であるため、課税されていない一般会計等の内部留保は含まれません。具体的には法人税申告書別表五(一)31欄④の金額をいいます（次ページ参照）。

ここで最も注意しなければならないのが、当該金額がマイナスの場合です。すなわち、簿価純資産の金額から利益積立金の金額を控除する取扱いとなっていますが、当該利益積立金がマイナスの場合には、「マイナス＋マイナス」で結果として加算することになってしまいます。公益法人等の場合、過去の税務申告の課税所得を極力圧縮する見地から、費用を大目に収益事業に割り振り、結果として赤字申告を続けている場合などは、利益積立金が大幅なマイナスとなっていることも少なくないと思われます。このような場合には、普通法人に移行することによって、大きな課税が発生する可能性もあるので注意が必要です。

利益積立金額及び資本金等の額の計算に
関する明細書

事業年度	・ ・	法人名	

別表五(一)　令四・四・一以後終了事業年度分

御注意

この表は、通常の場合には次の算式により検算ができます。

期首現在利益積立金額合計「31」① ＋ 別表四留保所得金額又は欠損金額「52」 － 中間分・確定分の法人税等、道府県民税及び市町村民税の合計額 ＝ 差引翌期首現在利益積立金額合計「31」④

中間分・確定分の通算税効果額の合計額

I　利益積立金額の計算に関する明細書

区分		期首現在利益積立金額 ①	当期の増減 減 ②	当期の増減 増 ③	差引翌期首現在利益積立金額 ①－②＋③ ④
利 益 準 備 金	1	円	円	円	円
積　立　金	2				
	3	90,100	90,100	29,600	29,600
	4				
	5				
	6				
	7				
	8				
	9				
	10				
	11				
	12				
	13				
	14				
	15				
	16				
	17				
	18				
	19				
	20				
	21				
	22				
	23				
	24				
繰 越 損 益 金（損 は 赤）	25	798,509		681,813	1,480,322
納 税 充 当 金	26	535,100	535,100	198,200	198,200
未納法人税及び未納地方法人税（附帯税を除く。）	27	△ 396,600	△ 396,600	中間 △ / 確定 △ 109,400	△ 109,400
未払通算税効果額（附帯税の額に係る部分の金額を除く。）	28			中間 / 確定	
未納道府県民税（均等割額を含む。）	29	△ 39,800	△ 39,800	中間 △ / 確定 △ 25,400	△ 25,400
未納市町村民税（均等割額を含む。）	30	△ 98,700	△ 98,700	中間 △ / 確定 △ 63,400	△ 63,400
差 引 合 計 額	31	888,609	90,100	711,413	1,509,922

（未納法人税等　通算法人等積立金に対するものを除く。）

この金額

II　資本金等の額の計算に関する明細書

区分		期首現在資本金等の額 ①	当期の増減 減 ②	当期の増減 増 ③	差引翌期首現在資本金等の額 ①－②＋③ ④
資 本 金 又 は 出 資 金	32	10,000,000 円	円	円	10,000,000 円
資 本 準 備 金	33				
	34				
	35				
差 引 合 計 額	36	10,000,000			10,000,000

　公益目的取得財産残額とは、毎事業年度末における公益目的事業財産の未使用残高のことであり、公益目的増減差額と公益目的保有財産の合計額で、毎事業年度末に行政庁に報告しなければならないものです。認定取消し時には公益目的取得財産残額に相当する金額を、法で定める一定の法人のうち、定款で定める者に認定取消しの日から1箇月以内に贈与しなければなりません（公益認定法5条17号）。なお、当該贈与が期限までに行われなかった場合には、行政庁の区分に応じて、国又は都道府県を相手方とする書面による贈与契約が成立したものとみなされます（公益認定法30条）。

　この贈与による支出部分は、公益目的のために法人から組織外流出することが明らかであり、課税所得金額の計算に加味しなくても課税の公平を害するものではないため、益金の額又は損金の額に算入する金額から控除又は加算することとされています。

　なお、この取扱いは原則として確定申告書に金額及びその計算に関する明細の記載があり、かつ、当該金額を証する書類の添付がある場合に限り適用されます（法人税法施行令131条の5第4項・9項）。

㊢ 公益目的財産残額の調整理由

　公益目的財産残額とは、特例民法法人が移行申請する際に算定した公益目的財産額のうち、まだ、実施事業等に実施していない部分の金額のことです。全所得課税が適用される法人に該当することとなった場合でも、公益目的財産残額は公益目的事業に費消しなければならないため、課税所得の金額の計算に加味しなくても課税の公平を害するものではないので益金の額に算入する金額から控除し、控除しきれない金額があるときは、その金額は損金とみなされることとされています。

　なお、当然のことですが、公益目的支出計画が完了している法人の場合には、公益目的財産残額は存在しないため、控除する金額はゼロとなります。

　具体的に調整される金額は公益目的財産残額そのものの金額ではなく、次に掲げる金額のうちいずれか少ない金額とされています。

ⅰ　移行日における修正公益目的財産残額※

ⅱ　移行日における資産の帳簿価額から負債の帳簿価額等を控除した金額

　　※　公益目的財産残額＋公益目的収支差額の収入超過額＋時価評価資産の評価損－時価評価負債の評価益の額

　この取扱いは原則として確定申告書（次ページ別表十四(七)参照）に金額及びその計算に関する明細の記載があり、かつ、当該金額を証する書類の添付がある場合に限り適用されます（法人税法64条の4第4項・5項）。

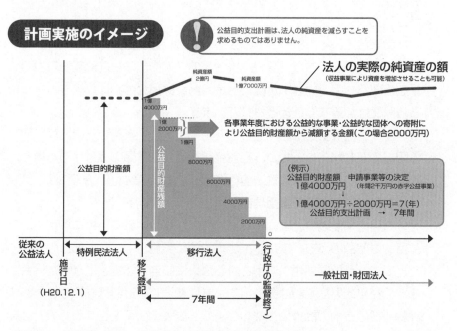

（出典：内閣府「民による公益の増進を目指して」）

① 公益法人等が普通法人に移行する場合等の累積所得金額又は累積欠損金額の益金又は損金算入等に関する明細書

事業年度 又は連結 事業年度	・ ・	法人名	(	)

I 公益認定の取消しにより普通法人に該当することとなった場合等の累積所得金額又は累積欠損金額の益金又は損金算入に関する明細書

項目	No	金額	項目	No	金額
移行日又は適格合併の日	1	・ ・	簿 価 純 資 産 価 額 (2)－((3)＋(4))	5	円
資 産 の 帳 簿 価 額	2	円	公 益 目 的 取 得 財 産 残 額	6	
負 債 の 帳 簿 価 額	3		累 積 所 得 金 額 の 益 金 算 入 額 (5)－(6) (マイナスの場合は0)	7	
利 益 積 立 金 額	4		累 積 欠 損 金 額 の 損 金 算 入 額 (6)－(5) (マイナスの場合は0)	8	

II 移行法人が普通法人に該当することとなった場合等の累積所得金額又は累積欠損金額の益金又は損金算入等に関する明細書

項目	No	金額	区分	項目	No	金額
移行日又は適格合併の日	9	・ ・	翌期繰越調整公益目的財産残額の計算	当初調整公益目的財産残額又は期首調整公益目的財産残額 (20)又は(前期の(35))	23	円
資 産 の 帳 簿 価 額	10	円		当期における公益目的支出の額	24	
負 債 の 帳 簿 価 額	11			同上のうち損金不算入額	25	
利 益 積 立 金 額	12			過年度において損金不算入とされた公益目的支出の額のうち当期認容額	26	
簿 価 純 資 産 価 額 (10)－((11)＋(12))	13			調整後の当期公益目的支出の額 (24)－(25)＋(26)	27	
当初調整公益目的財産残額の計算 / 修正公益目的財産残額の計算	公益目的財産残額	14		当期における実施事業収入の額	28	
	公益目的収支差額の収入超過額	15		同上のうち益金不算入額	29	
	時価評価損の額	16		過年度において益金不算入とされた実施事業収入の額のうち当期加算額	30	
	時価評価益の額	17		調整後の当期実施事業収入の額 (28)－(29)＋(30)	31	
	修正公益目的財産残額 (14)＋(15)＋(16)－(17) (マイナスの場合は0)	18		差 引 (27)－(31) (マイナスの場合は0)	32	
	簿価純資産価額 (13) (マイナスの場合は0)	19		当期における損金不算入額 ((23)と(32)のうち少ない金額)	33	
	当初調整公益目的財産残額 ((18)と(19)のうち少ない金額)	20		当期における益金不算入額 (31)－(27) (マイナスの場合は0)	34	
累積所得金額の益金算入額 (13)－(20) (マイナスの場合は0)	21			期末調整公益目的財産残額 (23)－(24)＋(28) (マイナスの場合は0)	35	
累積欠損金額の損金算入額 (20)－(13) (マイナスの場合は0)	22					

法 0301－1407

(ト) 調整があった事業年度以後の各事業年度の損益の調整

i 公益社団・財団法人が調整を受ける場合

上記の調整措置を受けた公益社団・財団法人について、公益目的取得財産残額相当額を贈与契約により贈与をしたときのその贈与により生じた損失の額は、調整措置によって既に所得金額から控除し、又は欠損金額に加算されているので、損金の額に算入しないこととされています（法人税法施行令131条の5第4項）。

また、その贈与により生じた損失の額は、寄附金の損金算入限度額の計算における寄附金の額に該当しないこととされています（法人税法施行令131条の5第9項）。

ii 一般社団・財団法人が調整を受ける場合

上記の調整を受けた一般社団・財団法人である移行法人について、公益目的支出計画の実施による公益目的支出の額が実施事業収入の額を超える部分の金額（調整公益目的財産残額に相当する金額を限度とする）は、この調整措置によって既に所得金額から控除し、又は欠損金額に加算されているので、損金の額に算入しないこととされています（法人税法施行令131条の5第5項）。一方で、各事業年度において実施事業収入の額が公益目的支出の額を超えるとき（調整公益目的財産残額がある場合に限ります）は、その超える部分の金額は益金の額に算入しないこととされています（法人税法施行令131条の5第6項）。

また、これらの公益目的支出の額は、寄附金の損金算入限度額の計算における寄附金の額に該当しないこととされています（法人税法施行令131条の5第9項）。

収益事業課税法人から全所得課税法人に移行した以後の事業年度の税務上の主な留意点

(1) 法人税の所得計算の基本構造

わが国の法人税法は確定決算主義を採用しており、社員総会、評議員会等で承認された決算書の金額に基づいて計算される仕組みとなっています。しかし、法人税法は「課税の公平」という基本理念を最も重要視しており、法

人決算により算定された利益がそのままイコール法人税法上の課税所得になるわけではありません。具体的には法人税法における課税所得の算定方法は「益金－損金」の算式で計算され、一定程度法人の自主性は尊重しつつも、税法上別段の定めにより、益金・損金の金額の算定において一定の制限を設ける仕組みとなっています。

(2) 全所得課税型に移行した場合において影響がある可能性がある主な論点

(イ) 役員報酬

法人が役員に対して支給する給与の額については定期同額給与、事前確定届出給与又は利益連動給与のいずれにも該当しないものの額は損金の額に算入されないことになっています。公益法人等にとって該当するものとしては、次に掲げる定期同額給与と事前確定届出給与となりますが、その概要は以下のとおりです（法人税法34条1項）。

なお、役員報酬については、恣意性の排除を目的として、その損金算入要件を厳しく制限しています。収益事業課税型法人の場合には役員報酬の全額を収益事業に係るものとすることは少なく、その一部のみを収益事業へ割振りを行うか、あるいは全く行っていない法人が多いと思われます。

そのため、課税への影響は少ない傾向にあったものと思われますが、全所得課税型に移行した場合には、インパクトがかなり大きいことが予想され、慎重な対応が求められます。

また、次に掲げる給与のいずれかに該当するものであっても、不相当に高額な部分の金額は、損金の額に算入されません。

【定期同額給与】

定期同額給与とは次に掲げる給与をいう。

(1) その支給時期が1か月以下の一定の期間ごとである給与（以下、「定期給与」という。）で、その事業年度の各支給時期における支給額が同額であるもの

(2) 定期給与の額につき、次に掲げる改定（以下、「給与改定」という。）がされた場合におけるその事業年度開始の日又は給与改定前の最後の支給時期の翌日から給与改定後の最初の支給時期の前日又はその事業

年度終了の日までの間の各支給時期における支給額が同額であるもの

イ　その事業年度開始の日の属する会計期間開始の日から３か月を経
過する日までに継続して毎年所定の時期にされる定期給与の額の改
定。ただし、その３か月を経過する日後にされることについて特別
の事情があると認められる場合にはその改定の時期にされたもの

ロ　その事業年度においてその法人の役員の職制上の地位の変更、そ
の役員の職務の内容の重大な変更その他これらに類するやむを得な
い事情（以下、「臨時改定事由」という。）によりされたその役員に
係る定期給与の額の改定（イに掲げる改定を除く。）

ハ　その事業年度においてその法人の経営状況が著しく悪化したこと
その他これに類する理由（以下、「業績悪化改定事由」という。）に
よりされた定期給与の額の改定（その定期給与の額を減額した改定
に限られ、イ及びロに掲げる改定を除く。）

(3)　継続的に供与される経済的利益のうち、その供与される利益の額が
毎月概ね一定であるもの

【事前確定届出給与】

　事前確定届出給与とは、その役員の職務につき所定の時期に確定額を
支給する旨の定め（以下、「事前確定届出給与に関する定め」という。）
に基づいて支給する給与（定期同額給与及び利益連動給与を除く。）で
ある。次に掲げる場合に応じて、それぞれ次に定める届出期限までに納
税地の所轄税務署長にその事前確定届出給与に関する定めの内容に関す
る届出をしているものをいう。

　なお、同族会社以外の法人（注）が定期給与を支給しない役員に対し
て支給する給与については、その届出をする必要はない。

（注）　同族会社に該当するかどうかの判定は、その法人が定期給与を
支給しない役員の職務につき、その定めをした日（新設法人に
あっては設立の日）の現況による。

(1)　原則

　事前確定届出給与に関する定めをした場合は、原則として、次のイ又

は口のうちいずれか早い日（新設法人がその役員のその設立の時に開始する職務についてその定めをした場合にはその設立の日以後2か月を経過する日。）が届出期限となる。

イ　株主総会、社員総会又はこれらに準ずるもの（以下、「株主総会等」という。）の決議によりその定めをした場合におけるその決議をした日（その決議をした日が職務の執行を開始する日後である場合にはその開始する日）から1か月を経過する日

ロ　その会計期間開始の日から4か月を経過する日

(2)　臨時改定事由により定めをした場合

臨時改定事由によりその臨時改定事由に係る役員の職務について事前確定届出給与に関する定めをした場合（その役員のその臨時改定事由が生ずる直前の職務について事前確定届出給与に関する定めがある場合を除きます。）は、次に掲げる日のうちいずれか遅い日が届出期限となる。

イ　上記(1)のイ又は口のうちいずれか早い日（新設法人にあっては、その設立の日以後2か月を経過する日）

ロ　臨時改定事由が生じた日から1か月を経過する日

(3)　事前確定届出給与に関する定めを変更する場合

既に上記(1)又は(2)の届出をしている法人が、その届出をした事前確定届出給与に関する定めの内容を変更する場合において、その変更が次に掲げる事由に基因するものであるときのその変更後の定めの内容に関する届出の届出期限は、次に掲げる事由の区分に応じてそれぞれ次に掲げる日となる。

イ　臨時改定事由
その事由が生じた日から1か月を経過する日

ロ　業績悪化改定事由（給与の額を減額する場合に限る。）
その事由によりその定めの内容の変更に関する株主総会等の決議をした日から1か月を経過する日（変更前の直前の届出に係る定めに基づく給与の支給の日が1か月を経過する日前にある場合には、その支給の日の前日）

㈢　交際費及び寄附金の損金不算入制度

　法人税法においては、交際費及び寄附金については政策的な見地から、その損金算入について、一定の制限を設けています。

　公益法人として、公益的な活動を行っていた法人は、その支出について、定款との整合性や監督官庁からの指導を最優先に考えて、予算の作成や執行を行っていたものと思われます。しかし、税務上その支出の「損金性」についての判断は「事業関連性」が最も重視されます。この「事業関連性」とは定款との整合性というよりはむしろ、収益獲得との関連性という視点に重きが置かれることとなります。すなわち、その支出について仮に定款の事業目的と合致していたとしても、課税当局から、その支出が法人の収益獲得に貢献するために必要と認められないものと判断された場合には、交際費又は寄附金として損金不算入の扱いとなることがあります。

　この交際費課税、寄附金の損金不算入制度は、純粋な営利法人でも、税務調査の場面においては常に論点となるものであり、新聞紙上においても巨額な寄附金課税による追徴の報道を目にすることも多いものです。従来は非営利型であった法人は、その傾向として事業関連性の低い支出が多い傾向にあるため、全所得課税型への移行にあたっては最も注意すべき論点といっても過言ではありません。

　なお、法人税法上の交際費・寄附金の定義は以下のとおりです。

ｉ　交際費課税制度

　交際費課税制度は企業の冗費を節約させ内部留保を充実させ、企業の体質強化を図るという趣旨から設けられた制度です。税法上交際費とは、交際費、接待費、機密費その他の費用で、法人が、その得意先、仕入先その他事業に関係のある者等に対する接待、供応、慰安、贈答その他これらに類する行為のために支出する費用をいうこととされています（租税特別措置法61条の4第4項）。

　法人の資本金の額等に応じて一定額の控除が求められていますが、原則として税務上交際費として認定されたものは損金としては認められません。

ii　税務上の寄附金の損金不算入制度

　　寄附金は法人の事業活動とは直接関係なく支出されるものであるため、事実上の経費としての性格が乏しいものです。さらに、寄附金を支出した法人の課税所得の計算上損金とすると、それに見合う分の国庫収入となる法人税が減少し、結果として国が寄附金の一部を補助した形となってしまうことを考慮して、資本金等の額に基づいて、一定額以上は損金の算入を認めないという制度です。

　　税務上の寄附金の定義は、寄附金、拠出金、見舞金その他いずれの名義をもってするかを問わず、内国法人が金銭その他の資産又は経済的な利益の贈与又は無償の供与（広告宣伝及び見本品の費用その他これらに類する費用並びに交際費、接待費及び福利厚生費とされるべきものを除く。）をした場合における当該金銭の額若しくは金銭以外の資産のその贈与の時における価額又は当該経済的な利益のその供与の時における価額によるものとされています（法人税法37条6項・7項・8項）。また、内国法人が資産の譲渡又は経済的な利益の供与をした場合において、その譲渡又は供与の対価の額が当該資産のその譲渡の時における価額又は当該経済的な利益のその供与の時における価額に比して低いときは、当該対価の額と当該価額との差額のうち実質的に贈与又は無償の供与をしたと認められる金額は、寄附金の額に含まれるものとされています。

　　税務上の寄附金の範囲は極めて広く、その支出の事業関連性を合理的に説明できない場合には、寄附金として認定されることも少なくないので留意が必要です。

　　移行法人の場合には課税区分の調整措置があった場合においても、いったんは公益目的財産残額相当額が課税所得から控除されるため、一時的な税負担は少ないかもしれません。しかし、翌事業年度以降、実施事業に係る赤字額については損金算入の制限が課されるため、結局は課税の繰延措置であり、長期間にわたる法人への税のインパクトを慎重に見極める必要性があります。さらに、税務上の利益積立金の金額によっては思わぬ課税がなされる場合もあるので、慎重な見極め

が重要です。

　また、すべての損益の通算が可能になるとして、全所得課税法人への移行を検討している法人も少なくないようですが、公益法人等が支出する収益との関連性が希薄な出費等は常に寄附金課税や交際費課税の問題が生じやすいので、実際の決定にあたっては慎重なシミュレーションの実行等の対応が必要となります。

公益法人等の寄附金税制を考えた場合、①公益法人自身が外部の法人又は個人から寄附を受けた場合の、その「寄附をした法人又は個人に対する税制」と②公益法人等内部の収益事業等の部門から公益事業部門への支出、いわゆる「みなし寄附金」の2つに大別することができます。

公益法人制度改革に伴い公益認定を受けた法人については、①寄附をした法人又は個人、②みなし寄附金ともに、これまでの税制より大幅な優遇措置を受けられるようになりました。

具体的には公益認定を受けた法人については平成20年度税制改正によって特定公益増進法人の中に含まれることになり、寄附をした相手方にとって一定の税制優遇が受けられるようになりました。さらに、一般社団・財団法人のみなし寄附金制度は廃止される一方で、公益認定を受けた法人については最低でもみなし寄附金が50%認められるなど大幅に拡充されています。

公益法人等へ寄附をした場合の取扱い

(1) 法人が寄附した場合の取扱い

法人が他の法人に対して寄附金を支出した場合には、寄附金を支出した法人と寄附金を受けた法人の区分によって、税制上の取扱いが異なっています。そのマトリックスは下表のようになっていますが、基本的には特定公益増進法人（公益認定法人含む。）に対する寄附が優遇されています。

しかし、一般の寄附金と特定公益増進法人に対する寄附金の損金算入限度の差は所得の3.75%にすぎず、法人が寄附者となった場合の税のインパクトはごくわずかといえます。

┌─【法人が寄附した場合】─────────────────────

　所得金額が1,000万円の法人の損金算入限度額（資本金はゼロと仮定）

　　特定公益増進法人：1,000万円×6.25%＝62.5万円

　　一　般　の　寄　附　金：1,000万円×　2.5%＝　25万円

　　∴差額は37.5万円

└──────────────────────────────────

【寄附金の損金算入限度額計算のマトリックス】

支出した法人	一般の寄附金	特定公益増進法人に対する寄附金
① 普通法人、協同組合、人格のない社団等	{（所得の金額の2.5％）＋（資本金等の額×当期の月数/12×0.25％)}×1/4 （注） 資本金を有しないものは所得金額の1.25％	{（所得の金額の6.25％）＋（資本金等の額×当期の月数/12×0.375％)}×1/2 （注） 資本金を有しないものは所得金額の6.25％
② 一般社団・財団法人、NPO法人、認可地縁団体、管理組合法人等	所得の金額×1.25％	所得の金額×6.25％
③ 公益社団・財団法人	所得の金額×50％と公益法人特別限度額※のいずれか大きい金額	所得の金額×50％と公益法人特別限度額※のいずれか大きい金額
④ 学校法人、社会福祉法人、認定NPO法人、更生保護法人、社会医療法人	所得の金額×50％と年200万円のいずれか大きい金額	所得の金額×50％と年200万円のいずれか大きい金額

※ みなし寄附金がある場合に限る

⑵ 個人が寄附した場合の取扱い

　個人が寄附金を支出した場合には、原則として所得控除は認められていません。しかし、特定公益増進法人や認定NPOに対する寄附の場合には一定の控除が認められています。この控除については課税所得から控除できる「所得控除」と税額から直接控除が認められる「税額控除」の二種類があります。

㋑ 所得控除の金額

　　公益社団・財団法人等に対する寄附金の額のうち以下の金額が所得金額から控除されます。

寄附金の額※－2千円
※ 総所得金額、退職所得金額及び山林所得金額の合計額の40％を限度

㈠ 公益社団法人等寄附金特別控除制度の創設

　特定寄附金のうち、次に掲げる法人（その運営組織及び事業活動が適正であること並びに市民から支援を受けていることにつき一定の要件を満たすものに限ります。）に対するもの（以下、「税額控除対象寄附金」という。）については、その年中に支出した税額控除対象寄附金の額の合計額（その年分の総所得金額等の40％相当額が限度）が2,000円を超える場合には、寄附金控除（所得控除）との選択により、その超える金額の40％※相当額（所得税額の25％相当額が限度）をその年分の所得税の額から控除することとされました（租税特別措置法41条の18の3）。

※　住民税10％と合わせて50％

　　①　公益社団・財団法人
　　②　学校法人等
　　③　社会福祉法人
　　④　更生保護法人

　なお、公益社団法人等寄附金特別控除の対象となる公益社団法人等は、所轄官庁等のサイトで確認できます。

　個人が公益法人等へ寄附金を支出した場合には、基本的には所得控除のみが適用されていました。そのため、所得が高くなればなるほど税率が高くなるわが国の超過累進税率構造の下においては、所得控除制度は高額所得者にとってより税務上のメリットが生じる制度となっていましたが、この税額控除制度の場合には、所得の低い個人や小口の寄附金支出者へも比較的高い減税効果が期待でき、より広い層への寄附文化の浸透が期待できるといわれています。

　なお、この税額控除制度は平成23年分以後の所得税について適用されていますが、適用を受けようとする場合には寄附金の明細書及び一定の事項を証する書類を添付した場合に限り適用されます。

(3) 公益法人等へ不動産、株式等を贈与した場合

　個人が公益法人等を含む法人に対して金銭以外の財産を寄附した場合には、税務上みなし譲渡課税の問題が発生します。すなわち個人が法人に対して財産を無償で贈与した場合には、対価がなくても贈与時の時価により財産を譲渡したものとみなされ、時価と取得費の差額を譲渡所得として所得税が課税されることになります。

　ただし、租税特別措置法（以下、「措置法」という。）の第40条において公益社団・財団法人及び一定の一般社団・財団法人へ贈与した場合で、その財産が公益の増進に寄与すること等一定の要件を満たすものとして国税庁長官の承認を受けたときは、みなし譲渡はなかったものとされ非課税となります。なお、この場合には贈与した財産の取得費相当額は寄附金として取り扱われます。

　しかし、この措置法第40条の適用は国税庁長官の承認を受けるために申請が必要になりますが、承認を受けるためには数多くの厳しい要件をクリアしなければならず、対象法人に寄附したからといって、即座に非課税措置が受けられるものではありません。承認の要件は厳しく、いったん承認を受けた後も要件を充足し続けなければならないので、適用にあたっては慎重な判断が求められます。

【個人が公益法人等に固定資産などを寄附した場合の取扱い】

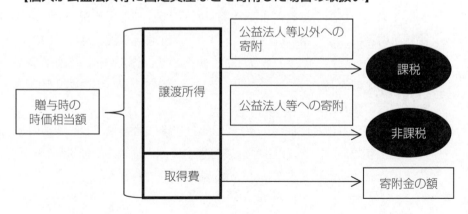

⑷ 相続や遺贈により取得した財産を特定の公益を目的とする事業を行う法人に寄附した場合

　相続や遺贈により取得した財産を国・地方公共団体や特定の公益を目的とする事業を行う特定の法人に寄附した場合は、その寄附をした財産や支出した金銭を相続税の対象としない特例があります（措置法70条）。この特例の適用を受けるためには、次の要件すべてを満たすことが必要です。

　┌─【措置法70条の要件】─────────────────────
　│　①　寄附した財産は、相続や遺贈により取得した財産であること
　│　②　相続財産を相続税の申告書の提出期限までに寄附すること
　│　③　寄附した先が国や地方公共団体又は公益社団法人若しくは公益財団
　│　　　法人その他の教育や科学の振興などに貢献することが著しいと認めら
　│　　　れる特定の公益を目的とする事業を行う特定の法人（以下、「特定の
　│　　　公益法人」という。）であること
　└──────────────────────────────────

　なお、上記の「特定の公益法人」とは、租税特別措置法施行令第40条の3に以下のように列挙されており、公益社団・財団法人も含まれています。

　┌─【特定の公益法人とは】────────────────────
　│　イ　独立行政法人
　│　ロ　国立大学法人及び大学共同利用機関法人
　│　ハ　独立行政法人で地方独立行政法人法第21条第１号又は第３号から
　│　　　第６号までに掲げる業務を主たる目的とするもの
　│　ニ　公立大学法人
　│　ホ　自動車安全運転センター、日本司法支援センター、日本私立学校振
　│　　　興・共済事業団及び日本赤十字社
　│　ヘ　公益社団法人及び公益財団法人
　│　ト　私立学校法に規定する学校法人で学校の設置若しくは学校及び専修
　│　　　学校の設置を主たる目的とするもの又は私立学校法第64条第４項の
　│　　　規定により設立された法人で専修学校の設置を主たる目的とするもの
　│　チ　社会福祉法人
　│　リ　更生保護法人
　└──────────────────────────────────

したがって、相続や遺贈により取得した財産を相続税の申告書の提出期限までに公益社団・財団法人へ寄附した場合には、その寄附した財産は相続税の課税対象から除外され非課税とされることになります。

なお、この特例の適用のためには、相続税の申告書に寄附又は支出した財産の明細書や一定の証明書類を添付することが必要ですが、以下の要件に該当する場合には、特例の適用はできないので注意が必要です。

┌─【相続税課税の適用が除外される場合】─────────────────
│ ①　寄附を受けた日から２年を経過した日までに特定の公益法人等に該
│ 　　当しなくなった場合や特定の公益法人がその財産を公益を目的とする
│ 　　事業の用に使っていない場合。
│ ②　寄附又は支出した者あるいは寄附又は支出した者の親族などの相続
│ 　　税又は贈与税の負担が結果的に不当に減少することとなった場合。例
│ 　　えば、財産を寄附した者又は寄附した者の親族などが、寄附を受けた
│ 　　特定の公益法人などを利用して特別の利益を受けている場合など。
└──

(5)　持分の定めのない法人に贈与等した場合の取扱い

一般社団・財団法人を含む、持分の定めのない法人に対し財産の贈与又は遺贈があった場合において、当該贈与又は遺贈により、この行為を行った者の親族その他これらの者と特別の関係にある者の相続税又は贈与税の負担が不当に減少する結果となると認められる場合には、当該法人を個人とみなして相続税又は贈与税を課することとなっています（相続税法66条）。

公益法人制度改革において、その設立に当たり公益目的を問わない一般社団・財団法人の設立が可能となったため、これらの法人を利用して相続税等の租税回避に利用されないよう、平成20年税制改正で対応がなされました。

相続税又は贈与税の負担が不当に減少する結果とは、相続税法施行令第33条第3項各号に掲げる要件により判断されることとなっており、以下①〜④の要件がすべて満たされているならば相続税又は贈与税の負担が不当に減少する結果とは判断されないことになります（相続税法施行令33条3項）。

① 当該法人の運営組織が適正であるとともに、その寄附行為、定款又は規則において、その役員等のうち親族関係を有する者及びこれらと特殊の関係がある者の数がそれぞれ役員等の数のうちに占める割合は、いずれも3分の1以下とする旨の定めがあること。

② 当該法人に財産の贈与又は遺贈をした者、当該法人の設立者、社員若しくは役員等又はこれらの者の親族等に対し、施設の利用、余裕金の運用、解散した場合における財産の帰属、金銭の貸付け、資産の譲渡、給与の支給、役員等の選任その他財産の運用及び事業の運営に関して特別の利益を与えないこと。

③ その寄附行為、定款又は規則において、当該法人が解散した場合にその残余財産が国若しくは地方公共団体又は公益社団若しくは公益財団法人その他の公益を目的とする事業を行う法人（持分の定めのないものに限る。）に帰属する旨の定めがあること。

④ 当該法人につき法令に違反する事実、その帳簿書類に取引の全部又は一部を隠ぺいし、又は仮装して記録又は記載をしている事実その他公益に反する事実がないこと。

　上記①の運営組織が適正であるかどうかの判定に関しては資産課税課情報第14号（平成20年7月25日国税庁）の通達15に詳細な規定があり以下のように細かく取り決めがなされています。

（その運営組織が適正であるかどうかの判定）

15　法施行令第33条第3項第1号に規定する「その運営組織が適正である」かどうかの判定は、財産の贈与等を受けた法人について、次に掲げる事実が認められるかどうかにより行うものとして取り扱う。

⑴　次に掲げる法人の態様に応じ、定款、寄附行為又は規則（これらに準ずるものを含む。以下同じ。）において、それぞれ次に掲げる事項が定められていること。

　イ　一般社団法人

　　㈣　理事の定数は6人以上、監事の定数は2人以上であること。

　　㈻　理事会を設置すること。

　　㈸　理事会の決議は、次の㈻に該当する場合を除き、理事会において理事総数（理事現在数）の過半数の決議を必要とすること。

　　㈼　社員総会の決議は、法令に別段の定めがある場合を除き、総社員の議決権の過半数を有する社員が出席し、その出席した社員の議決権の過半数の決議を必要とすること。

　　㈻　次に掲げるC及びD以外の事項の決議は、社員総会の決議を必要とすること。

　　　　この場合において次のE、F及びG（事業の一部の譲渡を除く。）以外の事項については、あらかじめ理事会における理事総数（理事現在数）の3分の2以上の決議を必要とすること。

　　　　なお、贈与等に係る財産が贈与等をした者又はその者の親族が法人税法（昭和40年法律第34号）第2条第15号（（定義））に規定する役員（以下、「会社役員」という。）となっている会社の株式又は出資である場合には、その株式又は出資に係る議決権の行使に当たっては、あらかじめ理事会において理事総数（理事現在数）の3分の2以上の承認を得ることを必要とすること。

　　A　収支予算（事業計画を含む。）

　　B　決算

C　重要な財産の処分及び譲受け

D　借入金（その事業年度内の収入をもって償還する短期の借入金を除く。）その他新たな義務の負担及び権利の放棄

E　定款の変更

F　解散

G　合併、事業の全部又は一部の譲渡

　　（注）　一般社団法人及び一般財団法人に関する法律（平成18年法律第48号）第15条第2項第2号（（設立時役員等の選任））に規定する会計監査人設置一般社団法人で、同法第127条（（会計監査人設置一般社団法人の特則））の規定により同法第126条第2項（（計算書類等の定時社員総会への提出等））の規定の適用がない場合にあっては、上記Bの決算について、社員総会の決議を要しないことに留意する。

(ﾍ)　役員等には、その地位にあることのみに基づき給与等（所得税法（昭和40年法律第33号）第28条第1項（（給与所得））に規定する「給与等」をいう。以下同じ。）を支給しないこと。

(ﾄ)　監事には、理事（その親族その他特殊の関係がある者を含む。）及びその法人の職員が含まれてはならないこと。また、監事は、相互に親族その他特殊の関係を有しないこと。

　　（注）

　　1　一般社団法人とは、次の(1)又は(2)の法人をいう。

　　　(1)　一般社団法人及び一般財団法人に関する法律第22条の規定により設立された一般社団法人

　　　(2)　一般社団法人及び一般財団法人に関する法律及び公益社団法人及び公益財団法人の認定等に関する法律の施行に伴う関係法律の整備等に関する法律（平成18年法律第50号）（以下、「整備法」という。）第40条第1項（（社団法人及び財団法人の存続））の規定により存続する一般社団法人で、同法第121条第1項（（認定に関する規定の準用））

の規定において読み替えて準用する同法第106条第1項
((移行の登記)) の移行の登記をした当該一般社団法人 (同
法第131条第1項 ((認可の取消し)) の規定により同法第
45条 ((通常の一般社団法人又は一般財団法人への移行))
の認可を取り消されたものを除く。)

2　上記(イ)から(ト)までに掲げるほか、法施行令第33条第3項
第1号に定める親族その他特殊の関係にある者に関する規定
及び同項第3号に定める残余財産の帰属に関する規定が定款
に定められていなければならないことに留意する。

3　社員総会における社員の議決権は各1個とし、社員総会に
おいて行使できる議決権の数、議決権を行使することができ
る事項、議決権の行使の条件その他の社員の議決権に関する
事項 (一般社団法人及び一般財団法人に関する法律第50条
((議決権の代理行使)) から第52条 ((電磁的方法による議決
権の行使)) までに規定する事項を除く。) について、定款の
定めがある場合には、たとえ上記(イ)から(ト)までに掲げる事項
の定めがあるときであっても上記15の(1)に該当しないもの
として取り扱う。

ロ　一般財団法人

(イ)　理事の定数は6人以上、監事の定数は2人以上、評議員の定
数は6人以上であること。

(ロ)　評議員の定数は、理事の定数と同数以上であること。

(ハ)　評議員の選任は、例えば、評議員の選任のために設置された
委員会の議決により選任されるなどその地位にあることが適当
と認められる者が公正に選任されること。

(ニ)　理事会の決議は、次の(ヘ)に該当する場合を除き、理事会にお
いて理事総数 (理事現在数) の過半数の決議を必要とすること。

(ホ)　評議員会の決議は、法令に別段の定めがある場合を除き、評
議員会において評議員総数 (評議員現在数) の過半数の決議を
必要とすること。

(ヘ)　次に掲げるC及びD以外の事項の決議は、評議員会の決議を
必要とすること。

　この場合において次のE及びF（事業の一部の譲渡を除く。）
以外の事項については、あらかじめ理事会における理事総数
（理事現在数）の3分の2以上の決議を必要とすること。

　なお、贈与等に係る財産が贈与等をした者又はその者の親族
が会社役員となっている会社の株式又は出資である場合には、
その株式又は出資に係る議決権の行使に当たっては、あらかじ
め理事会において理事総数（理事現在数）の3分の2以上の承
認を得ることを必要とすること。

A　収支予算（事業計画を含む。）

B　決算

C　重要な財産の処分及び譲受け

D　借入金（その事業年度内の収入をもって償還する短期の借
　　入金を除く。）その他新たな義務の負担及び権利の放棄

E　定款の変更

F　合併、事業の全部又は一部の譲渡

　（注）　一般社団法人及び一般財団法人に関する法律第153
　　　　条第1項第7号（（定款の記載又は記録事項））に規定す
　　　　る会計監査人設置一般財団法人で、同法第199条の規
　　　　定において読み替えて準用する同法第127条の規定に
　　　　より同法第126条第2項の規定の適用がない場合に
　　　　あっては、上記ロ(ヘ)のBの決算について、評議員会の決
　　　　議を要しないことに留意する。

(ト)　役員等には、その地位にあることのみに基づき給与等を支給
しないこと。

(チ)　監事には、理事（その親族その他特殊の関係がある者を含
む。）及び評議員（その親族その他特殊の関係がある者を含む。）
並びにその法人の職員が含まれてはならないこと。また、監事
は、相互に親族その他特殊の関係を有しないこと。

（注）
1　一般財団法人とは、次の(1)又は(2)の法人をいう。
　(1)　一般社団法人及び一般財団法人に関する法律第163条
　　　((一般財団法人の成立))の規定により設立された一般財団
　　　法人
　(2)　整備法第40条第1項の規定により存続する一般財団法
　　　人で、同法第121条第1項の規定において読み替えて準
　　　用する同法第106条第1項の移行の登記をした当該一般
　　　財団法人（同法第131条第1項の規定により同法第45条
　　　の認可を取り消されたものを除く。）
2　上記ロの(イ)から(チ)までに掲げるほか、法施行令第33条第
　　3項第1号に定める親族その他特殊の関係にある者に関する
　　規定及び同項第3号に定める残余財産の帰属に関する規定が
　　定款に定められていなければならないことに留意する。

（以下、略）

みなし寄附金の取扱い

　法人が外部に寄附をした場合には、一定の限度額までの金額を損金の額に算入することができますが、公益法人等の場合には外部への寄附以外に、法人内部の収益事業から収益事業以外の事業への支出についても寄附とみなし、一定限度額までの損金額の算入を認めています。すなわち、法人税法上の収益事業に属する資産から非収益事業へ、法人内部で振替支出した場合には、収益事業に係る所得金額の計算上、この振替支出した金額を寄附金とみなして一定限度額までの損金算入を可能としています。公益法人が収益事業を行うのは、本来の公益事業を実施するために必要な資金を獲得するためと考えられており、区分経理を前提に優遇措置が置かれています。

　このみなし寄附金制度は従来からあった制度ですが、公益法人制度改革により新たな法人類型ができたことにより整備が行われました。

新しい体系は下表のとおりですが公益社団・財団法人はみなし寄附金の金額が大幅に増加されました。具体的には公益社団・財団法人における損金算入限度額は「所得金額の50％相当額」と「公益法人特別限度額」のうち、いずれか多い金額とされました。この「公益法人特別控除限度額」とは、「みなし寄附金の額」と「公益目的事業実施必要額」のうちいずれか少ない金額のことをいいます。したがって、みなし寄附金の金額がすべて公益目的事業実施必要額ということになれば、全額が損金算入できることとなり、大幅に税制優遇の拡充となっています。

　一方で一般社団・財団法人についてはみなし寄附金の扱いはなくなり、公益社団・財団法人との格差は大きくなったといえます。

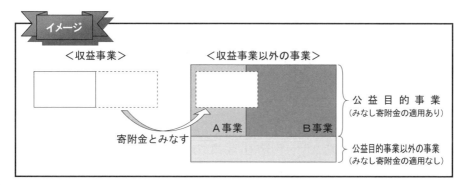

（出典：国税庁「一般社団法人・一般財団法人と法人税」）

【みなし寄附金制度の体系】

	公益社団・財団法人	学校法人 社会福祉法人 認定NPO法人	一般社団・財団法人、 NPO法人
みなし寄附金制度	あり	あり	なし
損金算入限度額	次のうち多い金額 ① 所得金額の50％ ② 公益法人特別限度額	次のうち多い金額 ① 所得金額の50％ ② 年200万円	所得金額の1.25％

6 公益法人等に係る消費税の課税体系

法人税等については公益法人等の場合、所得の範囲等について一定の特例的な取り扱いが認められていましたが、消費税の納税義務の判定や課税範囲については基本的には株式会社等の営利法人と同様の扱いになっています。しかし、補助金や助成金が多いという公益法人等の特性上、その計算方法に特別な調整計算を求めている項目もあります。

消費税が課税される取引

消費税が課税される取引は大きく分けると、国内取引と輸入取引に分かれそれぞれの課税対象は以下のような考え方になっています。

【消費税の課税対象となる国内取引】
① 国内において行うもの（国内取引）であること
② 事業者が事業として行うものであること
③ 対価を得て行うものであること
④ 資産の譲渡、貸付け、役務の提供であること

そのため、反対給付のある対価性の取引が課税取引となるため、寄附金や補助金、通常会費等については消費税が課税されないことになります。

【輸入取引の場合】
輸入取引の場合には保税地域から引き取られる外国貨物が課税対象となります。なお、輸入取引の場合には事業者にかかわらず消費者である個人も含まれます。

非課税取引

消費に広く浅く課税するという消費税創設の趣旨から考えると、原則として、事業者が国内で対価を得て行う物品の販売や役務の提供、資産の貸付けなどは、すべて消費税の課税対象となります。しかし、物品や役務の提供の中には、消費に対して負担を求める税としての性格から課税対象とすること

になじまないものや、社会政策的配慮から課税することが不適切なものがあり、これらの取引には消費税は課税しないこととされています。このように本来は消費税の課税対象であるにもかかわらず消費税が課税されない取引のことを「非課税取引」といいます。

　公益法人等においても利息の受取りなど様々な取引で関係してくるものと思われます。

【非課税取引の一覧】

1	土地（土地の上に存する権利を含む）の譲渡及び貸付け（一時的に使用させる場合等を除く）
2	有価証券、有価証券に類するもの及び支払手段（収集品及び販売用のものは除く）の譲渡
3	利子を対価とする貸付金その他の特定の資産の貸付け及び保険料を対価とする役務の提供等
4	郵便切手類、印紙及び証紙の譲渡
	物品切手等の譲渡
5	国、地方公共団体等が、法令に基づき徴収する手数料等に係る役務の提供
	外国為替業務に係る役務の提供
6	公的な医療保障制度に係る療養、医療、施設療養又はこれらに類する資産の譲渡等
7	介護保険法の規定に基づく、居宅・施設・地域密着型介護サービス費の支給に係る居宅・施設・地域密着型サービス等
	社会福祉法に規定する社会福祉事業等として行われる資産の譲渡等
8	医師、助産師その他医療に関する施設の開設者による、助産に係る資産の譲渡等
9	墓地、埋葬等に関する法律に規定する埋葬・火葬に係る埋葬料・火葬料を対価とする役務の提供
10	身体障害者の使用に供するための特殊な性状、構造又は機能を有する物品の譲渡、貸付け等
11	学校、専修学校、各種学校等の授業料、入学金、施設設備費等
12	教科用図書の譲渡
13	住宅の貸付け

（出典：国税庁「消費税のあらまし」）

消費税の軽減税率制度

　消費税の軽減税率制度が、令和元年10月1日から導入されました。併せて、複数税率制度に対応した仕入税額控除の方式として、適格請求書等保存方式（いわゆる「インボイス制度」）を令和5年10月1日から導入することになりました。

　軽減税率対象品目及び軽減税率の対象となる課税資産の譲渡等（以下、「軽減対象課税資産の譲渡等」という。）は次のとおりとされ、軽減税率は6.24％（地方消費税と合わせて8％）とすることになりました。

　①　飲料食品の譲渡（食品表示法に規定する食品〔酒税法に規定する酒類を除く。〕の譲渡をいい、外食サービスを除く。）

　②　定期購読契約が締結された週2回以上発行される新聞の譲渡

消費税の納税義務者

　消費税の納税義務はすべての事業者が負っているのではなく、その課税期間の基準期間（前々期）における課税売上高が1,000万円以下の事業者は納税義務が免除されます。このように納税義務が免除される事業者のことを、「免税事業者」と呼び、免除されない事業者のことを「課税事業者」と呼びます。そのため、公益法人等の場合、前々期の上記課税の対象となる取引で非課税取引に該当しない売上が1,000万円を超える場合には消費税の課税事業者ということになります。

　なお、平成23年度税制改正により、平成24年10月1日以降に開始する事業年度から免税事業者の要件の見直しが行われ、前事業年度の上半期において課税売上高が1,000万円を超えると、従来のように翌々事業年度まで待たず、翌期から課税業者となっています。課税売上高に代えて支払給与の額で判定することもできることとされています。

【消費税の免税事業者の要件の見直し】

　消費税の課税売上高が上半期で1,000万円を超える場合には、その翌期から課税事業者となるよう免税事業者の要件を見直しました。ただし、課税売上高に代えて支払給与の額で判定することもできることとします。

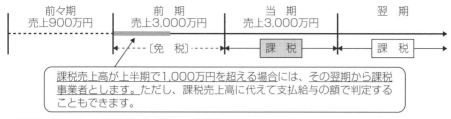

前々期　　　　　　　前　期　　　　　　　当　期　　　　　　　翌　期
売上900万円　　　売上3,000万円　　売上3,000万円

〔免　税〕　　　　　　　課　税　　　　　　　課　税

課税売上高が上半期で1,000万円を超える場合には、その翌期から課税
事業者とします。ただし、課税売上高に代えて支払給与の額で判定する
こともできます。

（出典：財務省税制改正パンフレット）

消費税の計算方法

　消費税は事業者に直接負担を求めるものではなく、事業者が提供するサービスや販売する商品などの価格に転嫁されて、最終消費者に税負担を求める仕組みとなっています。

　そこで、各事業者の課税売上に係る預かった消費税から事業者が支払った商品やサービスの仕入等に係る消費税を差し引いて、納付すべき消費税を計算する仕組みとなっています。

(1)　原則課税方式

　課税対象となる資産の譲渡、貸付け、役務の提供によって収受した対価を課税売上げといい、反対に課税対象となる商品の仕入れ、資産の購入、サービスの提供などに伴って支払った対価を課税仕入れといいます。

　消費税の納税額は、原則として、課税売上げに係る消費税から、課税仕入れに係る消費税を差し引いて計算します。これを「原則課税方式」と呼びます。

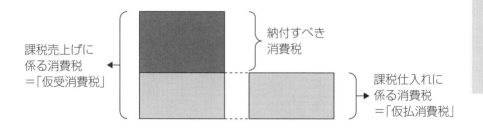

課税売上げに
係る消費税
＝「仮受消費税」

納付すべき
消費税

課税仕入れに
係る消費税
＝「仮払消費税」

⑵ **簡易課税方式**

中小法人の事務負担軽減のため、基準期間（前々事業年度）の課税売上高が5,000万円以下の事業者は、課税売上高のみから納税額を計算することができる「簡易課税制度」を選択できます。課税期間における課税標準額に対する消費税額にみなし仕入率を掛けて計算した金額が、仕入控除税額となります。したがって実際の課税仕入れに係る消費税額を計算する必要はなく、課税売上高のみ把握すれば税額の算出ができます。

この制度を適用したい場合には事業年度開始前までに「消費税簡易課税制度選択届出書」を所轄税務署長に提出する必要があります。

【事業区分とみなし仕入率】

事業区分	該当する事業	みなし仕入率
第一種事業	卸売業	90%
第二種事業	小売業	80%
第三種事業	農業、林業、漁業、鉱業、建設業、製造業、電気業、ガス業、熱供給業及び水道業	70%
第四種事業	第一種事業、第二種事業、第三種事業、第五種事業以外の事業（飲食店業）	60%
第五種事業	運輸通信業、サービス業、金融・保険業	50%
第六種事業	不動産業	40%

（出典：国税庁「消費税のあらまし」）

消 費 税 簡 易 課 税 制 度 選 択 届 出 書

収受印				
令和　年　月　日	届出者	（フリガナ）		
		納 税 地	（〒　　－　　）	（電話番号　　　－　　　－　　　）
		（フリガナ）		
		氏 名 又 は 名 称 及 び 代 表 者 氏 名		
＿＿＿＿＿税務署長殿		法 人 番 号	※個人の方は個人番号の記載は不要です。	

下記のとおり、消費税法第37条第1項に規定する簡易課税制度の適用を受けたいので、届出します。

□ 消費税法施行令等の一部を改正する政令（平成30年政令第135号）附則第18条の規定により消費税法第37条第1項に規定する簡易課税制度の適用を受けたいので、届出します。

①	適用開始課税期間	自 令和　年　月　日　至 令和　年　月　日
②	①の基準期間	自 令和　年　月　日　至 令和　年　月　日
③	②の課税売上高	円

事 業 内 容 等	（事業の内容）			（事業区分）第　　種事業

提 出 要 件 の 確 認		次のイ、ロ又はハの場合に該当する（「はい」の場合のみ、イ、ロ又はハの項目を記載してください。）		はい □	いいえ □
	イ	消費税法第9条第4項の規定により課税事業者を選択している場合	課税事業者となった日	令和　年　月　日	
			課税事業者となった日から2年を経過する日までの間に開始した各課税期間中に調整対象固定資産の課税仕入れ等を行っていない	はい □	
	ロ	消費税法第12条の2第1項に規定する「新設法人」又は同法第12条の3第1項に規定する「特定新規設立法人」に該当する（該当していた）場合	設立年月日	令和　年　月　日	
			基準期間がない事業年度に含まれる各課税期間中に調整対象固定資産の課税仕入れ等を行っていない	はい □	
	ハ	消費税法第12条の4第1項に規定する「高額特定資産の仕入れ等」を行っている場合（同条第2項の規定の適用を受ける場合）| A	仕入れ等を行った課税期間の初日	令和　年　月　日	
				この届出による①の「適用開始課税期間」は、高額特定資産の仕入れ等を行った課税期間の初日から、同日以後3年を経過する日の属する課税期間までの各課税期間に該当しない	はい □	
		仕入れ等を行った資産が高額特定資産に該当する場合はAの欄を、自己建設高額特定資産に該当する場合は、Bの欄をそれぞれ記載してください。| B	仕入れ等を行った課税期間の初日 ●平成●令和　年　月　日		
				建設等が完了した課税期間の初日 令和　年　月　日		
				この届出による①の「適用開始課税期間」は、自己建設高額特定資産の建設等に要した仕入れ等に係る支払対価の額の累計額が1千万円以上となった課税期間の初日から、自己建設高額特定資産の建設等が完了した課税期間の初日以後3年を経過する日の属する課税期間までの各課税期間に該当しない	はい □	

※ 消費税法第12条の4第2項の規定による場合は、ハの項目を次のとおり記載してください。
1 「自己建設高額特定資産」を「調整対象自己建設高額資産」と読み替える。
2 「仕入れ等を行った」は、「消費税法第36条第1項又は第3項の規定の適用を受けた」と、「自己建設高額特定資産の建設等に要した仕入れ等に係る支払対価の額の累計額が1千万円以上となった」は、「調整対象自己建設高額資産について消費税法第36条第1項又は第3項の規定の適用を受けた」と読み替える。

※ この届出書を提出した課税期間が、上記イ、ロ又はハに記載の各課税期間である場合、この届出書提出後、届出を行った課税期間中に調整対象固定資産の課税仕入れ等又は高額特定資産の仕入れ等を行うと、原則としてこの届出書の提出はなかったものとみなされます。詳しくは、裏面をご確認ください。

参 考 事 項	
税 理 士 署 名	（電話番号　　　－　　　－　　　）

※税務署処理欄	整理番号		部門番号				
	届出年月日	年　月　日	入力処理	年　月　日	台帳整理	年　月　日	
	通信日付印　年　月　日	確認	番号確認				

注意 1. 裏面の記載要領等に留意の上、記載してください。
　　 2. 税務署処理欄は、記載しないでください。

（出典：国税庁「消費税のあらまし」）

【例：第五種事業のみを営む法人の納税額】

当課税期間の課税売上高30,000千円

　　上記に係る消費税額：30,000千円×8％＝2,400千円

　　控除対象仕入税額：2,400千円×50％＝1,200千円

　　差引納付税額：2,400千円−1,200千円＝1,200千円

(3)　**原則課税方式が適用される場合の特殊論点**

　　繰り返しになりますが、消費税の納付税額の計算はその課税期間における課税売上高に対する消費税額からその課税期間中の課税仕入れ等に係る消費税額（仕入控除税額）を控除して算出します。

(イ)　**課税売上割合が95％未満の特殊計算**

　　全体の売上に対する課税売上の割合のことを課税売上割合（※）といいますが、この課税売上割合が95％未満の場合には消費税法上仕入税額控除の計算について特殊計算が求められて、その概要を整理すると下図のようになります。

【仕入控除税額の計算方法】

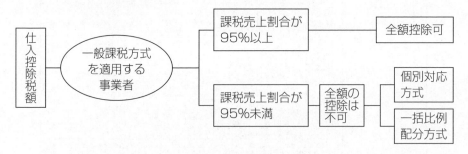

　　なお、課税売上割合が95％以上の場合、課税仕入れ等に係る消費税額の全額を控除できます。ただし、その課税期間に課税売上高が5億円を超える事業者は、課税売上に対応する課税仕入れに係る消費税額のみ控除でき、非課税売上高等に対応する部分については仕入税額控除ができません。

$$\frac{その課税期間中の課税売上高（税抜）}{その課税期間中の課税売上高（税抜）＋非課税売上高}$$

課税売上割合が95％未満の場合には、「個別対応方式」ないしは「一括比例配分方式」のいずれかで計算します。資金の運用により利息収入がある場合や非課税となる医療サービスの提供等を行っている公益法人等においては、課税売上割合が低くなるためこれらの方式で計算することが必要となります。

(ロ) 個別対応方式による控除対象仕入税額の計算

課税仕入れ等に係る消費税額のうち、課税売上に対応する部分のみが、課税期間中の課税売上に係る消費税額から控除されます。なお、この個別対応方式で計算する場合には課税仕入れの金額を

・課税売上げにのみ対応する課税仕入れ等に係る消費税額
・課税売上げと非課税売上げに共通する課税仕入れ等に係る消費税額
・非課税売上げにのみ対応する課税仕入れ等に係る消費税額

の3つに分類する必要があり、以下の算式により控除対象仕入税額を計算します。

控除対象仕入税額＝①の消費税額＋（②の消費税額×課税売上割合）

①は全額、課税売上げに係る消費税額から控除することができます。
②は課税売上割合を乗じて求めた金額を控除することができます。
③は全く控除することができません。

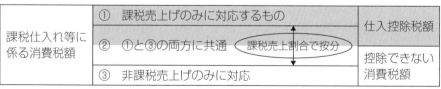

課税仕入れ等に係る消費税額	① 課税売上げのみに対応するもの		仕入控除税額
	② ①と③の両方に共通 課税売上割合で按分		控除できない消費税額
	③ 非課税売上げのみに対応		

（出典：国税庁「消費税のあらまし」）

(ハ) 一括比例配分方式

　一括比例配分方式により控除税額を計算する場合には、課税仕入れ等に係る消費税額を個別対応方式のように区分しないで、全体の課税仕入れ等に係る消費税額に課税売上割合を乗じて算出します。

> 控除対象仕入税額＝課税仕入れ等に係る消費税額×課税売上割合

（出典：国税庁「消費税のあらまし」）

(二) 両方式の選択ルール

　個別対応方式と一括比例配分方式とでは、控除税額の金額に違いが出るため、どちらを選択するかで有利・不利が生じます。ちなみに、どちらの方式を選択するかに関しては、事前の届出の必要はありません。しかし、個別対応方式は課税仕入れの金額を①課税売上げにのみ対応する課税仕入れ等に係る消費税額、②課税売上げと非課税売上げに共通する課税仕入れ等に係る消費税額、③非課税売上げにのみ対応する課税仕入れ等に係る消費税額、のように区分していない場合には選択できません。また、一括比例配分方式を選択した場合には２年間継続した後でなければ個別対応方式を選択することができないという期間の制限がありますので注意が必要です。

(ホ) 特定収入に係る調整

　国、地方公共団体等、公共・公益法人等は、本来、市場経済の法則が成り立たない事業を行っていることが多く、通常は租税、補助金、会費、寄附金等の対価性のない収入を恒常的な財源としている場合があります。
　このような対価性のない収入によって賄われる課税仕入れ等は、課税売上のコストを構成しない、いわば最終消費者的な性格をもつものです。また、対価性のない収入を原資とする課税仕入れ等に係る税額を課税売

上に係る消費税額から控除することは合理性がありません。

　そこで、国、地方公共団体、公共・公益法人等については、通常の方法により計算される仕入控除税額について調整を行い、補助金等対価性のない収入（特定収入）により賄われる課税仕入れ等に係る税額について、仕入税額控除の対象から除外することとされています。

【仕入税額控除の対象となる事業者】

① 　国の特別会計

② 　地方公共団体の特別会計

③ 　消費税法別表第三に掲げる公益法人等

④ 　人格のない社団等

　なお、簡易課税制度が適用される事業者及びその課税期間における特定収入割合（※）が５％以下である場合には調整計算の必要はありません。

※ **【特定収入割合とは】**

$$\dfrac{その課税期間中の特定収入の合計額}{その課税期間中の（税抜課税売上高＋非課税売上高＋特定収入の合計額）}$$

公益法人等に係る消費税の課税体系

【特例計算が必要な場合のフローチャート】

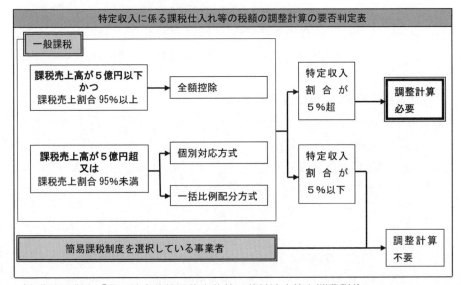

(出典：国税庁「国、地方公共団体や公共・公益法人等と消費税」)

【特定収入の概要】

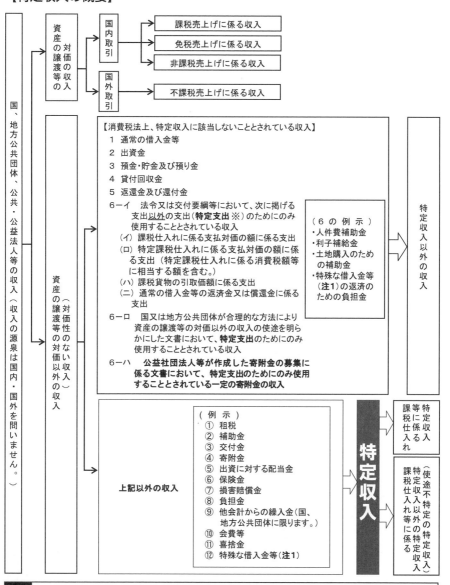

国、地方公共団体、公共・公益法人等の収入（収入の源泉は国内・国外を問いません。）

資産の譲渡等の収入
- 対価の収入
  - 国内取引
    - 課税売上げに係る収入
    - 免税売上げに係る収入
    - 非課税売上げに係る収入
  - 国外取引
    - 不課税売上げに係る収入

資産の譲渡等の対価以外の収入
- （対価性のない収入）資産の譲渡等の対価以外の収入

【消費税法上、特定収入に該当しないこととされている収入】
1　通常の借入金等
2　出資金
3　預金・貯金及び預り金
4　貸付回収金
5　返還金及び還付金
6-イ　法令又は交付要綱等において、次に掲げる支出以外の支出（**特定支出** ※）のためにのみ使用することとされている収入
　（イ）課税仕入れに係る支払対価の額に係る支出
　（ロ）特定課税仕入れに係る支払対価の額に係る支出（特定課税仕入れに係る消費税額等に相当する額を含む。）
　（ハ）課税貨物の引取価額に係る支出
　（ニ）通常の借入金等の返済金又は償還金に係る支出
6-ロ　国又は地方公共団体が合理的な方法により資産の譲渡等の対価以外の収入の使途を明らかにした文書において、**特定支出**のためにのみ使用することとされている収入
6-ハ　**公益社団法人等が作成した寄附金の募集に係る文書において、特定支出のためにのみ使用することとされている一定の寄附金の収入**

（6の例示）
・人件費補助金
・利子補給金
・土地購入のための補助金
・特殊な借入金等（**注1**）の返済のための負担金

特定収入以外の収入

上記以外の収入

（例示）
① 租税
② 補助金
③ 交付金
④ 寄附金
⑤ 出資に対する配当金
⑥ 保険金
⑦ 損害賠償金
⑧ 負担金
⑨ 他会計からの繰入金（国、地方公共団体に限ります。）
⑩ 会費等
⑪ 喜捨金
⑫ 特殊な借入金等（**注1**）

特定収入

特定収入等に係る課税仕入れ

（使途不特定の特定収入）特定収入以外の特定収入等に係る課税仕入れ等に係る

注意

※　特定支出とは、6-イ(イ)〜(ニ)に掲げる支出以外の支出ですので、例えば、給与、利子、土地購入費、特殊な借入金等の返済などがこれに該当します。

【特定収入に係る課税仕入れ等の税額の計算】

　簡易課税制度を適用せずに、原則課税方式により仕入税額控除の計算を行う場合で特定収入割合が５％を超えるときは、特定収入に係る課税仕入れ等の税額は仕入税額控除の対象とはなりません。

　この場合には、次のように課税売上割合が95％以上のとき又は課税売上割合が95％未満のときにおける個別対応方式若しくは一括比例配分方式の区分に応じて計算した調整前の仕入控除税額から、特定収入に係る課税仕入れ等の税額を控除した金額が仕入控除税額となります。

　仕入控除税額の調整がある場合の納付税額は、次の計算式により計算した金額となります。

納付税額 ＝ その課税期間中の課税標準額に対する消費税額 －〔 調整前の仕入控除税額※ － その課税期間中の**特定収入に係る課税仕入れ等の税額** 〕

※　調整前の仕入控除税額とは、通常の計算方法により計算した仕入控除税額をいいます。

【仕入控除税額の計算の特例のイメージ】

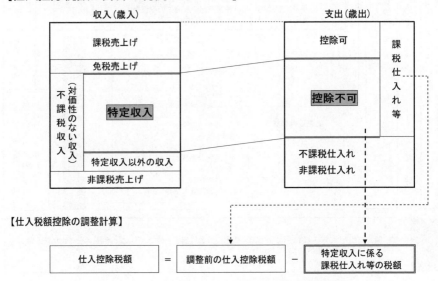

【仕入税額控除の調整計算】

仕入控除税額 ＝ 調整前の仕入控除税額 － 特定収入に係る課税仕入れ等の税額

（出典：国税庁「国、地方公共団体や公共・公益法人等と消費税」）

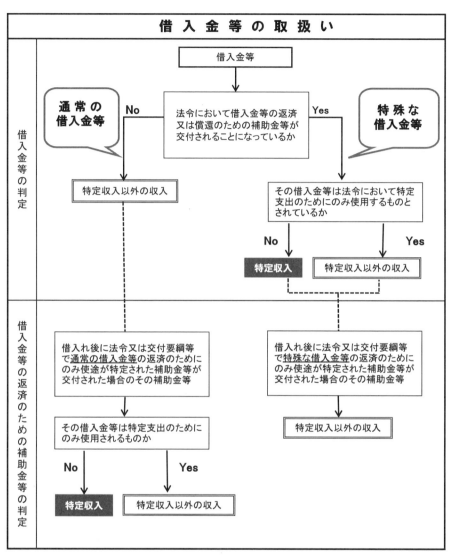

借 入 金 等 の 取 扱 い

借入金等

通常の
借入金等

No ← 法令において借入金等の返済
又は償還のための補助金等が
交付されることになっているか → Yes

特 殊 な
借入金等

特定収入以外の収入

その借入金等は法令において特定
支出のためにのみ使用するものと
されているか

No → 特定収入   Yes → 特定収入以外の収入

借
入
金
等
の
判
定

借
入
金
等
の
返
済
の
た
め
の
補
助
金
等
の
判
定

借入れ後に法令又は交付要綱等
で通常の借入金等の返済のために
のみ使途が特定された補助金等が
交付された場合のその補助金等

その借入金等は特定支出のために
のみ使用されるものか

No → 特定収入   Yes → 特定収入以外の収入

借入れ後に法令又は交付要綱等
で特殊な借入金等の返済のために
のみ使途が特定された補助金等が
交付された場合のその補助金等

特定収入以外の収入

(出典：国税庁「国、地方公共団体や公共・公益法人等と消費税」)

5-6

公益法人等に係る消費税の課税体系

　なお、改正により、公益社団・財団法人が受ける寄附金のうち当該寄附金
の募集要項等（行政庁の確認を受けたものに限る。）においてその金額の使
途が課税仕入れ等以外に限定されているものについては、消費税の特定収入
から除外されることになりました。

なお、寄附金の募集開始前に次の４つの項目について行政庁の確認を受ける必要があります。

- ①　寄附金を募集する主体が公益社団法人又は公益財団法人であること
- ②　寄附金が特定の活動に係る特定支出のためにのみ使用されること
- ③　寄附金が期間を限定して募集されること
- ④　寄附金が他の資金と明確に区分して管理されること

適格請求書等保存方式

　令和５年10月１日から消費税の仕入税額控除の方式として、適格請求書等保存方式が導入されました。

(1)　適格請求書等保存方式の概要

　令和５年10月１日から、複数税率に対応した消費税額の仕入税額控除の方式として、「適格請求書等保存方式」（いわゆるインボイス制度）が導入されました。適格請求書等保存方式の下では、区分記載請求書に代えて「適格請求書」いわゆるインボイス等と帳簿の保存が仕入税額控除の要件となります。

(2)　適格請求書とは

　売手が買手に対し正確な適用税率や消費税額等を伝えるための手段であり、一定の事項が記載された請求書や納品書その他これらに類する書類をいいます。

(3)　適格請求書発行事業者登録制度

　適格請求書発行事業者となるためには、税務署長に「適格請求書発行事業者の登録申請書」（以下「登録申請書」という。）を提出し、登録を受ける必要があります。

　また、登録申請書の提出を受けた税務署長は、登録申請書の審査を行った後、適格請求書発行事業者登録簿に法定事項を登載して登録を行い、登録を受けた事業者に対して登録番号を通知します。

　適格請求書発行事業者登録簿の登載事項は、インターネットを通じて国税庁ホームページにおいて公表されます。また、登録番号の構成は、法人番号を有する課税事業者であれば「Ｔ＋法人番号」となり、それ以外の課税事業者であれば「Ｔ＋13桁の数字」となります。

なお、令和5年税制改正により免税事業者が登録申請をする場合について、以下のような改正が行われました。

① 免税事業者が適格請求書発行事業者の登録申請書を提出し、課税期間の初日から登録を受けようとする場合には、当該課税期間の初日から起算して15日前の日までに登録申請書を提出しなければならないこととされました。この場合において、当該課税期間の初日後に登録がされたときには、同日に登録を受けたものとみなされます。

② 適格請求書発行事業者が登録の取消しを求める届出書を提出し、その提出があった課税期間の翌課税期間の初日から登録を取り消そうとする場合には、当該翌課税期間の初日から起算して15日前の日までに届出書を提出しなければならないこととされました。

③ 適格請求書発行事業者の登録等に関する経過措置の適用により、令和5年10月1日後に適格請求書発行事業者の登録を受けようとする免税事業者は、その登録申請書に、提出する日から15日を経過する日以後の日を登録希望日として記載するものとすることとされました。この場合において、当該登録希望日後に登録がされたときには、当該登録希望日に登録を受けたものとみなされます。

⑷ **適格請求書発行事業者の義務等（売手の留意点）**

適格請求書発行事業者には、適格請求書を交付することが困難な一定の場合を除き、原則取引の相手方（課税事業者に限ります。）の求めに応じて、適格請求書を交付する義務及び交付した適格請求書の写しを保存する義務が課されます。

適格請求書には、次の事項の記載が必要となります。

なお、不特定多数の者に対して販売を行う小売業、飲食店業、タクシー業等に係る取引については、適格請求書に代えて、適格簡易請求書を交付することができます。

㋑ **適格請求書の記載事項**

適格請求書発行事業者は、以下の事項が記載された請求書や納品書その他これらに類する書類を交付しなければなりません（注）。

① 適格請求書発行事業者の氏名又は名称及び**登録番号**

② 取引年月日

③ 取引内容（軽減税率の対象品目である旨）

④ 税率ごとに区分して合計した対価の額（税抜き又は税込み）及び**適用税率**

⑤ **消費税額等**（端数処理は一請求書当たり、税率ごとに1回ずつ）

⑥ 書類の交付を受ける事業者の氏名又は名称

（注） 適格簡易請求書の記載事項は上記①から⑤となり（ただし、「適用税率」「消費税額等」はいずれか一方の記載で足ります。）、上記⑥の「書類の交付を受ける事業者の氏名又は名称」は記載不要です。

ロ **適格請求書の交付義務免除**

適格請求書を交付することが困難な以下の取引は、適格請求書の交付義務が免除されます。

① 公共交通機関である船舶、バス又は鉄道による旅客の運送（3万円未満のものに限ります。）

② 出荷者が卸売市場において行う生鮮食料品等の譲渡（出荷者から委託を受けた受託者が卸売の業務として行うものに限ります。）

③ 生産者が農業協同組合、漁業協同組合又は森林組合等に委託して行う農林水産物の譲渡（無条件委託方式かつ共同計算方式により生産者を特定せずに行うものに限ります。）

④ 自動販売機により行われる課税資産の譲渡等（3万円未満のものに限ります。）

⑤ 郵便切手を対価とする郵便サービス（郵便ポストに差し出されたものに限ります。）

ハ **1万円未満の適格返還請求書が不要**

売上げに係る対価の返還等の税込価格が1万円未満である場合には、その適格返還請求書の交付義務を免除する措置が講じられました。

インボイス制度により、事務処理が煩雑になると懸念されていた、

・請求書発行後の端数値引き

・売り手負担の振込手数料

について、新たな書類の発行が不要となり事務処理が簡便になります。

⑸　仕入税額控除の要件（買手の留意点）

適格請求書等保存方式の下では、適格請求書などの請求書等の交付を受けることが困難な一定の場合を除き、一定の事項を記載した帳簿及び請求書等の保存が仕入税額控除の要件となります。

なお、適格請求書等保存方式導入後は、免税事業者や消費者など、適格請求書発行事業者以外の者から行った課税仕入れに係る消費税額を控除することができなくなりますが、一定の要件を満たす場合には、一定期間は、仕入税額相当額の一定割合を仕入税額として控除できる経過措置が設けられています。

㈤　帳簿の記載事項

保存が必要となる帳簿の記載事項は、以下のとおりです。

① 課税仕入れの相手方の氏名又は名称

② 取引年月日

③ 取引内容（軽減税率の対象品目である旨）

④ 対価の額

㈨　請求書等の範囲

保存が必要となる請求書等には、以下のものが含まれます。

① 適格請求書又は適格簡易請求書

② 仕入明細書等（適格請求書の記載事項が記載されており、相手方の確認を受けたもの）

③ 卸売市場において委託を受けて卸売の業務として行われる生鮮食料品等の譲渡及び農業協同組合等が委託を受けて行う農林水産物の譲渡について、受託者から交付を受ける一定の書類（前記⑷㈨②③の取引）

④ ①から③の書類に係る電磁的記録

㈧　帳簿のみの保存で仕入税額控除が認められる場合

請求書等の交付を受けることが困難な以下の取引は、帳簿のみの保存で仕入税額控除が認められます。

① 適格請求書の交付義務が免除される前記⑷㈨①④⑤に掲げる取引

② 適格簡易請求書の記載事項（取引年月日を除きます。）を満たす入場券等が、使用の際に回収される取引

③　古物営業、質屋又は宅地建物取引業を営む者が適格請求書発行事業者でない者から棚卸資産を取得する取引

④　適格請求書発行事業者でない者から再生資源又は再生部品（棚卸資産に限ります。）を購入する取引

⑤　従業員等に支給する通常必要と認められる出張旅費、宿泊費、日当及び通勤手当等に係る課税仕入れ。改正前の「3万円未満の課税仕入れ」及び「請求書等の交付を受けなかったことにつきやむを得ない理由があるとき」は、法定事項を記載した帳簿の保存のみで仕入税額控除が認められる旨が規定されていましたが、適格請求書等保存方式の導入後は、これらの規定は廃止されました。

㈡　**中小企業の1万円未満の仕入・経費のインボイス不要制度**

　　基準期間における課税売上高が1億円以下又は特定期間における課税売上高が5,000万円以下である事業者が、令和5年10月1日から令和11年9月30日までの間に国内において行う課税仕入れについて、当該課税仕入れに係る支払対価の額が1万円未満である場合には、一定の事項が記載された帳簿のみの保存による仕入税額控除を認める経過措置が講じられました。すなわち、6年間はインボイスがなくても、1万円未満については仕入税額控除できるというものです。1万円未満ですので、消耗品、備品の購入や、社員の立替金精算が主な対象となると思われます。

(6)　**免税事業者等からの課税仕入れに係る経過措置**

　　適格請求書等保存方式の導入後は、免税事業者や消費者など、適格請求書発行事業者以外の者から行った課税仕入れは、原則として仕入税額控除を行うことができません。

　　ただし、区分記載請求書等と同様の事項が記載された請求書等及びこの経過措置の規定の適用を受ける旨を記載した帳簿を保存している場合には、次の表のとおり、一定の期間は、仕入税額相当額の一定割合を仕入税額として控除できる経過措置が設けられています。

期　　　　間	割　　　合
令和５年10月１日から令和８年９月30日まで	仕入税額相当額の80%
令和８年10月１日から令和11年９月30日まで	仕入税額相当額の50%

(7) 免税事業者がインボイス登録した場合の３年間の緩和措置

① 適格請求書発行事業者の令和５年10月１日から令和８年９月30日までの日の属する各課税期間において、免税事業者が適格請求書発行事業者となったこと又は課税事業者選択届出書を提出したことにより事業者免税点制度の適用を受けられないこととなる場合には、その課税期間における課税標準額に対する消費税額から控除する金額を、当該課税標準額に対する消費税額に８割を乗じた額とすることにより、納付税額を当該課税標準額に対する消費税額の２割とすることができることとする特例措置が講じられました。

（注１） この措置は、課税期間の特例の適用を受ける課税期間及び令和５年10月１日前から課税事業者選択届出書の提出により引き続き事業者免税点制度の適用を受けられないこととなる同日の属する課税期間については、適用されません。

（注２） 課税事業者選択届出書を提出したことにより令和５年10月１日の属する課税期間から事業者免税点制度の適用を受けられないこととなる適格請求書発行事業者が、当該課税期間中に課税事業者選択不適用届出書を提出したときは、当該課税期間からその課税事業者選択届出書は効力を失うこととされます。

② 適格請求書発行事業者が上記①の適用を受けようとする場合には、確定申告書にその旨を付記することが要件となります。

③ 上記①の適用を受けた適格請求書発行事業者が、当該適用を受けた課税期間の翌課税期間中に、簡易課税制度の適用を受ける旨の届出書を納税地を所轄する税務署長に提出したときは、その提出した日の属する課税期間から簡易課税制度の適用が認められます。

(8) 税額計算の方法

令和５年10月１日以降の売上税額及び仕入税額の計算は、以下の(イ)又は

㈸を選択することができます。

　㈶　適格請求書に記載のある消費税額等を積み上げて計算する「積上げ計算」

　㈸　適用税率ごとの取引総額を割り戻して計算する「割戻し計算」

　　　ただし、売上税額を「積上げ計算」により計算する場合には、仕入税額も「積上げ計算」により計算しなければなりません。

epilogue
公益認定も視野に

筆者は、ときどき、「公益認定を受けようかどうか迷っているのですが、公益認定を受ける場合のメリット・デメリットを教えて下さい。」と尋ねられることがあります。

例えば、公益社団法人や公益財団法人は、公益認定を受けている以上、公益目的事業を主たる目的とする団体であることが行政庁から認められているということであり、対外的な信用を獲得しやすいということや、公益社団法人や公益財団法人には種々の税法上のメリットが与えられているということは、公益認定を受ける場合のメリットかも知れません。

他方、公益認定を受けた場合には、公益認定基準に適合した運営を行わなければならないということや、種々の情報開示義務があるということや、公益認定を取り消された場合には、公益目的取得財産残額という一定の資産を他の公益法人等に贈与しなければならないということ等は、公益認定を受ける場合のデメリットかも知れません。

しかし、公益認定法が定める規律は、税制上の優遇措置を受けるのにふさわしい公益法人としての規律であって、デメリットという性質のものではないと考えられます。また、公益法人の場合には、例えば、一般に開示しなければならない情報が多いということがあり、それに対応するためにはそれなりのコストがかかるという意味ではデメリットかも知れません。しかし、適切な情報公開を行うことができる組織を作り、財務内容を不断に検討していく組織を作っていくことになるのであれば、組織として安定性が増大し、市民からの信頼を獲得することにつながり、むしろメリットの方が大きいと考えることも可能です。

つまり、一般社団・財団法人か公益社団・財団法人かを考える場合に、形式的なメリット・デメリットで考えても結論には結びつきません。

　では、何を基軸に考えるべきなのでしょうか。

　そもそも、新たな法人を立ち上げて事業を行う以上、その起業に携わっている人々は、「ミッション」を意識しているはずです。その「ミッション」をより効果的に実現するために、どのような法人類型が適しているか、ということを考えることこそが重要ではないでしょうか。

　その結果、公益目的事業を主たる目的とする団体であって、対外的な信用を獲得しつつ、税制上のメリットを利用してさらに公益目的事業を展開して「ミッション」の実現を図っていくことが必要な法人は、積極的に公益認定を目指すべきでしょう。

　単にお金さえ稼げればいい、勝ち組になりさえすればいいという社会ではなく、多くの人々が自発的に非営利な活動、公益のための活動を行おうとする社会になることが、皆が笑顔になれる社会につながるのではないでしょうか。より多くの人々が、その人のできる範囲で公益的な事業に関わっていく社会、そんな社会の重要な担い手が、新たな公益法人制度の下での公益社団法人であり、公益財団法人であると筆者は考えています。

　この本を手に取ったすべての人々に可能性があります。是非とも、頑張っていただきたいと思います。

　　令和5年3月　　　　　　　　　　著者を代表して

　　　　　　　　　　　　　　　　　　熊　谷　則　一

──著者プロフィール──

＜chapter 1～3担当＞
熊谷 則一（くまがい・のりかず）　弁護士（涼風法律事務所）

1964年生まれ。88年に東京大学法学部卒業。建設省（当時）勤務を経て、94年第二東京弁護士会登録。同年、濱田法律事務所入所。2007年涼風法律事務所設立。現在、全国公益法人協会相談室顧問、国土交通省中央建設工事紛争審査会特別委員、国土交通省社会資本整備審議会産業分科会不動産部会臨時委員を務める。公益法人関係の主な著書として『公益法人の基礎知識』（日本経済新聞出版社）、『新法でこうなる！社団・財団法人の新制度移行Ｑ＆Ａ』（中央経済社）、『【第2版】逐条解説 一般社団・財団法人法』（全国公益法人協会）など。

＜chapter 4・5担当＞
清水 謙一（しみず・けんいち）　税理士・中小企業診断士・ＣＦＰ

1972年生まれ。東京都出身。本郷会計事務所（現辻本郷税理士法人）等を経て2011年に独立、開業。現在は、麹町会計事務所代表を務める。公益法人等のコンサルティング業務、相続・事業承継等の資産税関連実務が専門。中小企業庁「信託を活用した中小企業の事業承継円滑化に関する研究会」委員等を歴任、現在は東海大学法科大学院講師を務め、非営利法人研究学会に所属。主な著書として、『新公益法人の移行・再編・転換・設立ハンドブック』（共著、日本法令）など。

【新訂版】一般社団法人 一般財団法人の実務
設立・運営・税務から公益認定まで

平成24年4月5日	初版発行	定価はカバーに表示してあります。
平成28年4月27日	改訂版（第3版）発行	
令和6年4月11日	新訂版（第8版）発行	

著　者	熊谷則一 清水謙一
発行者	宮内　章
発行所	**全国公益法人協会**

〒101-0052
東京都千代田区神田小川町3-6-1　栄信ビル9階
電話 03-5577-2023(代)　FAX 03-5577-2024

カバーイラスト	髙橋一誠
装　幀	今東淳雄
ＤＴＰ・校正	長井　淳・川瀬寿和
担当編集	高野恭至・本田智也

印刷・製本／株式会社トラストプリント　落丁・乱丁はお取りかえします。

ISBN 978-4-915668-91-3

『【新訂版】一般社団法人 一般財団法人の実務 設立・運営・税務から公益認定まで』

附録データ　目次

はじめに

Ⅰ　Wordによる本書で紹介した定款の例（全バリエーション含む。）
　一般社団法人の定款の例（社員総会＋理事＋理事会＋監事＋会計監査人）
　一般社団法人の定款の例（社員総会＋理事＋監事）
　一般財団法人の定款の例（評議員＋評議員会＋理事＋理事会＋監事＋会計監査人）

Ⅱ　Excelによる移行申請書等様式（自動計算付）
　公益認定申請書（一般法人→公益法人用、別紙１、２、４）
　公益認定申請書（別紙３、財務基準関係の別表ＡからＧ）

●附録データは、以下の専用サイトよりダウンロードしていただけます。
　専用ウェブサイト：https://koueki.jp/DL/b4j/

　上記ウェブページにアクセス後、表示されているフォームに
　パスワード「Kng32SrY」を入力して送信してください。

　QRコードからもダウンロードページにアクセスできます。

◆社団・財団の設立をサポート◆

　全国公益法人協会は 1967 年に創立。
　50 年以上にわたり長年蓄積した知識・経験により、社団・財団法人の会計・労務・法人運営の問題に対し、全般的に支援しています。

　新たに社団・財団法人を設立する皆様のために、情報やサービスも提供しております。

　まずは、お気軽にお問い合わせください。

全国公益法人協会

ＴＥＬ：03-5577-2023
メール：info@koueki.jp